ジョージ・コーリーザー
スーザン・ゴールズワージー
ダンカン・クーム
George Kohlrieser
Susan Goldsworthy & Duncan Coombe
東方雅美 訳

セキュアベース・リーダーシップ

〈思いやり〉と〈挑戦〉で限界を超えさせる

CARE
TO
DARE

UNLEASHING ASTONISHING POTENTIAL
THROUGH SECURE BASE LEADERSHIP

プレジデント社

Care to Dare:
Unleashing Astonishing Potential Through Secure Base Leadership

By George Kohlrieser, Susan Goldsworthy, Duncan Coombe

目次

第Ⅱ部

第Ⅲ部

まえがき

「ヴァージン」というブランド名で数えきれないほどの事業を立ち上げてきたリチャード・ブランソンは、イギリスで最も裕福で、起業家精神にあふれる人物だ。それだけではなく、非常に温厚で茶目っ気たっぷりの人物でもある。

四人兄弟の第一子として生まれたブランソンには文字の読み書きが困難という学習障害があり、学業では苦労した。しかし、その障害のために人生を限定されまいと、若いうちからビジネスの立ち上げに熱中した。最初のベンチャーは一六歳のときに立ち上げた学生向けの雑誌だった。

ブランソンのビジネスで最もよく知られているのは、おそらく航空事業だろう。彼は自伝『ヴァージン』の中で、航空事業に乗りだすと決めたときのことをこう記している。

「わたしの人生における関心は、大きくて、明らかに達成不可能なチャレンジを自分自身に課して、それを実現しようと努力することだ。……人生を一〇〇パーセント生きたいと思っていたわたしにとって、航空事業は外せなかった」

ブランソンの祖母は九九歳のときに孫に書いた手紙のなかで、人生を振り返って最高だったのは最後の一〇年だったと記した。祖母は力強いメッセージで、ブランソンを励ました。「あなたの人生は一回限り。それを無駄にしないよう精一杯生きなさい」

ブランソンは言う。

「祖母の期待に応えようと、本当に努力した」

ブランソンの思考方法は母親にも影響されていると言う。「母は僕たち兄弟を自立させようと、心に決めていた」。ブランソンは自伝に四歳のとき、母親が家から数キロ離れたところで車を止めて自分を降ろし、草原を横切って自宅まで戻ってきてごらんと言ったというエピソードを書いている。[1]

変革型リーダーとしても知られるブランソンは、意欲のある人たちを採用し、高い目標を立てさせて、社員がそれを達成することを求める。社員が自分で「できる」とは思っていなかったことを達成させたい、自分が触媒となって社員を成功させたいと考えている。ブランソンはまた、理論を実際に試し、失敗することで人は学ぶと信じている。同時に、彼は従業員を家族のように扱うことでも有名だ。

ブランソンは非営利財団の活動にもエネルギーを注ぐ。ヴァージン・ユナイトは、社会問題や環境問題に起業家的なアプローチで取り組んでいる。同財団から資金提供を受けて活動しているキャロライン・ハートは、ヴァージンのウェブサイトに、ブランソンからの援助が彼女の事業にとって、どれほどの意味があったかを書いている。「これまでの経緯から断言できますが、リチャード・ブランソンは本当にすごい人です。リチャードが資金調達を支援してくれたおかげで、わたしたちは津波に襲われたインドの学校を再建することができました」。

ブランソンは、自分の夢は「資本主義をひっくり返す」ことだと語る。

「資本主義が利益にばかりフォーカスするのではなく、価値観をシフトして、人を思いやること、コミュニティや地球を思いやることに変える」ことを目指しているのだ。「過去数十年のあいだに、わたしはワクワクするような事業を次々と立ち上げて、人生や仕事はこれ以上ないくらいにうまくいっていると思っていた。でも、実のところ試運転をしていただけで、これから人生最大の挑戦とチャンスを迎えるのだと気づいた。みんなでありったけの力を合わせて、世界が直面する問題へのアプローチの仕方をひっくり返し、まったく新たな、起業家的な視点から問題を見ることが必要だ。これほどワクワクする時代はない。仕事と目的が一つに交わる場所、本当によいことを行うことが、よいビジネスになるような場所、そんな偉大な新大陸をみんなで開拓していこう[2]」

あなたは、リチャード・ブランソンのようなリーダーの下で働いたことがあるだろうか。家族のようにあなたを思いやり、自分や会社や社会さえもが「できる」と思っていなかったことに挑戦させる、そんなリーダーがいただろうか。

リチャード・ブランソンの実績は真に尊敬に値するものだが、「人間」と事業上の「目標」という二つの面を常に気にかけながらリーダーシップをとるのは、彼だけではない。たとえば本書の執筆者の一人であるジョージ・コーリーザーの著書で、世界的ベストセラーにもなった*Hostage at the Table*には、まさにこの点をテーマにした章がある。彼は、人質解放の交渉人やビジネス・リーダーなど、人に影響を与える立場にある人は、他者にとっての「セキュアベース（安全基地）」となり、「人」を思いやって「目標」に挑ませるときに成功すると説く。このセキュアベースを、本書では次のように定義している。

守られているという感覚と安心感を与え、思いやりを示すと同時に、ものごとに挑み、冒険し、リスクをとり、挑戦を求める意欲とエネルギーの源となる人物、場所、あるいは目標や目的

本書は、セキュアベースの「安心感」と「挑戦」という魔法の組み合わせをどうすれば提供できるのか、また、地域や肩書や仕事の内容にかかわらず、どうすれば「セキュアベース・リーダー」になれるのかを解説するために書かれた。

ジョージはよく「人質」のたとえを使うが、セキュアベースは無力な人質の心理状態にならないためのものだ。つまり、人はセキュアベースがあれば、どんなに大きな障害であっても、それを乗り越えようとする。

たとえば、南アフリカの元大統領、ネルソン・マンデラを考えてみよう。彼は二七年間を刑務所で過ごしたが、決して自分を無力だとは思っていなかった。また、ガンジーは公式な政治力をまったく持っていなかったにもかかわらず、インドという国を変革した。

筆者三人は一〇年以上さまざまな形で一緒に仕事をしてきた。本書には幅広い学術的な理論と、深い現場の知識に三人分の経験が反映されている。

ジョージ・コーリーザーがセキュアベースの概念を初めて知ったのは、臨床心理学の博士号を取得するために勉強をしていた頃だ。心理学の学生にはおなじみの、ジョン・ボウルビィとメアリー・エインスワースの愛着理論に関する研究を読んだのである。この理論の基本的な前提は、人は生まれつき、守られている感覚を提供してくれる人に、親密さと安らぎを求めるというものだ。

長年にわたるリーダーシップの研究のなかで、ジョージはカール・ロジャーズ、エリザベス・キューブラー・ロス、ジム・リンチ、エリック・バーン、エバ・ライヒ、ウォレン・ベニス、ダニエル・ゴールマンといった人々の研究から重要な示唆を与えられた。

ジョージは警察で、人質解放の交渉や、家庭内暴力事件の仲介などの仕事をしたが、そうした緊迫した状況下では彼自身がセキュアベースになる必要があった。第1章ではそのような経験の一端が語られるが、この経験を通じてジョージは、「セキュアベースになること」と、「セキュアベースを持つこと」の、二つの必要性を確信するようになった。

セキュアベースについてのジョージの関心は、臨床心理学者としてのキャリア、そしてカウンセリング・センターのディレクターや、国際交流分析協会の代表などの役割を通じて深まっていった。

やがてジョージは、企業幹部教育の分野に活動の場を移し、スイスのビジネススクール、IMDの「ハイパフォーマンス・リーダーシップ・プログラム」などを通じて、世界中の何千人ものリーダーと彼の研究結果を共有してきた。その過程で本書の共同執筆者であるスーザン・ゴールズワージーとダンカン・クームと出会った。リーダーシップ・プログラムの活動を通じて、セキュアベースを欠いていたために失敗した大勢のリーダーに出会った。一方で、セキュアベース・リーダーシップの威力と、このリーダーシップ・スタイルが人々の生活に根本的な変化を生み出すことも見てきた。

執筆者の三人はともに、セキュアベース・リーダーシップがリーダーを変え、チームや組織を変えるという信念を持っている。セキュアベース・リーダーになれば、フォロワーと「心でつながること」により、限界に挑ませることができる。「心でつながること」と「限界を超えて挑戦させること」は、どちらか片方を欠いたままもう片方を実現することはできない。セキュアベース・リーダーは、フォロワーとの間に信頼関係を築き、変化をもたらし、高業績を出し続ける。

高業績を「持続的」にもたらすためには、「人」と「目標」の両方に重きを置いて、成功を追い求める必要がある。これまでの我々の経験から言うと、多くのリーダーは「目標」には非常に重点を置き、実利的な面での成功は成し遂げる。しかし、彼らは孤独感や充実感のなさを味わっている可能性がある。というのも、目標を追い求めるうちに、メンバーとのつながりが失われたり、弱まったりするからだ。メンバーとの絆がないままに数字的な目標を達成しようとするとき、多くの身体的、精神的、社会的な影響が生じる。たとえば、心因性のストレス、依存症、燃え尽き症候群、うつ病などだ。これらすべてが、結局は全体的な成功から差し引かれることになる。

我々は世界中の企業幹部にインタビューを行い、また一〇〇〇人以上の企業幹部にアンケートを行って、セキュアベース・リーダーの九つの特性を特定した。インタビューの最中に企業幹部らが、成功の背後には「人」がいるということを認識するのを見るのは感慨深かった。わたしたちはふだん、自分の考え方がどんなふうに他者からの影響を受けているかを忘れがちだが、自分を形作った人や取り組みについての気づきは感動と力をもたらす。

リーダーは誰かのおかげでリーダーになっている。リーダーは自分の力だけでリーダーになったと思っているかもしれないが、それはものごとの半面しか見ていない。わたしたちの研究によると、成功したリーダーと失敗したリーダーの大きな違いは、人生にセキュアベースが存在したかどうかという点だ。セキュアベースを持つことで、不安や恐れが減少し、信じること、リスクをとることが増えていく。組織においては、セキュアベースは上司の場合もあるし、同僚、仲間、会社そのもの、仕事、あるいは製品の場合ですらある。

セキュアベース・リーダーシップは、「行動」だけで構成されているのではない。セキュアベース・リーダーシップは、まず何よりも「人としてのあり方」である。リーダーシップは誰でも学ぶことができるものである。本書では、実践的なアドバイスを多数提供し、適切な心の状態になって適切な行動を促すためのスキルを身に付けられるようにする。また、人は他者の経験からも学べる。そういうわけで、本書ではいくつもの経験談を紹介する。匿名性が必要な場合には、名前や登場人物を変更して紹介した。

本書はあなたを旅に連れていく。その過程で、あなたは自分の過去や現在のセキュアベースを発見するだろう。そして、職場や家庭で、どのようにして他者のセキュアベースになれるかを理解するだろう。ただ読むだけでは完全な効果は得られない。本書の中で「自分に問いかけよう」と書かれている部分があったら、立ち止まって考えてみてほしい。その結果を日誌などに記録してもいいだろう。質問と向き合うことであなたは自分を理解し、変化に向けて大きな一歩を踏み出すことになる。また、九つの特性の中からいくつかを選んで、伸ばすよう取り組もう。そして、あなたに影響を与えたセキュアベースを見つけるために、第7章で提案する「あなたを探る冒険」にも取り組んでほしい。

この旅では、あなたの過去を掘り下げる覚悟をしてもらいたい。そうするなかで、仕事と家庭の境界線、職業人としてのあなたと個人としての境界線が薄れていくのを感じるだろう。あなたは実際、一つの脳を持った一人の人間であり、恐れも持っているし、驚くほどの可能性をたたえている。

セキュアベース・リーダーになることによって、仕事以外で関わる人たちのためのより優れたセキュアベースになる方法も学ぶことができる。実際、これまで一緒に取り組んできた人の多くが、セキュアベースの概念は、親として、配偶者として、兄弟、友人としての役割で、とても重要だと気づいた。あなたにも、このつながりを理解してもらいたい。そうすることで、一人の人間となろう。そして人間として、すべての夢を思い切り楽しんで生きよう。

わたしたちの最大の願いは、あなたが人間らしいリーダーとして、他の人間を受け入れることである。組織内の多くのリーダーがフォロワーの〈心の命綱〉をしっかりと握って大きな挑戦に送り出すという、セキュアベース・リーダーシップを実践すれば、組織自体も生き生きとしてくる。そして、組織は人々にとってよりよい場所となり、人々は尊重され、支えられ、励まされ、鼓舞されていると感じるようになる。

セキュアベース・リーダーシップを日々実践しよう。そうすればどんなグループも、それが家族であってもチームでも会社でも、より健全で、より豊かで、より活気に満ちたものになる。セキュアベース・リーダーシップの考え方を理解し、活用するようになれば、人生が変わるような経験をするだろう。

この本もあなたにとってのセキュアベースであってほしいと願っている。

ジョージ、スーザン、ダンカン

「人間の奥深くには力が眠っている。それは驚くほどの力で、そんな力を持っているとは人間は夢にも思っていない。その力を目覚めさせ、作動させたら、人生は　変するだろう」

オリソン・スウェット・マーデン（一八五〇―一九二四）

アメリカ人著作家

第 I 部

第1章◆安全とリスクのパラドックス

ジョージがリーダーシップ研修でよく引き合いに出すのは、自分が初めて人質事件の犯人と対峙したときの経験談だ。

それは一九六〇年代半ばのことでした。わたしは大学院を卒業して、警察の心理学者として、家庭内暴力の事件を担当し始めたばかりでした。ある晩、警部補のダンとパトカーに乗っていると、近くの病院で人質事件が起こったとの連絡が入りました。急いで病院に向かうと、刺されてケガをした患者が、緊急治療室で看護師のシーラを人質に取り、取り乱した状態で叫んでいました。

ダンはすばやく状況を判断しました。場所が緊急治療室だったので、催涙ガスを使うことはできないし、ドアを破って突入することもできない。最もよい方法は、誰かが中に入って、その男と静かに話をすることだ。彼はそう考えたのです。

その場所には、医師や看護師、警察官がずらりと立っていたので、その「誰か」が「新入り」のわたしであるはずがないと安心していました。しかし、ダンは部屋を一度ぐるりと見渡し、もう一度見渡すと、わたしのほうを向いて言ったのです。「ジョージ、やってみないか」。わたしは「はい。やってみます」と答えました。

緊急治療室に入ると、サムという名前の患者が、シーラの喉にハサミを突き付けていました。わたしはサムに質問をし始めました。「何が欲しいんだ、サム」。「何をしてほしいんだ」。サムは数分間、叫んだり怒鳴ったりしたあと、シーラの喉の皮膚を切りました。そして、わたしの喉にハサミを向けながら部屋を横切って向かってきて、その間もこう叫んでいたのです。「お前を殺してやる、みんな殺してやる」。

わたしは冷静さを保ち、両手を彼の腕に置いて、彼の目をじっと見つめて、さらに質問をしました。事前情報から、彼の元妻が彼を刺してひどいケガを負わせたと聞いていました。二人は子どもの親権を巡って言い争っていたのです。わたしは、彼にとって大切なことに意識を集中させてたずねました。「サム、君の子どもたちはどうなのかな」。すると彼はこう答えました。「子どものことは言うな。奴らもここに連れてこい。一緒に殺してやる」。

わたしが望んでいた反応ではなかったのですが、サムがわたしの質問に初めて答えたのです。一歩前進でした。

「子どもたちには、君のことを殺人者として覚えていてもらいたいのかな」

少し間があり、サムの勢いが変わりました。わたしはこのとき、サムとの絆をつくる道筋を見つけたのです。

「君の子どもたちのことを話そう。子どもたちにどんなふうに、覚えていてもらいたい？」

わたしたちは話を続け、やがて彼は落ち着いて、シーラの解放について交渉を持ちかけられるようになりました。数分後、わたしは彼にこうたずねました。「まだハサミが必要かい？床に投げるか、僕に渡すかしてくれないか」。こう選択肢を与えられると、彼は一瞬ためらったのちに、わたしにハサミを渡してくれました。わたしを信用するというサインでした。

わたしはサムに、ケガの手当てをしなきゃいけないと言いました。そのために、彼に手錠をかける必要があったので、「僕が手錠をかけようか？　それとも警察官にかけてもらおうか？」と聞きました。「手錠をかけるのは、体の前がいい？　後ろがいい？」と問うとサムは答えました。「ジョージ、俺はあんたに手錠をかけてもらいたい。体の前がいいな」。わたしはその通りにして、二人でゆっくりと歩いて部屋から出ました。

連行されるとき、サムは言いました。「ジョージ、あんたはいい奴だ。殺さなくてよかった」。わたしは「僕も殺されなくてよかったよ、サム」と答えました。すると、彼は真顔でわたしに「ありがとう」と言ったのです。何への感謝なのかとたずねると、「子どもたちが俺にとってどれほど大事か、あんたが思い出させてくれた」。

彼が去ったあと、わたしは十分に時間を取って気持ちを落ち着かせ、そしてダンに二人だけで話したいと言いました。すると、激しい感情の波が襲ってきて、わたしはダンに向かって叫んだのです。「よくも僕をあの部屋に送り込みましたね。殺されるところだった!」。

「でもジョージ、君は適任だったんだよ。わたしは君をしばらく見てきて、もうああいう状況に対応できることはわかっていた。君ならできるとわかっていたんだよ」

この事件以降、わたしは三回にわたって人質事件で犯人と直接対峙して説得にあたり、何百もの危険な状況を鎮めてきました。四〇年以上経ったいまでも、困難な状況のなかでダンの声が聞こえてきます。

「君ならできると、わかっていたんだよ」

そして、再び勇気が出るのです。

ダンは、ジョージが自分では気づいていなかった力に気づいた。

「ダンはわたしを後輩や見習いのようには扱わず、チームのほかのメンバー全員と同じように扱いました。いちかばちかの状況で、わたしには対処できる力があり、わたしが適任だと判断しました。彼はわたしが挑戦する機会を与えてくれたのです」

緊迫した場面で、ダンは冷静でふだんと変わらず、自分のチームを信頼していた。パニックになったり、声を荒げたりすることなく、ただ静かにこう言ったのだ。

「ジョージ、どうだ、やってみないか」

人質事件が収まったあと、ダンはジョージの激しい抗議にひと言で応えた。

「でもジョージ、君は適任だったんだよ」

この言葉で、ジョージは自分が成功したという事実に気づいたのだった。ジョージがこの恐ろしい状況で成功した理由についても考えてみよう。彼もまた冷静だった。彼はサムの行動の動機を、彼の気持ちに寄り添って理解した。最後には、サムはジョージとの絆さえ感じていた。ジョージはサムの未来の暗い側面（懲役の可能性など）ではなく、子どもの話題を持ち出して、サムの隠れた力と可能性を引き出した。ジョージは質問をし、選択肢を提供することによって、自分の喉にハサミを向けているまさにその人物に対しても、人間としての尊厳と選択を認めたのだった。

この逸話で本当に興味深い部分は、ジョージがサムを「導いた」のと同様の方法で、ダンがジョージを「導いた」ということだ。二人はともに「セキュアベース（安全基地）」の役割を果たした。ダンがジョージのセキュアベースであり、ジョージがサムのセキュアベースだった。二人はそれぞれに、守られている感覚と安心感を相手方に与え、それによって相手方は、挑戦し、冒険し、リスクをとるエネルギーと意欲を得たのだ。

ダンとジョージが特別なのではない。世界中の優れたリーダーは、自分自身や従業員や組織の中に秘められた、驚くほどの可能性を引き出している。そのために、信頼感を築き、変化を起こし、焦点を定めて、それらすべてで人々の熱意を支え、イノベーションに適した状況をつくり出す。彼らはシンプルに、自身のセキュアベースを活用し、また他の人々にとってのセキュアベースとなることで、高業績を実現する。本書では高業績を次のように定義する。

自分自身に挑み、他の人々にも挑ませて、通常期待できる以上のものに目を向け、それを実現すること

このとき、自分が居心地のよい範囲を超えて、不可能だと思っていたことを行う。リスクと可能性のギリギリのところまで行くのである。

あなたも、仕事において、また個人としての生活の中で、セキュアベース・リーダーになることができる。どこで誰と働いていても、予算やサポートが少なくても、どんなに忙しくても、具体的なスキルを学んで、行動の仕方や人としてのあり方を身に付け、そうすることで素晴らしい人間関係を通じて結果を出し、それを維持することができる。あなたは「思いやり、挑ませる」方法を学ぶのである。

筆者は多くの企業幹部に会ってきたが、あなたも彼らと同じように「人質に取られた」経験があるかもしれない。上司やチームや従業員や、何らかの状況や、数字や目標や業績指標を達成せよというプレッシャーの人質である。別の言い方をすると、あなたはそういった制約から逃れられないと感じ、自分が無力だと感じる。数字の上での成功を追い求めるあまり、人間関係の重要性を見失い、人間関係が真の持続的な成功にどう影響するかを見失うこともあるかもしれない。信頼と自信と挑戦をベースとしたセキュアベース・リーダーシップは、あなた自身や、あなたのチームや組織を人質状態から解放する。

セキュアベース・リーダーシップは非常に奥が深く強力なものではあるが、それを学ぶのに何年もかかるようなことはない。実際、セキュアベース・リーダーになるためのカギは、すでにあなたの中にある。あなたのこれまでの人生や経験、成功や失敗の中に。

研究を通じて、わたしたちはセキュアベース・リーダーの九つの特性を見出した。本書はその特性の伸ばし方を教えると同時に、次の問いに答えていく。

・なぜセキュアベース・リーダーになるべきなのか
・どのようにして思いやり、安全や安心を提供するか[1]
・どのようにして挑ませ、挑戦やリスクを提供するか
・こうした考え方をすぐに行動に移すにはどうするか。つまり、来週の月曜の朝、職場で何をすればいいのか

セキュアベースとは何か

まずは、あなたの人生の最初の場面から話を始めよう。あなたの人生最初のセキュアベースは、おそらくはお母さんかお父さん、あるいはお祖父さん、お祖母さんなど、あなたのことを大切に世話してくれた人たちだろう。こうした人たちとの関係は、大人として、そしてリーダーとしてのあなたを理解するうえでの基盤となる。

セキュアベースという言葉は、ジョン・ボウルビィとメアリー・エインスワースによる戦後の「愛着理論」研究から生まれた。[2] 愛着理論は、「すべての人は生まれながらにして、親密さと安心を得ようとする欲求を持っており、自分を守ってくれると感じられる人からそれを得ようとする」という前提のもとに展開される理論である。第二次世界大戦後、細菌だらけの環境にいる乳児が感染症にかかっても生き延びるのに、「無菌の」病院で乳児が死亡するのはなぜかを解明することを国連から依頼されたボウルビィは、無菌状態の病院では母親が近づけないことや、厳しい看護のスタイルにより乳児は愛情のこもった世話や配慮が受けられないと判断した。一方で、母親や優しく世話をしてくれる人が近くにいる乳児は病気を克服する。彼は、親しい人との絆が回復力や強さを与えるのだと結論づけた。

ボウルビィの研究に続いて、研究者のＪ・Ｗ・アンダーソンが指摘したのは、子どもたちが冒険に出かけるとき、常に母親をセキュアベース（安全基地）としているということだ。幼児は遊び場で遊んでいても、何らかの形の安心を求めて、時々母親の元に戻ってくる。この行動の仕方が子どもによって異なるのは興味深い。母親にぴったりくっついて、リスクをとるのを恐れている子どももいれば、遊び場の端まで行って探検し、母親にはほとんど注意を払わない子どももいる。しかし共通するのは、恐怖を感じたり動揺したりすると、全員が母親のところに戻ってくることだ。このとき母親は二つのことを行っている。一つは、受け入れ、近くに来られるようにすることで、これによって安心を提供する。もう一つは、子どもがリスクをとる機会を提供することで、これによって子どもは自分で解決方法を見つけられるようになり、自主性が育つ。[3]

この概念を基盤とし、組織における「セキュアベース」という言葉を本書では次のように定義した。

守られているという感覚と安心感を与え、思いやりを示すと同時に、ものごとに挑み、冒険し、リスクをとり、挑戦を求める意欲とエネルギーの源となる人物、場所、あるいは目標や目的

ここでは、セキュアベースを、「意欲とエネルギーを個人の中にもたらす人やモノ」と考える。この意欲とエネルギーによって、人は居心地のよい領域から踏み出して、自身のまだ開拓されていない可能性を現実のものにしようと努力する。

なぜ、どんな人にもセキュアベースが必要なのかを理解するには、人の脳がどう働くかを考えてみるとよい。命が脅かされるような危険を感じたら、原始的な脳は自分を守るために変化に抵抗したり、リスクを避けたりするよう促す。しかし、その人にセキュアベースがあれば、痛みや危険、恐怖に向いていた意識を、そこから得られる報酬や機会やメリットに向け直すことができる。

最も強力なセキュアベースは人である場合が多いが、脳による早期警告システムを止め、挑戦への意欲とエネルギーをもたらすものなら、何でもセキュアベースになり得る。たとえば、場所や目標や目的もセキュアベースとなり、国や宗教、神、イベント、グループ、ペットさえもセキュアベースとなる。セキュアベースが強力であればあるほど、逆境やストレスの多い環境で、その人が立ち直る力はより強くなる。また、セキュアベースの必要性は脳の奥深くから生じているものなので、セキュアベースの概念は、どんな世代や文化にも当てはまる。

セキュアベースの概念は多面的なので、いくつものパラドックスがあり、いくつもの層がある。たとえばセキュアベースは人を守り、またリスクをとるよう促す。待つ一方で、手を差し伸べる。わたしたちはセキュアベースとなる人、そしてセキュアベースとなる目標の両方を必要とする。複数のセキュアベースを持っている人でなければ、他の人のセキュアベースにはな

図1.1　安全とリスクのパラドックス

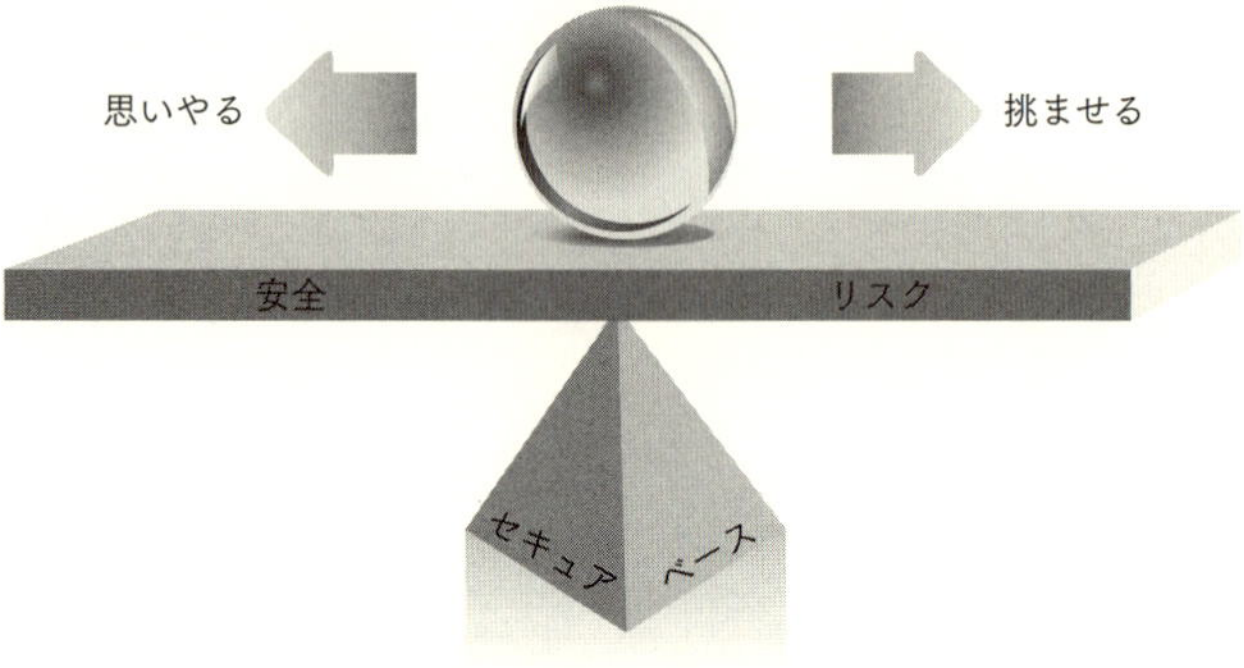

れない。こうした状況をより詳しく見ていこう。

安全とリスクのパラドックス

図1・1は、セキュアベースの根幹となる二つの側面を示している。安全とリスクだ。安全は思いやりに、リスクは挑戦に対応する。セキュアベースは安全と安心を提供し、それによって冒険やリスクをとることを可能にする。同時に、セキュアベースは脳が恐怖や脅威、時には生存にフォーカスすることをやめさせ、好奇心やリスクをとることを促し、冒険を促す。こうすることによってセキュアベースは、その人が本来持っている可能性を引き出すのである。

もし、安全だけを与えたとすると、、過保護の状態となってしまい、その人の可能性は限定される。一方で、リスクをとることだけを勧めると、その人物は危険に身をさらされて不安になり、本能的に保身に走る。このように、安全とリスクのうちの片方だけを提供すると、最終的な成果を下げることになる。

筆者らがハイパフォーマーのリーダーについて調査を行うなかで、次の二つのストーリーを聞くことができた。ともに、子ども時代に安全とリスクのバランスがとれたセキュアベースを持っていたことが、大きく、かつ継続的な影響を及ぼした例である。

アンドレアにドイツ語と生物学の両方を教えていた教師は、要求が厳しく、結果重視だった。同時に、生徒の人間形成も非常に重視していた。アンドレアは振り返る。「先生は『黒か白か』『正しいか間違いか』だけでなく、その先まで考えるように言いました。『グレーゾーン』に注意してその部分も検討するよう、いつも言っていました。そうすることで、批判的な思考とクリエイティブな思考を促したのです。また、自分の行動や言葉に責任を持つことも教えてくれました。先生は誠実で礼儀正しい人で、仕事に強い情熱を持っていました。先生の行動と生き方に、わたしは大きく心を動かされ、そのおかげで、できると思っていた以上のことを成し遂げられたのです」。

グートルンはまだ四歳か五歳くらいのとき、家族とスイスにスキーに行った。その日は雪が降っていて曇っていたが、父親は彼女をやや難易度の高いスキー場まで連れて行き、一緒に滑って下りてきた。

その途中、母親は怒って言った。「どうかしてるわ。グートルンはまだ小さいのよ。このゲレンデは危険すぎる」。すると父親はこう答えた。「そうだね。でもとても上手だった。問題なかったよ」。グートルンは、雪の中を滑っているあいだも完全に安心していたという。そして、その日スキーで滑れたことと、父親が彼女を信じてくれたことを誇らしく思ったのを覚えている。


アンドレアの先生はアンドレアを思いやり、また、優れた成果を挙げるよう挑戦させた。同様に、グートルンの父親の例からも、その存在と関係の深さ、そして言葉の力が、人の考え方に影響を与えることがわかる。いまでもグートルンは、父親が「とても上手だった」と言ったときの声を覚えている。彼女は、母親の不安ではなく、父親の言葉に耳を傾けた。

しかし、セキュアベースの人物が背中を押してくれても感謝できないこともあるかもしれない。もっと努力するよう親に「強いられた」とき、親のことを「大嫌いだ」と思ったことはないだろうか。先生が、あなたはもっとできると考えて、追加の課題を出したときはどうだっただろうか。セキュアベースは、居心地のよい領域の外に出ていくよう、背中を押してくれる人だ。大好きな友人でも、あなたが可能性を広げるための冒険を応援してくれないのなら、セキュアベースにはならない。

我慢くらべ

ボウルビィがはっきりと述べているのは、セキュアベースが手を差し伸べるのは、必要なときか求められたときだけで、自ら進んで手を差し伸べはしないということだ。彼が言うように、これは「基本的には我慢くらべ」だ。[4] 筆者の言葉で言い換えると、いつでも話せることを示し、待機することである。だから、とても忙しい人でも、多くの人にとってのセキュアベースとなることができる。セキュアベースの人物はよい聞き手であり、シグナルに気づき（言葉に表れているものも、いないものも）、相手のニーズによく注意を払い、早急に解決策を押し付けることはしない。また、特定の立場を支持することはせず、質問をうまく用いて考えさせるようにする。

セキュアベースは相手の代わりに考えることはしない。救出もしない。その人が自分でできることを、代わりにやることはない。セキュアベースは、相手が自分で取り組むようにし向け、その経験を意味のあるものにできるよう力を貸すのである。

人との絆と目標との絆

図1・2は、セキュアベースの別の捉え方を描いたものだ。この図は、わたしたちは「人」と「目標」の両方と絆を結び、それぞれがセキュアベースとなるということを示している。人との絆はわかりやすいだろう。人は、自分は価値があると感じ、存在するに値すると感じ、また愛されていると感じるために、他者との絆が必要だ。

目標との絆という概念はややわかりにくい。これはすなわち、自分で目標を決めて、それを達成するのに必要なステップをとることだ。目標との絆の例を見てみよう。

・ジェイコブは、優れたプレゼンテーションができるようになるという目標を掲げた。一年六カ月練習したあと、彼は会社の年次のイベントで、この目標を達成した
・アンドリアスはよりよいリーダーになるという目標を自分自身に課した。その指標としたのは三六〇度評価だ。計画を作成し、行動を起こすことで、彼は一年間でリーダーシップ・スキルを改善することができた
・キャサリーンは、四五歳までにCTO（最高技術責任者）になるという目標を立てた。転職することによって、彼女はこの目標を四三歳で達成した

図1.2　セキュアベースの強さ

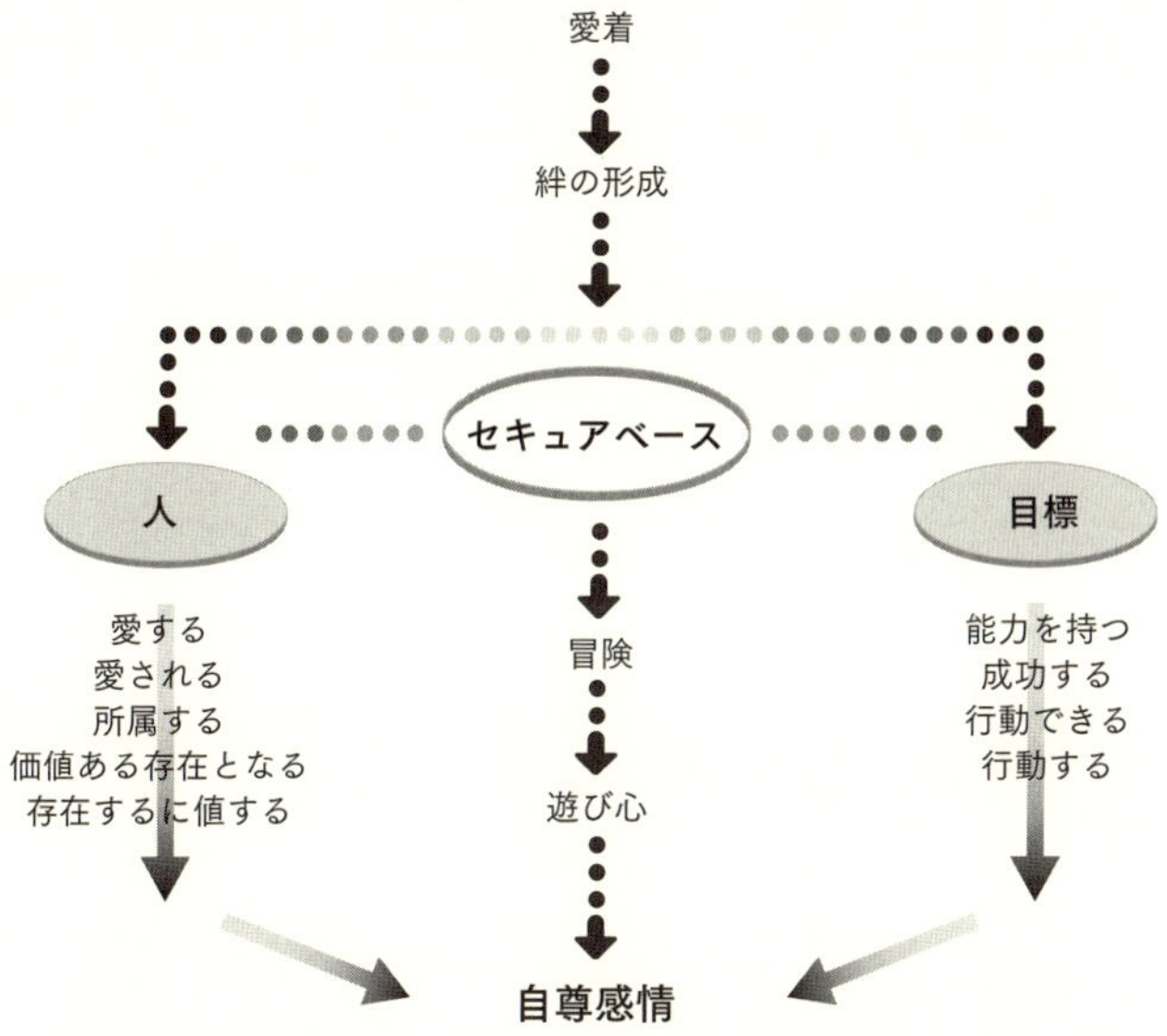

人は、自分が行動できると感じ、目的を達成し、成功するために、目標との絆が必要だ。自分を目標に強く結びつけることで、障害を乗り越えて結果を出すという決意と、粘り強さが生じる。目標と絆を形成するというその行動こそが、やり遂げるためのエネルギーとなるのだ。

あなたに安心を与えてくれる人がいても、高い目標がなければ必要なリスクをとらないかもしれない。また、愛されているとは感じるだろうが、成功しているとは感じないだろう。反対に、高い目標があっても、安心を与えてくれる人がいなかったら、大きな成功を成し遂げる一方で、愛情や人間関係の面で満たされないこともあるだろう。傍目からは明らかな成功であっても、背後には大きなストレスや燃え尽き症候群などが隠れていて、人間的には失敗の場合もある。セキュアベース・リーダーはこうした失敗を防がなければならない。

セキュアベースとして目標しか持っていない人は、「一匹オオカミ」と呼ばれる。次の話に登場するパスカルのように、人との絆を欠いている場合、病気、依存症やうつ、慢性的孤独感に苦しむかもしれない。

シニアリーダーのパスカルは、両親との関係が悪かった。二人はパスカルを肉体的・精神的に虐待したのだ。彼は何とか仕事の面では成功することができたが、それには大きなコストが伴った。パスカルは常に数字に集中し、人を見ることがなかった。ある女性を深く愛して結婚したが、そのすぐあとに、拒絶感と嫉妬による情動反応が起き、暴力を振るってしまった。

パスカルは自分自身の行動にショックを受けて病院に行き、一〇年間薬物治療を受けた。彼は自分のどこかが根本的におかしいと感じており、自分自身を信じることができなかった。このことは彼のリーダーシップ・スタイルにも影響した。彼は他人を信じることもできなかったからだ。部下は彼のユーモアのセンスは好きだったが、リーダーとしての彼と絆を結ぶことはなかった。

やがて、パスカルは両親から得られなかったものについて、悲しみ（詳しくは第4章を参照）を感じられるようになった。すると、自分が一匹オオカミで、たくさんの痛みを抱えていることも理解できた。そして、彼は自分自身を許し、妻との関係を再構築した。

悲しみが解決されると、パスカルの治癒のプロセスは感謝の気持ちとともに終了した。心の平和は、劇的に彼のリーダーシップを改善した。彼は初めて、同僚や仲間や上司と、本当の人間関係を築くことができたのだ。そして、これをもとに突出した高業績を挙げられるようにもなった。

この話から見えてくるのは、単なる高業績と持続的な高業績の違いだ。過去に負った傷を抱えているリーダーは多いが、それがリーダーシップに影響を与えていることに気が付いていない。パスカルは前に進み成果を挙げ続けるために、過去の痛みから解放される必要があった。また、妻との間に起こったことを乗り越え、両親を許す必要があった。

人との絆と目標との絆のバランスをとることは、職場で役割を果たし、高い自尊感情を持ち、高い業績を挙げるうえでの基盤となる。人、あるいは目標との絆を欠いていると、拒否される恐怖、成功あるいは失敗の恐怖が大きくなり、全力を出し切れなくなってしまう。恐怖による強い無力感から、ストレッチ目標にも手が届かなくなる。セキュアベースは成功の可能性に集中させ、不安感から人々を守り、行動する勇気を起こさせる。

自分に問いかけよう

・わたしは人と目標の両方と絆を形成しているだろうか
・そのバランスは適切だろうか

リーダーにもセキュアベースが必要

セキュアベースを持つこと、そして、他の人のためにセキュアベースになること、この両方が重要だ。人は真似をすることで学ぶ。人生においてセキュアベースの力を経験したならば、それを「モデル」として他の人のセキュアベースとなることができる。できれば、人生のステージやニーズによって、異なる複数のセキュアベースを持つとよい。セキュアベースを持つのに、遅すぎるということはない。同様に、他の人のためのセキュアベースになるのも、遅すぎることはない。人は、思いやる役割を担うことから学ぶ。ペットを飼う、恋に落ちる、親になる、思いやりのあるリーダーになるなどである。

セキュアベースとマインドセット

セキュアベースは、人が世界をどう理解するかにおいても非常に重要な役割を果たす。子どもの頃から現在までのセキュアベースが、何を信じるかに大きく影響する。[5] 選んだセキュアベースが考え方を形成し、その考え方が何に目を向けるかを決め、それがさらに結果を決めていく。

筆者らは本書のために、世界のリーダーたちに長時間のインタビューを行い、一〇〇〇人以上の企業幹部に定量的なアンケートを実施した。インタビューから、リーダーたちは、自分のモチベーションが自己に対する認識に影響を受けていると考えていることがわかった。しかし、その自分への信頼を形成するうえで、誰が、あるいは何が影響したかをたずねると、リーダーたちはしばしば驚きをもってある気づきを経験した。自らの思考が無意識のうちに、自分にとって重要な人や出来事や経験に影響されていたことに気づいたのだ。

誰もが、可能性を信じる考え方と否定する考え方の両方を持っている。あなたにもきっと、偉大なことを成し遂げよと励ましてくれた先生がいたことだろう。反対に、あなたの才能を否定するような先生もいたのではないか。次のストーリーは、後者のケースだ。

ジャックは一七歳のとき、国際バカロレア資格のための最終試練に向けて、懸命に勉強していた。その頃、学校の先生から歴史のレポートが返されると、その最後の部分にこんな言葉が走り書きしてあった。「こんなものは読む意味もない」。家族が彼のセキュアベースとなっていたので、ジャックはその否定的な言葉に心を乱されることはなく、むしろ先生が間違っていることを証明しようと決心した。そして、最終試験では予想よりもはるかによい成績を挙げたのである。

ここで覚えておくべき重要なポイントは、あなたは他者の見解や意見を受け入れるか、それとも拒否するかを選べるということだ。他人の言葉や行動の人質になる必要はない。プラスの影響を受けるか、あるいはマイナスの影響を受けるかは、あなたが選ぶのである。他者からの影響にどう反応するかは非常に個人差が大きい。

自分に問いかけよう

わたし自身の能力や他人の能力についての見方で、わたしに影響を及ぼしたのは誰だろうか

セキュアベース・リーダーシップの定義

セキュアベース・リーダーになることを選んだ時点で、あなたは人の「形成」に大きく関わる非常に影響力のある立場に立つことになる。個人の考え方はそう簡単には変わらないが、他者からも影響を受ける。あなたの考え方が他者に影響を及ぼすこともある。その影響がプラスのものとなるのか、マイナスのものとなるのかはあなた次第だ。

リーダーシップ界の大御所、ウォレン・ベニスは言う。

「リーダーシップの基盤は、他者のマインドセットや枠組みを変える能力である」[6]

あなたが優れたリーダーとなれるのは、自分の影響力を使って、フォロワーのプラスの力を引き出し、部下が自分を手本とするようになったときだ。

本書では、セキュアベース・リーダーシップを次のように定義する。

フォロワーを思いやり、守られているという感覚と安心感を与えると同時に、ものごとに挑み、冒険し、リスクをとり、挑戦を求める意欲とエネルギーを持たせる。そうすることで、信頼を獲得し、影響力を築く方法

図1.3　セキュアベース・リーダーシップ

図1・3は、セキュアベース・リーダーがどのようにしてフォロワーの力を引き出し、成果を出すかを示したものである。

リーダーシップとは、意欲を持たせ、エネルギーを引き出すことだ。リーダーは自分のエネルギーを活用して人々やチームや組織を動かし、リーダーが描くミッションや目標のために、彼らのエネルギーを活用する。その過程において、リーダーとフォロワーは、可能だと思っていた以上のことを成し遂げる。

マネジャーには部下がいる。リーダーにはフォロワーがいる。フォロワーを通じて、リーダーは高業績を実現することができる。セキュアベース・リーダーシップは、リーダーシップの人間的な側面と、仕事を成し遂げるという業務的な側面の両方を重視する。ここには、意思決定や課題、状況や問題ももちろん含まれる。しかし、セキュアベース・リーダーは、単に業績を挙げることだけを考えるのではなく、どのように人々を鼓舞するかを考える。その目標自体がセキュアベースとなるような、やる気の出る目標を立てることによって、フォロワーの成功を実現する。そして、リーダー自身も結果を出すであろう。

よくある誤解●リーダーの人生は、リーダーシップの効果にはまったく関係しない

これは真実ではない。個人として歩んできた道が、リーダーとしてのその人をつくる。リーダーは、意欲と限界の両方を、個人としての生活から仕事に持ち込む。個人の人間性そのものが、リーダーシップに表れる。

人間と目標のセキュアベースを組み合わせることで、人は信頼感を抱き、クリエイティブになり、リスクをとり、冒険し、楽しめるようになる。

リーダーシップと組織の研究者であるミーヒャ・ポッパーとオフラ・メイスレスはこう述べている。「リーダーが安心感を提供することによって、冒険などの他の行動システムが動き出すようになる。すると、フォロワーの人々がリスクをとり、クリエイティブになり、これが学びや成長につながる」[7]。

さらに彼らは、逆もまた真であると示唆する。もしフォロワーがリーダーの行動によって不安を感じたら、リスクをとることや冒険や学びは減少するということだ。彼らはこの考えを発展させ、セキュアベースであるリーダーは、フォロワーが新たなメンタルモデルを築くのを助け、「自信、自律、能力、自己効力感、自尊感情」を醸成するうえでも力になるとした。[8]

わたしたちは、企業幹部向けのワークショップを通じて、セキュアベースがリーダーシップの重要な基盤となっていることをこの目で見てきた。個人としての道のりが、リーダーとしてのその人を定義する。したがって、セキュアベース・リーダーになるためには、自分に影響を与えた人々や出来事、経験に気づく必要がある。

そのため、本書全体を通じて、読者に自身の人生を振り返ってもらえるようなガイダンスや演習を用意している。それを通じて、あなたの思考を形成し、リーダーシップ・スタイルに影響を与えた人々や出来事や経験について考えてもらいたい。

コラム　リーダーが失敗するとき

リーダーは次のようなときに失敗する。

・他者を鼓舞しない

・他の人々に与えている影響に気づかない
・目標を執拗に追求する中で、人間関係を顧みない
・自分自身や自分の感情を管理しない

スティーブ・ジョブズのような伝説的人物でさえ、キャリアの途中で失敗したことがある。ジョブズ公認の評伝を書いたウォルター・アイザックソンは、ジョブズがアップルで解雇されたことについて書いた。書評家のレブ・グロスマンは、それを次のようにまとめている。

> ジョブズがアップルを創設してから九年後、彼はアップルを追い出された。アイザックソンは、ジョブズが同僚に有無をも言わせなかったと書いている。支配欲が強く、長々と手厳しい説教をするかと思えばすぐに泣く。市場が変化する中で柔軟性に欠ける。風呂に入らない。そうしたことがすべて、彼の存在を毒のあるものにしていた。[9]

ジョブズは、この時点では決してセキュアベース・リーダーではなかった。しかし、グロスマンは次のように続ける。

> しかし、一九九六年に、彼は別人となって凱旋した。彼の中の悪魔をしっかりと抑え、ア

ップルを救い、世界で最も価値のある会社にするために戻ってきた。

ジョブズのストーリーは、リーダーが失敗する理由が表れている一例である。また、自分を理解するのに勇気が必要な人や、偉大なリーダーとなるために変わる勇気が必要な人にインスピレーションを与えるものである。

コラム リーダーとしての成功と失敗

あなたのリーダーシップの成否のパターンを検証するために、成功した経験を三つと失敗した経験を三つ、ストーリーにして書き出してみてほしい。仕事の上の話でもいいし、個人的な話でもいい。子どもの頃の話でも、青年時代でも大人になってからの話でもいい。どのくらい詳細に書くかは、自分で決めてよい。

書き出した話を読み通してみて、成功談には含まれているが、失敗談には含まれていない要素を探そう。たとえば、成功談ではすべてに他者と協力し合ったことが出てくるが、失敗談はすべて一人で行ったものだった、あるいは、成功談ではいつも同じ人が支えてくれたが、失敗談では支えてくれる人がいなかったなどだ。

成功の背後には存在し、失敗には欠けている要素を検証することで、仕事に関してだけでなく個人の生活のうえでも、あなたが成功するために最も重要なパターンやテーマを見つけることができる。

フォロワーをビレイする

セキュアベース・リーダーシップとは、安心とリスクを組み合わせ、またサポートとストレッチ、守ることと挑戦させることを組み合わせるものだ。フォロワーと絆をつくり、同時に、フォロワーやチームや組織をストレッチ目標に向かわせる。絆を通じて安全を提供し、可能性に目を向けさせてリスクをとることを促す。

セキュアベース・リーダーになることは、ロッククライミングの「ビレイ」と多くの点で似ている。ビレイの方法は、岩面や室内のクライミング・ウォールの状況によって異なるが、基本的な仕組みは共通している。図1・4に描かれているように、登っている岩面上のアンカーにロープが通され、岩面を登るクライマーは、ロープの一端に結び付けられる。ビレイを行うビレイヤーは、腰に装着したハーネスと呼ばれる安全ベルトに取り付けられた特殊な用具を使ってロープのもう一端を持ち、クライマーが十分に動けるが、大きく墜落することのない緩みを保つ。クライマーが上に登っていくあいだ、ビレイヤーは注意してクライマーを見守り、必要に応じて緩みを調節する。

図1.4　ビレイにたとえられるセキュアベース・リーダーシップ

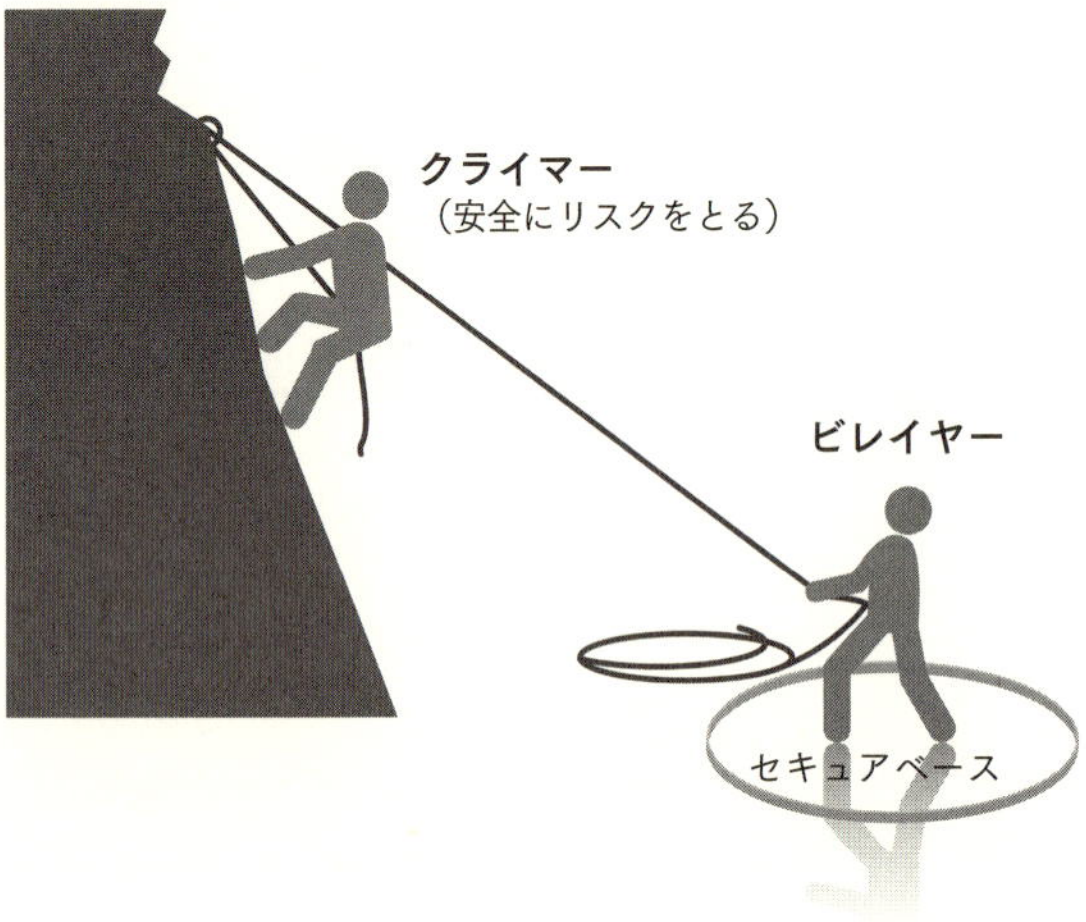

クライマーがリスクをとれるのは、ビレイヤーが安心感を提供しているからこそだ。本書ではこの先、セキュアベース・リーダーシップについて掘り下げていくなかで、このビレイのたとえをさらに詳しく解説していく。というのも、ビレイのプロセスと存在感の両方が、セキュアベース・リーダーシップを象徴しているからだ。

ビレイを確保していないのにクライマーに登るように勧めるのは、明らかに無責任だ。同様に、強固な安全を確保せずに、フォロワーに難しい仕事の課題を達成するよう求めるのも、挫折やストレスにつながる。したがって、セキュアベース・リーダーシップの最初の一歩は、「絆の形成」によって安心感を提供することだ。ストレッチと挑戦を勧めるのは、「君ならできると思っている。君を信じている」と言うのと同じことであり、信頼の絆を強めることである。セキュアベース・リーダーシップの力は、この「自己強化」(行動がある基準に達したときに、自分をほめることで、さらに行動を強化すること)の動きの中にある。

自分に問いかけよう

わたしのフォロワーたちは、わたしがうまく「ビレイ」していると思っているだろうか

信頼感を育む絆を形成する

セキュアベース・リーダーシップに不可欠な「絆」は、次のように定義される。

ある人(人々)が単独でつくり出すよりも大きな感情的・知的・精神的エネルギーを創造できる結びつき(愛着)をつくること

絆は、友情とは異なる感情的なつながりだ。詳しくは第3章で見ていくが、セキュアベース・リーダーはフォロワーと絆を形成する。この絆の形成が信頼感を生み出す。ここで言う信頼感とは、リーダーがフォロワーの最善を考えて行動するであろうという信頼感、もしフォロワーがくじけたり失敗したりした場合には、リーダーが支えてくれるという信頼感、そして、フォロワーにとって適切な挑戦のレベルをリーダーが把握しているという信頼感である。

すべての絆は基本的なつながりである「愛着」からスタートする。愛着（attachment）は心理学では「人間や動物が示す特定の対象や物に対して形成する情緒的結びつき」などと定義される。愛着は、感情の交流や深い接触といった「化学変化」が起こると絆に進化する。

この絆は永久的なものではないし、永久的であってはならない。適切なときに絆との「別離」が訪れるのは、子どもが親から離れるのと同じく自然なことだ。絆が変化していくのをリーダーが認めないと、成長に伴う別離を妨げることになる。こうなると、フォロワーは人質のようなものだ。セキュアベース・リーダーはフォロワーが進み続け、上り続け、より大きく偉大な挑戦をするよう励ます。そして、それを誇りと思いやりをもって見つめるのである。

今日の非常に競争の激しい環境では、人と絆を形成するのは容易なことではなく、セキュアベース・リーダーの真の力が試される。

変化をもたらすために「喪失」を受け入れる

「(何かを喪失することによって生じる)悲しみ」という言葉は、職場ではほとんど耳にすることがない。それでも、悲しみは生活において自然なものであり、個人としての生活で意味があるのと同様に、職場でも意味がある。

誰かの死であれ、同僚のレイオフにより絆を失うことであれ、また組織再編によりチームを失うことであれ、人は何かを失っても、喪失に対する耐性を身に付け、人や目標や仕事などに対して新たな絆を形成する。喪失から前に進んでいく唯一の方法が「悲しむ」ことである。悲しみのプロセスを通って、人は仕事の喜びに戻り、育てる喜びに戻り、生きる喜びにさえ戻ってくる。失ったものが何であれ、それを克服し、再び活力を得る。したがって、仕事では完全に生産性を回復する。

人は喪失を日々、あらゆる変化において経験する。人生における大きな喪失以外にも、オフィスやプロジェクトやクライアントを失ったり、駐車スペースやお気に入りのペンがなくなったときにも、悲しみを感じることがある。悲しみを避けるべきこととして捉えず、自然な感情として受け入れることを学べば、どんな喪失や変化にも、より効果的に、また慈しみをもって対処することができるようになる。

組織は常に変化と向かい合っており、最もうまく対処した場合でも喪失は生じ、それには悲しみが伴う。第4章では、セキュアベース・リーダーが悲しみを自然なプロセスとして捉えることについて述べる。彼らは変化に対して、その痛みではなくメリットにフォーカスして対処する。信頼の絆を築いているセキュアベース・リーダーは、フォロワーが恐れを言葉にし、失望したという気持ちを吐き出すための場所をつくり出す。そのプロセスの最後には、人々は許しと感謝の段階に到達し、新たな愛着と挑戦に向かっていく。

「心の目」を動かしてフォーカスさせる

絆という強固な土台があれば、きちんと悲しんだり、新たな愛着を形成したりすることが可能になる。セキュアベース・リーダーはビレイヤーと同じように、フォロワーが冒険し、リスクをとり、ストレッチするよう促す。そのために、フォロワーの視点を可能性にフォーカスさせる。リーダーのセキュアベースがリーダーの考え方に影響を及ぼしたように、セキュアベース・リーダーはフォロワーの考え方に影響を及ぼして、彼らがプラスの側面に注目するようにし、それによって目標達成に効果的な考え方を持てるようにする。

第5章では、「心の目」が脳の一部であり、何に注意を向けるかを決めるということを述べる。プラスの面に懐中電灯を向けるのか、あるいはマイナス面に向けるのかは、心の目が決める。マイナス面や痛み、危険、どう間違うかに注目することもできる。そうすると、考え方が限定的になり、目標を達成するためにリスクをとるのをやめてしまう。一方で、メリットや利益、うまくいく可能性に注目することもできる。

セキュアベース・リーダーは、フォロワーがこの選択を行ううえで影響を与える。個人やチームの心の目を、目標やメリットや望ましい結果、学習や機会、そして可能性に向けさせるのである。

「勝利を目指す」ことで結果を出す

第6章のテーマである「勝利を目指す」は、高いレベルでの思いやりと、高いレベルでの挑戦を組み合わせたものだ。「勝利を目指す」リーダーは、人間関係と挑戦の両方を重視する。恐怖の人質になるのではなく、メリットに向かって進んでいく。一方で、恐怖と不安のため「負けないようにする」リーダーも多い。つまり、リスクをとることを避けるのである。ほかには、「支配しようとする」人たちもいる。その人たちは、結果を重視するあまり、周囲の人との関係を断ち切り、『EQ　こころの知能指数』の著者のダニエル・ゴールマンが言う「先導型」（詳しくは第6章を参照）が行きすぎたようなリーダーになる。そのようなリーダーについていける人はいない。

モチベーションの高いチームの場合であれば、先導型のリーダーは短期的にはプラスだ。先導型のリーダーが、ストレッチ目標に集中しながらフォロワーと絆を維持する方法を学べば、先導型リーダーは「勝利を目指す」方向にシフトし、セキュアベース・リーダーになることができる。そうすれば、リーダーとフォロワーは一緒になって最高レベルの業績を挙げられる。

岩を登るクライマーは、ビレイされて安全だとわかっているから、リスクをとって腕を伸ばし、岸壁の頂上を目指そうとする。「勝利を目指す」リーダーシップのアプローチは、持続的にベストを尽くして導き、フォロワーと組織に最も深い影響を与える。

高業績を維持する

今日のリーダーを取り巻く状況は、不安定で不確実、複雑で曖昧だ。このような世界で、どのようにすれば結果を出せるだろうか。組織の高業績を維持するにはどうしたらよいだろうか。さらには、このような状況のさなかで、リーダー自身の業績はどうすれば維持できるだろうか。

もしもリーダーが、自身やチームのエネルギーを最後の一滴まで絞り出して結果を出そうとしているならば、リーダーは燃え尽きるだろうし、チームの協力も得られなくなるだろう。リーダーがすべきことは、自身を消耗させずにエネルギーを引き出すことだ。フォロワーには、リーダーとともに進み、リーダーのために進む力がある。リーダーは彼らの驚くべき力を解き放たなければならない。

セキュアベース・リーダーは、絆を強めて関係性と信頼感を築く。信頼感を基にした人間関係は、熱意を生み出す。[10] 熱意が継続する力と忠誠心につながり、コストとストレスを軽減する。さらに重要なのは、セキュアベース・リーダーがフォロワーの力を完全に信じることで、フォロワーは自身の野心的な目標を達成しようと奮起し、それに加えて、組織のミッションを実現しようとすることである。あなたがセキュアベース・リーダーとしてフォロワーの心の目に影響を及ぼせば、彼らは何でも実現できると信じるようになる。前に進むことが苦しくなったり、避けられない変化によって何かを喪失したりしたときにも、大きな熱意があれば彼らは励まされ、リーダーとともに複雑さ、不確実性、不安定さ、そして曖昧さに対処できる。

セキュアベース・リーダーは、変化している環境の中でも最善を尽くすよう人々を励まして、継続的に結果を生み出す。忠誠心や熱意に加えて、創造性や発見も促すような状況をつくり出す。長所や意欲や自尊感情を伸ばす。リーダーが思いやりを示し、困難な目標に向かっていけるよう背中を押し、セキュアベース・リーダーシップを実践するとき、組織は飛びぬけた成果を挙げ、持続的な高業績を実現する可能性が高まる。

この高業績を実現するのにお金はかからない。セキュアベース・リーダーシップは、フォロワーとの時間の使い方を変えることであり、最も重要な点は、フォロワーとより深いレベルでつながるために、リーダーが自分自身と向き合うことだ。

自分に問いかけよう

・わたしはセキュアベース・リーダーだろうか
・結果へのフォーカスと人へのフォーカスのバランスは取れているだろうか
・フォロワーがリスクをとれるよう、十分に安心な環境を提供しているだろうか
・早く介入しすぎたり、待ちすぎたりしていないだろうか

来週の月曜日に何をするか

本書の第Ⅰ部では、セキュアベース・リーダーシップの全体像を描いている。本章では概要を示し、続いて、セキュアベース・リーダーの九つの特性を紹介する（第2章）。第Ⅱ部では、セキュアベース・リーダーシップの構成要素について考える。具体的には、絆（第3章）、悲しみ（第4章）、心の目（第5章）、「勝利を目指す」（第6章）である。加えて、セキュアベース・リーダーの特性をどう身に付けるか、そのためのヒントを各章の内容に沿って紹介する。

テニスプレーヤーが計画的な練習とよいコーチングによってエキスパートになっていくよう

に、あなたもセキュアベース・リーダーシップのエキスパートになれる。そのためには練習が必要で、あなたのこれまでの人生におけるセキュアベースについて認識する必要がある。第Ⅲ部で紹介するプロセスでは、あなたの過去を深く掘り下げて、あなたの現在を受け入れる。あなたは「自分のリーダーシップのルーツ」を知り、これまでの人生におけるセキュアベースを認識し、自分自身のセキュアベースになることについて学ぶだろう（第7章）。そこを起点として、他者のためのセキュアベースになることについて知り（第8章）、あなたの組織全体をセキュアベースに変えることを学ぶ（第9章）。

セキュアベース・リーダーとして成長していくことは、非常に個人的なプロセスではあるが、現実的であり達成可能なものである。九つの特性を理解して日々のリーダーとしての行動に取り入れれば、フォロワーが安全で守られていると感じて、居心地のよい領域から踏み出し、リスクをとって挑戦するような環境をつくり出せる。九つの特性のうちいくつかを選んで取り組むことにより、セキュアベース・リーダーとしてのパフォーマンスを向上させることができ、その結果、従業員やチームや組織の業績も向上させられる。

第10章で述べるが、セキュアベース・リーダーシップは、本質的にはリーダーの人間らしさを取り戻すことであり、そうすることで組織の人間性を取り戻すことである。現代の世界では、自分を含めた人間のことをつい忘れてしまいがちだ。また、人とつながり、刺激され、成長したいという人類共通のニーズも忘れがちになる。変化に追いつこうと速く進みすぎると、挑戦が非人間的なものになる。

わたしたちが願うのは、本書によって、あなたが「一人の人間に立ち戻ってよい」と感じ、あなたのチームや組織、家族、そして社会に人間味があふれ、さらに拡大していくことである。

第1章からの学び

・セキュアベースは安全と安心感を提供し、加えて、冒険やリスクをとることや挑戦への意欲をもたらす
・あなたのセキュアベースは、あなたのリーダーシップ・スタイルに影響を与えてきただけでなく、あなたという人間そのものや、あなたが何に目を向けるかにも影響してきた
・セキュアベース・リーダーは信頼感を得て、変化をもたらし、フォーカスさせ、そうすることで人々に熱意を持たせて高業績に導く
・セキュアベース・リーダーは絆を形成し、悲しみと向き合うことで喪失を受け止め、心の目をプラスの側面に定めて、「勝利を目指す」
・セキュアベース・リーダーは自分自身の心の目をコントロールして、プラスの面や

メリットに注目する。そして、フォロワーも同様にするよう影響を及ぼす

・セキュアベース・リーダーは、安心感を提供してロッククライマーがリスクをとって頂上まで登れるようにする、ビレイヤーのような人である

・セキュアベース・リーダーシップにはお金はかからない。唯一投資するのは、時間の使い方を変える選択をするということだけである

・リーダーシップは、学んで身に付けた行動の組み合わせである。九つの特性のどれを伸ばしても、人と組織の力を解き放つセキュアベース・リーダーになることができる

「現実的でないと思われるくらいに夢を見よう。不可能だと思われることを予期しよう。バカだと思われるくらいに思いやりを持とう」

ハワード・シュルツ（一九五三―）
スターバックス会長・CEO

第2章◆セキュアベース・リーダーの九つの特性

本書の著者の一人であるスーザンは、八歳のとき、テレビでメキシコ・オリンピックを見ていてこう思った。「わたしもオリンピックに出たいな」。

彼女は水泳が好きだったが、それほど背が高いわけではなく、さほど体力もなく、肩幅も狭かった。両親やコーチは、よくこんな言葉をかけられた。「スーザンは小柄で残念ですね。あの体ではトップには立てないでしょう」。しかし、若い頃はフライ級のボクサーだった祖父のジャック・ブラウンは、スーザンにこう言って聞かせていた。「体が大きい奴ほど、倒れたときのダメージは大きいんだぞ」。スーザンは心の中で、小柄なのは有利だと信じて泳いでいた。水中ですばやく動けるし、ターンも速くできるからだ。背が低いことが不利だとは、一瞬たりとも考えたことがなかった。

それから八年後、オリンピック選考会の直前に、スーザンは競技会場の外の階段を上っていた。傍らには、イギリスのオリンピック女子水泳チームで、一九七六年にコーチを務めていたジャック・クイーンがいた。スーザンは言った。「もしかしたら、タイムが出せないかも」。すると、ジャックは「もう出場資格のタイムは出しているじゃないか」と答えた。そして、続けてこう言った。「たとえば、道を歩いていて、歩道に三〇センチくらいの切れ目があったとしても、それをまたいで歩き続けるだろう？　じゃあ、今度は二〇階建てのビルの上にいて、隣のビルとの間に同じくらいの隙間があると想像してごらん。高さは違っても、まったく同じ三〇センチなんだよ」。

「でも、選考会では出場資格のタイムが出せないかもしれません」とスーザンが言うと、ジャックはこう答えた。「そこから二段下りてみなさい」。「えっ、何ですか？」とスーザンが言うと、「二段下りて」とジャックは繰り返した。スーザンはわけがわからないまま、階段を二段下りた。「君のゴールはこの階段のいちばん上だ。さっきまで、君は僕の隣にいた。だけど、いまの言葉で、君はゴールから二歩遠ざかってしまったんだよ」。

祖父のジャックとコーチのジャック。この二人のジャックのおかげで築かれた自信によって、スーザンはモントリオール・オリンピックの決勝に出場し、他の国際大会でも数々の栄誉を獲得した。ヨーロッパ選手権では、二〇〇メートル・バタフライの決勝に進出。ターンをしたときに、身長一八八センチのロシア人のライバルを見ると、「あなたは大きいから、わたしには勝てない」と思った。スーザンは東ドイツの選手二人に続いて三位に入り、銅メダルを獲得した。

スーザンとコーチのジャック・クイーンはいまでも連絡を取り続けている。ある年、ジャックはスーザンにこんなカードを送った。「僕はいつでも君の影の中にいる。落ち込んだとき、そして何かがうまくいってワクワクするとき、太陽の光を浴びて影を見てみなさい。僕が君の肩を叩いているのが見えるはずだ」。

ジャック・ブラウンとジャック・クイーンは、間違いなくセキュアベースの要件を満たしている。スーザンは二人のジャックを信頼し、彼らの言葉と、彼らがスーザンを信じる気持ちを、自分の自信として取り込んだ。二人はスーザンの心の目をマイナス面やそれが生じる可能性からそらし、プラスの面やその可能性に向けさせた。スーザンの母や、クラブのコーチだったアル・リチャードとともに、二人のジャックはスーザンに守られている感覚と安心感を与え、一方で、彼女を鼓舞し、挑戦させ、頂点まで届くように動機づけた。彼らはスーザンのことを思いやり、夢に挑ませたのだ。

この状況をビジネスに置き換えてリーダーシップをとってみよう。そうすれば、あなたやチームがオリンピックレベルの業績を挙げることも可能になる。

ボウルビィは親子関係について研究を進める中で、「セキュアベース（安全基地）」という言葉をつくり出した。本書の筆者らも研究を通じて、職場環境の中で同様の状況があることを確認した。さらには、セキュアベースの概念を高業績のリーダーとの関係で掘り下げていくと、セキュアベース・リーダーが実際に何を言い、何をするかが見えてきた。

表2.1　セキュアベース・リーダーの九つの特性

1	冷静でいる
2	人として受け入れる
3	可能性を見通す
4	傾聴し、質問する
5	力強いメッセージを発信する
6	プラス面にフォーカスする
7	リスクをとるよう促す
8	内発的動機で動かす
9	いつでも話せることを示す

この結果を、セキュアベース・リーダーの九つの特性としてまとめ、本章で紹介する。そして、第Ⅱ部以降、それぞれをさらに詳しく説明する。

セキュアベース・リーダーの特性

セキュアベース・リーダーの行動は明確で、現実的で、習得可能なものだ。表２・１にその九つの特性を挙げたが、この一部をすでに実践している人もいるだろう。また、本書をここまで読んできて、こうした行動の威力を理解し始めている人もいるかもしれない。九つの特性は、絆のサイクルや心の目と結びつき、個人のレベルでも、チームでも組織でも効果を発揮する。

セキュアベース・リーダーはフォロワーを深く思いやる一方で、高いレベルの挑戦を促す。それによってリーダーもフォロワーも最高水準の業績を達成することができ、他の人々に大きくプラスのインパクトを与えることができる。これが可能になるポイントを、リーダーシップの「スイートスポット」と呼ぶ。このスイートスポットは、学習とイノベーションと変革を重要視する組織にとっては特に重要だ。

残念ながら、どこがスイートスポットなのかを正確に判断する方法はない。セキュアベース・リーダーは、九つの特性をほどよいときに、ほどよく組み合わせて活用し、それによって、ほどよい安全と、ほどよいリスクを提供する。フォロワーによっては、ある特性をより多く発揮する必要があるだろうし、日によってもバランスは変わってくるだろう。最終的には、相手をよく知り、その気分やモチベーションが表れるシグナルを感じ取るというところに行き着く。

こうした柔軟なバランス感覚こそがリーダーの知恵であり、時にリーダーシップの直感的とも言われる側面である。アメリカの元国務長官、コリン・パウエルはこんなふうに言っている。「リーダーシップとは、経営管理学で実現可能と判断される以上の成果を実現するアートである」[1]

セキュアベース・リーダーシップは、実際のところアートだ。そして、実際に成果を挙げるよう、人々を動かすのである。

よくある誤解●リーダーシップは個人的なものではない

これは真実ではない。優れたリーダーは社内外の人々と絆をつくり、彼らを個人として受け入れ、尊重する。リーダーシップは本質的に個人的なものだ。

コラム　最高の上司

いままで出会ったなかで、最高の上司だと思う人について考えてみよう。

・その上司を表現するとしたら、どんな言葉が当てはまるだろうか

・その上司のどんな行動がよかったのだろうか

企業幹部にこの質問すると、次のような答えが返ってきた。

気分にムラがない　　**勇気がある**

支えてくれる　　**進んで失敗する**

自分以外の人たちにフォーカスする
フェアである
一貫している

建設的なフィードバックをくれる
やる気にさせてくれる
ビジョンがある

上段は思いやることを表現する言葉で、下段は挑ませることを表現する言葉だと気づいただろうか。

セキュアベース・リーダーシップを学んでいくにつれ、あなたはおそらく、誰がいままでで最高の上司だったかに気づくだろう。そして、その上司が最高だったと考えられるのは、彼らがまさに絶妙なバランスで、安心と挑戦、安全とストレッチを提供していたからだろう。

では、セキュアベース・リーダーシップの特性を一つずつ見ていこう。

特性その1・冷静でいる

セキュアベース・リーダーについて、筆者がインタビューした人々が最もよく口にした言葉の一つが「冷静」だ。セキュアベース・リーダーは、プレッシャーにさらされているときにも、落ち着いていて頼りになる。他のリーダーが「扁桃体ハイジャック」と呼ばれる状態に陥るようなときにも冷静だ。

この特性は、特にセキュアベース・リーダーの根幹となるものなので、リーダーは他の特性よりも先に身に付ける必要がある。本章の最後の部分で詳しく説明する。

コラム　扁桃体ハイジャック

通常、視覚的な刺激などの感覚は、信号として脳の一部である視床に送られる。視床は航空管制官のような役割を果たし、その信号の伝達を支援する。視覚的な刺激の場合、視床はその信号を大脳皮質の中にある視覚野に送って処理をさせる。大脳皮質は送られてきた信号について「考え」、それを理解する。

たとえばテキストが「!」で終わっている場合、「なるほど。〝!〟がついているということは、びっくりするようなことなのだな」と理解する。続いて信号は扁桃体に送られる。扁桃体は脳内で感情をコントロールする部分だ。扁桃体はペプチドとストレスホルモンを体内に放出し、それによって、エクスクラメーション(!)のレベルにふさわしい感情と行動をつくり出す。扁桃体はプラスの刺激に対しても、マイナスの刺激に対しても機能する。

しかし、ダニエル・ゴールマンが「扁桃体ハイジャック」と呼ぶ状況の中では、視床は異なる反応を示す。[2] 熟練した航空管制官のように、視床は危険が考えられる場合にはすばやく反応するのだ。この場合、「考える脳」である大脳皮質を通さず、信号を直接に扁桃体に送り、実質的に脳を「ハイジャック」し、合理的でない反応を起こす。ここで興味深いのは、扁桃体はこれまでに蓄積されたパターンでしか反応できないということだ。たとえば、本能的な「戦うか、逃げるか」反応などである。

こうした急行列車のような反応は、わたしたちの命を救うこともある。しかし、それよりも多いのは、害のあることを言ってしまったり、状況をエスカレートさせてしまったりすることだ。場合によっては、暴力行為につながることもある。

扁桃体ハイジャックからのダメージをできるだけ小さくするには、状況を緩和するような行動を身に付けることが大切だ。脳が激しく活動していても、まだできることがある。ハイジャックされたままでいる必要はない。深呼吸をして、自分の行動を再び制御できるようにしよう。

特性その2・人として受け入れる

セキュアベース・リーダーであるために重要なのは、相手の人間としての価値を受け入れ、認めることだ。単に、従業員として見たり、何らかの作業をする人として捉えたりはしない。臨床心理学者のカール・ロジャーズの言葉を借りると、それは「無条件に肯定的に見る」[3]ということだ。セキュアベース・リーダーは、問題と向き合う前に、人と向きあう。問題と人とを切り離すのである。セキュアベース・リーダーは、可能な限り人の批判や非難を避ける。

こうしたアプローチをとることによって、相手方は自分が正当化され、認められたと感じる。セキュアベース・リーダーは、いつも相手を尊重している。この特性によって、リーダーシップが個人的なものになり、人間が中心になるのである。

ここで重要なのは、すべての人を存在する意義があり価値がある人として、尊重し、尊敬し、評価するという考え方だ。この特性を伸ばすヒントについては、第3章で述べる。

特性その3・可能性を見通す

セキュアベース・リーダーはフォロワーの現在の働きや「状態」よりも、隠された可能性に目を向ける。その人本来の価値を受け入れ、それに加えて、その人が自分に対して持つ期待よりも、もっと先を見ようとするのである。ここで目を向けるのは短期的な能力ではなく、一〇年、あるいは二〇年先に実現するような、その人の最も奥深い可能性であり、ビジョン、あるいは夢とも言えるようなものだ。『ビジョナリー・カンパニー』の著者、ジム・コリンズが、成功はＢＨＡＧ[4]（Big Hairy Audacious Goals）によって実現されると言うならば、ここではＢＨＡＰ（Big Hairy Audacious Potential＝大きくて達成しにくく大胆な可能性）を考えよう。

セキュアベース・リーダーは経験も知恵もあり、幅広い視点を持っている。したがって、フォロワーの潜在的な可能性を見つけ、それを引き出すのに適していると言える。人は自分の中にある可能性に気づかなかったり、それを信じなかったりする。この特性を伸ばすヒントについても、第3章で述べる。

コラム 大きなテディベアみたいな人？

セキュアベース・リーダーが、ぬいぐるみのようにフワフワしていて行動を起こさないようなイメージを持たないでほしい。セキュアベース・リーダーは、マネジメントやリーダーシップにおいて困難から逃げようとするのではなく、人間らしさをもって困難を受け止める。

フィードバック

セキュアベース・リーダーからのフィードバックは、時には厳しく、辛くさえ感じるような場合もあるが、それでも相手を鼓舞するものである。セキュアベース・リーダーは心の目をプラス面に向け、すべての人のなかに可能性を見出すからこそ、厳しいフィードバックをする。フォロワーはセキュアベース・リーダーのそうした意図を感じて、感謝の言葉を述べる。

プッシュする

セキュアベース・リーダーはより高いレベルを求め、本気で挑戦させようとする。そのためにフォロワーの勇気を引き出すが、彼らを怖がらせたり、脅したり、コントロールしたりはしない。彼らの考え方を導き、苦難ではなく果実を、いまの辛さではなくゴールに注目するよう訓練する。そして、フォロワー自身が適切、あるいは可能だと思っている以上にストレッチをさせる。

責任を持たせる

セキュアベース・リーダーはフォロワーに責任逃れをさせない。フォロワーの能力を信じているから、明示的に目標達成の責任を持たせる。時にはフォロワーから「理不尽だ」と誤解され、非難されることもあるが、セキュアベース・リーダーは言い訳を許さず、楽な道を認めない。彼らは多くの点で、「愛の鞭」を振るうのである。

特性その４・傾聴し、質問する

セキュアベース・リーダーは、相手に言い聞かせたり、自分の意見を主張したりするのではなく、傾聴し、質問をするというスタイルを好む。

セキュアベース・リーダーは、自分の見解を押し付けるための長い演説などはしない。その代わりに、彼らが得意とする自由回答式、つまり「はい・いいえ」では答えられない形式の質問を用いて対話を行い、より深い真実を求める。こうした深い対話は、セキュアベース・リーダーが持っている非常に強力なツールの一つである。したがって、本書ではこの特性を伸ばすためのヒントを第4章と第8章で述べる。

特性その5・力強いメッセージを発信する

セキュアベース・リーダーは一つの文章やジェスチャーで、人々に深いインパクトを与えることができる。的確な言葉を思いつく術をマスターしており、そうした言葉は莫大な影響力をもって、何年も、あるいは生涯にわたって、聞いた人の心に残ることがある。そんな言葉を本書では「的を射たやりとり」と呼ぶ（ここで言う「やりとり」とは、二人の間での言語的、または非言語的なやりとりを指す。会話は多くのやりとりから成り立っている）。

セキュアベース・リーダーは的を射たやりとりを、それが本当に必要なときに行うことに長けている。つまり、要点をズバリと言う能力があり、適切なことを適切なタイミングで言う。この特性を伸ばすヒントについては、第4章で述べる。

特性その6・プラス面にフォーカスする

セキュアベース・リーダーは、他の人たちの心の目をマイナス面ではなくプラス面に向けさせる。そうすることで、危機や困難の中でさえも、その人たちが可能性や学ぶ機会を見出せるようにする。この特性を伸ばすヒントについては、第5章で述べる。

特性その7・リスクをとるよう促す

セキュアベース・リーダーは、フォロワーが自身の力を高める機会を提供するが、多くの場合、それはフォロワーにとってリスクが伴う。この「リスクをとるよう促す」特性は、相手を「人として受け入れる」ことや、「可能性を見通す」ことの先にあり、この二つの概念を直接的な行動に置き換えたものだ。セキュアベース・リーダーはリスクをとる機会を与えることによって、部下が可能性を解き放てるよう挑ませる。彼らはフォロワーの自律性を尊重し、フォロワーは過剰に管理されているとは感じない。この特性を伸ばすヒントについては、第5章を参照のこと。

特性その8・内発的動機で動かす

セキュアベース・リーダーは、人から最大限の力を引き出すには「内発的動機」が重要だと理解しており、外発的動機には頼らない。内発的動機とは、何かがその人にとって本質的に興味深い、あるいは楽しいからそれを行う、ということを指している。これに対して外発的動機とは、何らかのタスクの結果、得られる成果のためにそれを行い、その成果がタスクとは切り離せる場合を指す。内発的動機で何かを行っているとき、人は楽しさや挑戦のためにそれを行っているのであり、外からのプレッシャーや報酬などのためにそれを行っているのではない。[5]

この特性を伸ばすヒントについては、第6章を参照のこと。

特性その9・いつでも話せることを示す

セキュアベース・リーダーは、常に会って話ができる人だと思われている。つまり、忙しすぎて会えないような人ではない。しかし実際は、距離的な近さや交流の頻度はそれほど重要ではない。多くのセキュアベース・リーダーは、フォロワーといつも連絡を取り合っているわけではないし、会っているわけでもない。実際、最も影響力のある対話は非常に短いものだ。

それよりも重要なのは、必要なときには会えるという認識だ。支えてくれて、話ができると思えることは、実際に一緒に過ごす時間よりも、感覚や人間関係によるところが大きい。大事なのはセキュアベース・リーダーの心理的な存在感だ。実際にそこにいないときも、その役割を果たすのである。この特性を伸ばすヒントについては、第6章で述べる。

ここに挙げた特性については、本章から第6章にわたって、詳しく見ていく。

本章では、「特性その1・冷静でいる」を取り上げる。この特性が最も重要で、かつ難しいが、絆をつくるうえで、また、より高い目標に挑むうえで最も根幹となるものである。

それぞれの特性についての説明は、調査で得られた各特性の概念を具体的に表すコメントからスタートする。

特性その1・冷静でいる

調査では、次のような言葉が繰り返し語られた。どれも、セキュアベース・リーダーがどれほど冷静で、また他の人々が冷静でいられるよう努めているかを示すコメントだ。

「彼は本当に落ち着いて答えました。『いいよ。話してみて』と」
「質問の仕方がとても穏やかでした。怒鳴ったり威圧的だったりすることはありませんでした」
「わたしは感情が高まることもありましたが、彼はいつも冷静に支えてくれました」
「誰もがパニックになっているときでも、彼女は冷静でした」

リーダーが信頼でき、いつも安定しているとわかって初めて、フォロワーはリーダーと絆を形成する。リーダーの冷静さは「信頼に足る」「安定した人」という印象を与える。気持ちの乱れやストレスはその反対の印象につながる。冷静でいることは、フォロワーにリスクをとらせるときにも非常に重要だ。リーダーが冷静でいれば、フォロワーも挑戦を前にして冷静でいられる。すでにフォロワーの感情が高まり、恐怖を感じているときに、リーダーがさらに感情や恐怖感を高めたら、状況は悪くなるだけだ。ロッククライミングで、ロープを持っているビレイヤーが不安や動揺を口にしたら、クライマーはどう感じるだろうか。おそらくは、次の石に飛び移ろうとはしないだろう。

セキュアベース・リーダーが信頼でき、いつも安定しているからといって、そのリーダーに面白みがないとか、創造性がないというわけではない。そうしたリーダーは、ストレスにさらされていても確実に支え、行動もたしかだということだ。セキュアベース・リーダーには、感情の高ぶりや不安定という言葉は当てはまらない。次のストーリーは、リーダーが冷静でいることの重要性を物語っている。

二〇〇一年九月一一日の同時多発テロにどう対処したか、当時ニューヨーク市長だったルディ・ジュリアーニは、本書筆者の一人であるジョージに語った。

ジュリアーニ元市長によると、その日の彼の行動で最も重要だったのは、混乱の中でも冷静でいることだったという。あのような壊滅的なテロに対して、ニューヨーク市は備えがなかった。旅客機が世界貿易センタービル（WTC）に激突した数時間後に陣頭指揮を執り始めると、ジュリアーニは自分が冷静さを失い始めていると感じた。

そこで、彼はWTC近くの公園を歩いて、自分を落ち着かせようとした。木や空を探したが、見えるのは灰色や茶色の雲ばかりだった。しかし、草は生えていた。彼はしっかりと立って草をじっと見つめた。ジュリアーニはこう説明する。「みんなを落ち着かせるために、わたしが落ち着く必要がありました。わたしは市民を失い、市民も多くの人を失っていました。わたしの父はニューヨーク市の警官だったのですが、以前こう言っていました。『気持ちが高ぶっているときに、決断を下してはいけない。まずは自分自身を落ち着かせることだ。そうしなければ、間違いを犯す』。その日、父のこの言葉が頭の中に響いていたのです」。この言葉の記憶が、悲劇的なテロのあと何日間も、彼を導いたのだった。

「冷静でいる」という特性は、失敗やリスクに関連するストーリーで特によく示される。ある企業の経営幹部は次のように語った。

「ある製品に大きな問題が発生し、損害は何百万ドルにも及ぶ恐れがありました。バイスプレジデントたちはみなパニックに陥り、悪者探しをし始めました。

しかし、我が社のCEOは冷静でした。彼は社の価値観に言及し、一つずつ問題の対策を進め、同時にステークホルダーへのコミュニケーションも行いました。彼が冷静だったから、わたしたちも冷静でいられたのです」

冷静でいることは、簡単なことではない。しかし、その方法を学ぶことはできる。いかにプレッシャーの中で感情をコントロールし、扁桃体の状態をチェックするかだ。また、世界を広い視点で見て、ものごとを過度に私的に捉えないことも重要だ。

自分に問いかけよう
わたしはこれまでに、冷静でいられずに、何かを言ったり、したりしてしまい、のちに後悔したことがあっただろうか

人間の感情、「状態」、そして結果

感情と理性とを完全に切り離せないのは明らかだ。人間の脳は、人間が社会的な生物として生きるよう設計されている。わたしたちが自分自身や周囲の世界をどのように見て感じるかは、他の人たちの見解や感情と切り離せない。目覚めている時間の大半を、多くの人が同僚と過ごす。したがってリーダーは、自らが周囲の人の考え方や感情や気分に、プラスの、あるいはマイナスの影響を与えるということを理解する必要がある。

リーダーが周囲の人々の感情にプラスの影響を与えた例として、次のストーリーがよく知られている。ニューヨークのラガーディア空港を離陸した直後の旅客機を襲った出来事である。

二〇〇九年一月一五日、一五〇人の乗客を乗せたUSエアウェイズ一五四九便のエンジンが二つとも停止し、同機は高度を維持できなくなった。五七歳の機長、チェスリー・〝サリー〟・

サレンバーガーは、ハドソン川への不時着水を決断した。

同機に乗り合わせたノースカロライナ州シャルロットのマーク・フッドは、サレンバーガーの機内アナウンスと当時の状況を次のように話す。「機長の言葉は鮮明に覚えています。彼は『衝撃に備えてください』と、落ち着いた、静かな、安定した声で言ったんです。それは彼のリーダーシップの証しでした。もし、彼の声に緊張感が漏れ出していたら、それは乗客の間で大きく膨れ上がったでしょう」。

サリーはのちに、自分は単に、こうした状況ではどうすべきか、訓練で教えられている通りにしただけだと説明した。訓練で得た自信によって冷静さを保ち、緊急着陸を終えた。そして妻には電話でこう報告した。「飛行機のニュースを見るかもしれないけど、心配しなくていいよ。それほど大したことじゃなかったから」。

乗客がサリー機長の状態を感じ取ったように、あなたの状態を他の人々が感じ取る。この「状態」とは、「交流分析」（精神分析を基盤とした心理療法の一つ）を開発したエリック・バーンによると、「感情、思考、行動がまとまったもの」である。[6] この定義を広げて、「状態」はある瞬間のわたしたちを反映したもの、つまり心理や態度、感情、気分、行動、信念などが一体となったものと考えよう。

あなたの状態は、あなたが実現する結果を決める。状態はプラスの場合も、マイナスの場合もあり、気分や感情が状態に影響する。心理学者のポール・エクマンは、気分を「継続的な感情」と定義している。[7] いったん自分の感情に気づいたら、その原因をたどって変えることができるが、長いあいだ感情を変えないまま放っておくと、それは「気分」になる。そして、非常に長いあいだ続いている気分は、性格特性になる場合もある。慢性的に否定的な気分にとらわれている人もいて、その人の状態は他の人々に影響を及ぼす。

自分の状態をコントロールする能力は、自分自身をコントロールし、他の人の状態に影響を及ぼすうえで基盤となるものだ。この世の中では、がっかりしたり、期待が外れたり、何かを失ったりすることは珍しくない。そんなとき、自分自身をコントロールする方法を学ばなければ、よくない状態に陥りがちだ。しかし、そんなときどうしたらよいか、わたしたちは自分のセキュアベースからすでに学んでいる可能性が高い。

コラム　ストレス

最高の実績を上げるには、多少のストレスはプラスとなり、必要でさえある。しかし、ストレスが大きすぎると、「アロスタティック負荷」として知られる心理的・神経的な損傷が生じる。研究によると、過去三〇年間で人間のストレスレベルは四五%上昇しており、また、二〇三〇年までには、うつ病が心臓病を追い抜いて第一位の疾患となると予測されている。[8]

ストレスは、危険な状況や苛立たしい状況への反応であり、そうした状況から逃れられない場合に生じる。あるいは、外界からの刺激に対応できない状況でも生じる。つまり、ストレスを受けるということは、人質に取られるようなものだ。ストレスの主な原因となるのは、喪失（近しい人の死など）や不確実性、疎外、よくない人間関係、社会的な孤立から生じる慢性的な孤独などだ。

逃れられないストレスや、コントロールできないストレスは非常に破壊的な力を持ち、齧歯類のような小さな動物は死に至ることもある。[9] 現代社会に暮らす人々は、ストレスが体の症状となって表れることも多い。たとえば、頭痛や腰痛、体重の増減、心臓病などだ。ほかにも、それほどよく知られていない問題が生じることがある。たとえば、次のようなものだ。

・ストレスは、脳の可塑性（新しい経験に基づいて、脳が新たな神経回路をつくる能力）と神経発生（新たな脳細胞がつくられること）を妨げる要因としては、最も大きなものである。脳の可塑性と神経発生がなければ、人は学習できない[10]

・長期化したストレスはうつ病につながり、それにより認知機能が低下する

・ストレスは、「心因性疾患」として知られる、心と体のつながりから生じる病気の原因となる。エルネスト・ロッシや他の研究者らによると、こうした病気は特定の症状を引き起こす遺伝子の「スイッチを入れる」のだという[11]

では、ストレスの慢性化を防ぐにはどうしたらよいだろう。定期的に運動し、きちんと食事をし、十分に休息するといった基本的なことに加えて、明確な効果が示されている「マインドフルネス」を練習するという方法もある。マインドフルネスでは、役に立たない考えや感情、直感などに対して、自動的に反応するのを減らすようにし、それによって脳をつくり変え、その結果、慢性的なストレスや抑うつによるダメージから体を守る。[12]喪失はストレスの大きな要因となるので、きちんと悲しむことを通じて喪失を克服する方法を身に付ける（第4章を参照）ことも、慢性的なストレスの削減につながる。

あなたのセキュアベース・リーダーシップ行動を評価しよう

次の点について、自分がどのくらいの頻度で実行できているかを1から5までの数字で評価しよう（1＝まったくできていない、5＝常にできている）。

・プレッシャーを受けても冷静でいる
・気分や感情がいつも安定している
・ストレスの多い状況であっても、サポートを必要とする人が自分に話しかけられ

る状態を保っている

評点が3に達しなかったら、この特性を重点的に伸ばすべき特性としてメモしておこう（第8章「他者のセキュアベースになる」を参照のこと）。

特性その1を伸ばすためのヒント

1　気分を変える

よくない気分のときに自分の状態を変えるのは難しいが、可能ではある。自分は「不機嫌だ」と客観的に認識するのだ。このプロセスを通じて、自分の状態や、それが自分や他者にどのような影響を与えているかに気を配ることができるようになる。

2　何をどのように言うかに注意する

声の調子や話し方を相手は気にする。非常に優れたリーダーであっても、ストレスは感じるが、そのようなときでも感情的に振る舞わず、冷静かついつも通りであるように振る舞おう。リーダーの外見が冷静であれば、周囲の人々は自信を持ち、大きなパニックは抑えられる。何かを言う前に深呼吸をすることも、そのための技術だ。その短い時間で、自分自身をチェックし、扁桃体ハイジャックから逃れることができるだろう。

誰かに異論を唱えられたり、言葉で攻撃されたりした場合に、自分自身をチェックする練習をしよう。そうした状況では衝動的に反撃してしまいがちだが、それでは状況の人質になるだけだ。まずは深呼吸をして、相手に言葉を投げつけるのではなく、質問をしてみよう。

3　マインドフルネスの練習をする

簡単なマインドフルネスの練習を通じて、冷静でいる方法を学ぼう。椅子に座ってリラックスし、両足を床に付けて、手は膝の上に置く。まず、二〇秒ほどかけて四回深呼吸する。そして、自分のつま先に意識を集中して、筋肉が弛緩していくのをイメージする。その後、ゆっくりと足に意識を移して筋肉を弛緩させ、同様にふくらはぎ、太もも、臀部と続けていく。そして、今度は指先を意識して筋肉を緩め、手首、前腕、二の腕、肩と続けて筋肉を緩める。肩から首の筋肉、そして顔の筋肉をリラックスさせる。このプロセス全体でかかる時間は数分だが、毎日行うと、感じるストレスのレベルに大きな違いが出てくる。

エキスパートになる

セキュアベース・リーダーシップの九つの特性は、どれも日常的に練習して身に付けることができる。ここで一歩離れて、学ぶことと練習すること、エキスパートになることの関係について考えてみよう。ここで記す内容は、あなたがセキュアベース・リーダーになるうえで役立つだけでなく、他の人々を育成するうえでも役立つはずだ。

何かに優れている人は生まれつき才能があったのだ、と信じている人が多い。しかし、スウェーデンの研究者、アンダース・エリクソンによると、九五%の能力は学んで身に付けたもので、真に遺伝的な能力は五%にすぎないという。近年の他の研究でも、卓越した実績は、何年も計画的に練習し、指導を受けた結果であることが示されている。エリクソンによると、エキスパートになるためには次の三点が必要だという。

練習—一万時間
計画的な練習—何度も繰り返し練習し、間違いを修正する
コーチかメンターを持つ—フィードバックをもらう[13]

教育心理学者のベンジャミン・ブルームは、著書の*Developing Talent in Young People*で

同様の研究結果を示し、また家族が果たす役割についても述べた。ブルームは能力を伸ばす要因を見つけようと、音楽や美術、数学などの幅広い分野で国際的な賞を獲得した一二〇人の子ども時代を調べた。彼もまた、この一二〇人のエリートに共通する点を三つ見出した。ぎっしりと詰まった練習スケジュール、そして献身的な指導者に加えて、全員に共通していたのが、初期段階で家族から熱心なサポートを受けていたことだった。[14] 明らかに、彼らにはセキュアベースがあったのだ。

セキュアベース・リーダーシップの九つの特性も、後天的に伸ばすことができる。そのためには日々練習し、自分で修正を重ねていくことだ。一つの特性を選んで取り組み、毎日の練習を集中して行おう。やがて自分の変化に気づき始めるはずだ。

自分に問いかけよう

・わたしが九つの特性のうちの一つを伸ばすために、二四時間以内に実際に行えることとは何だろうか

・誰がわたしに力を貸してくれるだろうか

コーチやメンターといった人たちのサポートは、それが大きな力となることを覚えておこう。その人はあなた自身のセキュアベースとなるかもしれない。前述したように、セキュアベース・リーダーになるには自らもセキュアベースを持っている必要がある。あなたを思いやり、最高の業績を挙げるよう挑ませてくれる人を見つけよう。

セキュアベース・リーダーが完璧ではないことも覚えておこう。わたしたちがインタビューした人たちのなかで、九つの特性のすべてを常に示していた人は一人もいなかった。しかし、より多くの特性にフォーカスし伸ばしていけば、より強力なセキュアベース・リーダーになることが可能であり、また偉大な目標に取り組む人たちを、より強力に後押しできるようになるだろう。

第2章からの学び

・セキュアベース・リーダーには九つの特性がある
・これら九つの特性は、「心の目」および「絆」に関連している
・これらの特性は、個人、グループ、組織のレベルに作用する
・九つの特性は習得することができる

・リーダーはいずれかの特性を選んで日常的に練習し、伸ばしていくことができる
・九つの特性すべてに熟達する必要はない。しかし、より多くの特性にフォーカスし、向上させれば、より強力なセキュアベース・リーダーになれる
・九つの特性を伸ばすには、日々の練習が必要となる。一つを選んで、少なくとも四週間続けてフォーカスしてみよう。そうすれば、変化に気づき始めるはずだ

「リーダーになるとは、本当の自分になるということだ。それほどシンプルであり、同時に、困難なことである」

ウォレン・ベニス（一九二五―二〇一四）
研究者、組織コンサルタント、リーダーシップに関する書籍の著作者

第 II 部

第3章◆信頼構築サイクル

二〇一〇年一月一二日、クリスタ・ブレルスフォードはハイチのダーボンにいた。クリスタは工学の修士号を持っており、当時は博士課程の学生だった。ハイチに来たのは、兄のジュリアンが「ハイチ・パートナーズ」でボランティアをしており、その地域を洪水から守る防水壁の設置について、それが可能かどうか調査を依頼されたからだ。

午後四時五三分、その小さな町で地震が起きた。クリスタとジュリアンは、訪問していた二階建ての家の階段を這い下りたが、クリスタは足を踏み外して頭から転落した。その家は崩れ、彼女の周りに瓦礫が落ちてきた。

クリスタは三枚のコンクリート板の下敷きになった。そのとき、アメリカでは知られたロッククライマーでもあった彼女は、登山家のヒュー・ハーのことを思い出した。彼は一九八二年に山の中で動けなくなり、両足の膝から下を失った。「それでも彼は山に登っているのだから、わたしだってやれる。そう思いました」。

一時間ほど経つと、地元のティーンエイジャー、ウェンソン・ジョルジュがつるはしを持ってやって来た。ウェンソンは「自分に英語を教えてくれる人」としてしか認識していなかったクリスタを助け出した。クリスタの右足は、膝から下がつぶれていた。ウェンソンはクリスタを抱え上げると、バイクの後ろに乗せた。二人が国連の避難所に向かうまでのあいだに、クリスタは崩れた家々と、道に横たわる遺体を目にした。

ウェンソンは一晩中クリスタに付き添い、照明の光が彼女の目に当たらないように、光をさえぎって立っていた。自分のシャツもクリスタに貸した。クリスタは夜のあいだに、四歳の子どもが来て、手を握っていてくれたことを覚えている。目をつぶったら死んでしまうとわかっていたので、極度の痛みのなかで星を見つめていた。「オリオン座が夜空を横切っていくのを見ていました。わたしはアラスカ出身なので、星座がわかるのです」。この夜のあいだに、クリスタはやるべきことのリストをつくった。

「もう一度歩く。ハイチにお返しをする。ウェンソンを支援する」

クリスタはその後フロリダ州マイアミの病院に運ばれ、膝から下を切断した。

クリスタは四回手術を経て義足も入手し、再び歩けるようになった。それだけでなく、ロッククライミングも再開している。生活の仕方を学び直す過程では、当時のボーイフレンドで、いまは夫であるイーサンが力になったという。「わたしに何ができるか、彼はわたしよりもよく知っていました。何かを頼むと、自分でやるように言われました」。

この件でスポットライトを浴びたクリスタは、その知名度を活かして、兄のジュリアンが働く学校の再建費用一五万ドルを、地震のわずか一〇カ月後に集めた。彼女が立ち上げた組織「クリスタズ・エンジェルス」は、ハイチを支援するため、その後も活動を続けている。

クリスタの強い使命感は、クエーカー教徒の両親の下で育まれた。「わたしにとって、自分を世界のために役立てるのは当たり前のことでした。もし神様と取引ができるなら、わたしは二本の足（失った足とまだある足）を差し出して、ハイチの小さな地震が人道的な混乱に発展しないよう、世界をつくり直せる力を手にしたいです」。

「わたしの父は、挑戦には大きな価値があることを示してくれました。うまくいかなくても『最後まで挑戦する』必要がある。父はウェンソンに対しても、それを実行しました。最後まで挑戦して、絶対無理だと思われていたのに、彼がアメリカで勉強するためのビザを手に入れたのです」。これでクリスタは、あの恐ろしい晩につくったリストの、最後の項目も実現した。

クリスタの「やればできる」精神の種を植え付けたのは母だと、クリスタは言う。「わたしが五歳くらいのとき、クロスカントリー・スキーに行こうと、母を誘いました。母が『いいわよ』と答えたので、わたしは自分の道具を揃えて、スキーを履いて、外で母を待っていました。母がドアを開けたとき、母は驚いた顔でこう言ったのです。『まあ、あなたは自立しているのね！』。わたしは『自立しているって、どういう意味？』と聞きました。すると母は言ったのです。『自分がやりたいことは何でもできる、ということよ』」。

「わたしはいまでも、十分に努力すれば、本当に何でも実現できると信じています」

クリスタ・ブレルスフォードのような危機からの生存者には、幸運以外にも共通するものがある。彼らはさまざまな人や理想や目標と、深い絆を結んでいるのだ。そして、そこからエネルギーを引き出して、あらゆる困難と闘う。クリスタは、両親やイーサンと深い絆を結んでいた。彼女を瓦礫の下から救い出したウェンソンや手を握ってくれた幼い子どもとも絆を結んだ。クリスタは母国や、空や、星空との絆からも、大きな力を得た。彼女はあの恐怖の夜に血を流して横たわっているあいだにも、新たな目標を立てて、今度はその目標と絆を形成した。

クリスタのように絆を形成するには、ある種の心の開放性が必要だ。本書で絆の形成をリーダーシップの「心」と呼ぶのもそのためだ。絆の形成は組織を人間らしくするという本書のミッションの中心であり、リーダーシップの感情の部分である。仕事において無視されがちなのは、「思いやり、挑ませる」うちの「思いやる」部分だ。リーダーが厳しい規律を設け、目標に集中したとしても、人と人との間の絆がなければ、おそらく成功はしないだろう。

リーダーシップにおける「絆の形成」の部分によって、マネジャーはリーダーとなる。この部分があるから、人々はそのリーダーについていきたいと思う。知性やアイデアだけでなく、リーダーを個人として、人間として信頼することで得られるものがあるから、その人についていこうと思うのだ。

いままで一緒に仕事をしたリーダーの中で、最も印象的で、勇気を与えられたリーダーのことを思い出してみよう。その人は冷たく、よそよそしく、打ち解けにくい人だっただろうか。おそらくそうではないだろう。温かく、親しみやすく、熱意のある人、厳しいが勇気をくれる人だったのではないだろうか。

非常に優れたリーダーは他者とつながるだけでなく、感情面で深い絆を結ぶことができる。彼らは他の人々に興味を持ち、その人たちの価値を見出す。最も優れたリーダーは、さらに一歩進んで、人間とは本来善良で、信頼できるものだと考える。彼らは、人の最もよい部分に目を向ける。仕事の内容や従業員としての行いを超えて、地位や仕事の能力や業績指標などの奥にある、その人自身を見るのである。

『アイデア・ハンター』の著者の一人である大学教授のビル・フィッシャーは、「興味深い人間になろうとするより、他の人に興味を持ちなさい」という。[1] 他人への興味を示したとき、絆を結ぶプロセスが始まるのである。

絆とは何か

絆は、握手のぬくもりや微笑み、アイコンタクト、普通の日常会話などから生まれる。一緒に仕事をしたり、遊んだり、共通の目標に向かって関わり合ったりすることからも生まれる。

本書では、絆をシナジーの一形態として次のように定義している。

ある人（人々）が単独でつくり出すよりも大きな感情的・知的・精神的エネルギーを創造できる結びつき（愛着）をつくること

この定義は、あらゆる種類の絆に当てはまる。クリスタのような人たちは、人や目標や目的、動物、理想などと、このような絆をつくる。これらの存在からエネルギーを受け取り、その後エネルギーを返す。あるいは、そのエネルギーを前向きな行動に変える。

本章では、人と人との絆に目を向ける。絆を形成することとは、深い肉体的、精神的な影響を双方に与え得る人間関係を結ぶということだ。また、絆とは感情的なつながりで、それによって相手方が、守られている感覚や安心感、エネルギーやインスピレーションを感じるものである。それは単純な結びつきを超えていく。

絆はあると心地よいといった程度のものではなく、人間の基盤となるものだ。医師で精神分析家のカレン・ホーナイは、安心と愛を求める気持ちが行動の動機となるという（彼女が挙げたもう一つの動機が、達成を求める気持ちであることは興味深い）[2]。『マジカル・チャイルド育児法』の著者であるジョセフ・チルトン・ピアスは、絆はコミュニケーションの精神生物学的な形で、通常の意識を超えたところにあるという。ピアスは次のように説明する。

「絆とは、生物学的なシステム全体を調整し統合する、肉体的に不可欠なつながりである。絆は、理性的な思考の基礎となる知を確実なものとする」[3]

社会的な動物である人間は、絆なしでは生きられない。わたしたちには、家族や種族、仲間やリーダー、チームや組織との絆が必要だ。

絆がなければ、それに代わるものを探し続けることになるだろう。絆は職場では軽視されることもあるが、いまではリーダーとしての成功に不可欠だと考えられている。にもかかわらず、特に組織の上層部の人たちの中には、絆をつくるのをやめてしまう、あるいは最初からつくり方を知らない人もいる。このスキルの欠如が、彼らのリーダーシップで最大の課題となっている場合もあり、また個人としての生活に悪い影響を与えている場合もある。

絆を形成しようとしないのは、拒まれることへの恐れや、利用されること、軟弱と見られることへの恐れなどが原因だ。残念ながら彼らが気づいていないのは、絆を形成しないことによって、持続的な高業績の基盤を一つ失っているということだ。今日のプレッシャーの大きい環境におけるリスクとは、誰であるかということよりも、何を「やる」かが重視されすぎていることだ。

絆がつくれているかどうか、どうやったらわかるのだろうか。愛情や共感、共通の目標があるとき、進んで相手に関するリスクをとろうとするときは、絆ができている。孤独を感じるのなら、それは人との絆が築けていないということである。

よくある誤解●トップは孤独である

これは真実ではない。セキュアベース・リーダーとして最善を尽くしているとき、リーダーは他の人々と絆を形成している。リーダーは自分ひとりで決断を下す必要はあるかもしれないが、必ずしも孤独だと感じる必要はない。孤独感は常に選び取ったものである。混雑した部屋にいて孤独を感じることもあれば、一人で山の頂上にいて、絆を感じることもできる。

共感と愛情

理想の絆は関わる人々にエネルギーを与える双方向のプロセスだ。それは単なる交流や親しい関係以上のもので、感情面でのギブ・アンド・テイクである。絆は相手に対する共感や愛情という形で現れる。共感と愛情から思いやりが生まれる。前述したように、リーダーシップは本質的に個人的なものである。つまり、人はその人全体を、仕事に持ち込むのである。

自分に問いかけよう

・わたしは、他者の立場に立って考えることができるだろうか
・わたしは、他者の痛みや苛立ちを、自分のことのように感じられるだろうか
・わたしは、他者を思いやれるだろうか
・その思いを、わたしはどのように示しているだろうか

共通の目標を持つ

リーダーとして目指すべきなのは、フォロワーと友だちになることではなく、絆をつくること、思いやること、そして鼓舞することだ。誤解されがちだが、絆とは友情ではない。誰かと絆を形成するために、その人を好きになる必要はなく、共通の目標があればいい。

人質解放の交渉人は、その犯人と絆をつくるよう訓練され、犯人の心の目を共通の目標（たとえば、その状況の解決）に向けさせる。たとえ、それによって犯人が刑務所に行くことになることがわかっていたとしても、である。人質解放交渉の成功の理由は、その九五％が、「共通の目標について絆を形成できたこと」である。

過去に人間関係で苦しんだ人は、他の人との絆よりも、目標とのほうが絆を形成しやすい場合がある。そのような人にとって、目標と絆をつくり、その目標を他者と共有することは、再び他者との関係を築き始めるきっかけになる可能性がある。

進んで相手に関するリスクをとる

絆が結ばれていると、進んで相手に関するリスクをとる。例として、企業幹部のラルフが語ったストーリーを見てみよう。

我が社の五〇歳になるある社員は、過去一二年間で三回うつ病の治療を受けました。彼は当社に二〇年以上勤めており、営業部門の幹部として成功していた時期もありました。しかし、最後に病気が再発して以来、彼には「事務作業」（統計やデータの分析などの仕事）が与えられていました。営業的に責任のある仕事をやってほしくないと、誰もが考えたからです。わたしがその部門を引き継いだときには、彼は解雇したほうがいいと提案されました。

しかし、そうする代わりに、わたしは彼にうつ病になった理由をストレートにたずね、彼の話に耳を傾けました。この対話を通じて、仕事上のある出来事が最初のうつ病につながり、その後あっという間に悪循環に陥っていったことがわかりました。わたしは彼に、すべてを白紙に戻すという条件で、もう一度チャンスを与えたいと言いました。つまり、特別な労働条件も提供せず、これまでの「病歴」にもこだわらないということです。

いまでは、彼は意欲を持って仕事をし、よい業績を挙げています。頼りになる存在で、喜んで人に力を貸します。

彼によると、うつ病のことを正面からたずね、進んで話を聞こうとしたのはわたしが初めてだったそうです。彼はわたしを信頼しました。だから、彼はやってみようという気持ちになったのです。わたしが彼をほかのメンバーとまったく同じように扱っているのを見て、みんなわたしが本気だということを認識しました。


このストーリーは、セキュアベース・リーダーがとる行動の好例だ。ラルフはこの社員を受け入れることを伝え、彼の可能性を引き出すためにリスクをとった。ラルフはこの社員が行き詰まっている原因を探し、その意欲を理解して可能性に目を向けた。ラルフは積極的に彼を支え、業績の責任について気をもむこともなかった。ラルフは彼が成功できるよう、彼を守り、信頼し、彼に安心感とエネルギーを与えた。リスクがあったにもかかわらず、ラルフは心の中でこのアプローチが成功すると信じ、実際に成功したのだ。

自分に問いかけよう

わたしが部下に関して、その人物と絆があるがゆえに、特別なリスクをとったのはいつだっただろうか

絆の四段階のサイクル

愛着、絆の形成、別離、悲しみが、絆のサイクルの四段階だ（図３・１を参照）。悲しみを理解せずに、絆を理解することはできない。別離を理解せずに、愛着を理解することはできない。そして、人間関係の複雑さを理解するには、一人ひとりが、人や目標、目的、価値、ペット、理想など、さまざまなものと絆を結んでいることを理解する必要がある。

絆のなかには強いものもあれば、弱いものもある。絆がつくられ、別離が訪れ、悲しみを通

図3.1　絆のサイクル

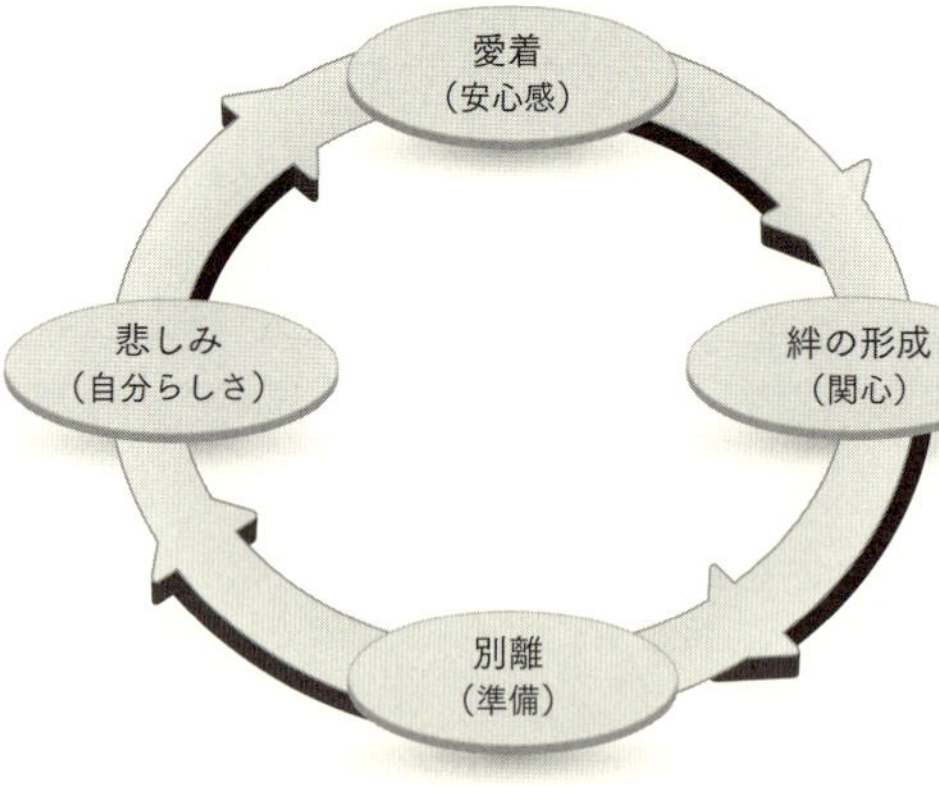

り抜けると、自分らしさの枠組みが広がり、新しい愛着の対象を見つけ、また新たな絆のプロセスが始まる。人生におけるすべての絆の中には、真の絆となるものもあれば、別離の段階に移行していくものもある。

感情のつながりを形成し、維持し、終わらせ、新たにするサイクルは、セキュアベース・リーダーシップの基盤の一つとなっている。

愛着

絆のサイクルの第一段階が「愛着」だ。人は、パートナーや新しい仕事、新しいプロジェクト、仲間との間に愛着を形成する。それによって安心感が得られる。安全だと感じると、警戒感を緩める。

愛着には、強い感情や相互依存の関係がある場合も、ない場合もある。愛着は、近くにいたい、つながっていたいという欲求だ。愛着と絆の違いは、相手方から自分への影響や、別離のときの感情でわかる。

残念なことに、フォロワーと愛着は形成できるが絆がつくれないリーダーも少なくない。

絆の形成

絆の形成は絆のサイクルの第二段階だ。愛着がすべて絆に変わることはないが、絆につながる可能性を持っている。絆は、愛着として始まった関係への働きかけによって生じてくる。

愛着が絆となるのは、それがエネルギーの源になるとき、また、深い関わり合いや感情、共感、そして、共通の目標を目指す一体感などになるときだ。絆の深さと強さは、両者が互いの関係にどのくらい関心を持っているか、つまり、両者が互いの結びつきや共通の目標をどれだけ大事にしているかによって変わってくる。絆が浅いと、得られるエネルギーは少ない。絆が深いと、大きな可能性を引き出すことができる。ビレイヤーをイメージしてみよう。ビレイヤーが本気で取り組んでおらず、クライマーとの間の信頼関係もわずかだったら、クライマーは完全に安全だとは思うことができず、「挑戦してみる」だけのエネルギーを感じられないだろう。

絆にはさまざまな形がある。生きている人とだけでなく、亡くなった人とも、会ったことはない人とも絆を結ぶことができる。

絆には主なものだけでも、親子の絆、家族の絆、男性の絆、女性の絆、政治的な絆、チームの絆、知的な絆、精神的な絆、社会的な絆、などがある。人との間の絆からは、さまざまなレベルでの感情的な交流が生まれ、それによって相互に影響を及ぼし合う。「わたしはあなたに心を開いている。あなたはわたしに心を開いている」という状態だ。グループやチームでは「わたしたちはお互いに心を開いている」という状態となる。絆はモチベーションや意欲、レジリエンスに寄与する。どれも熱意をもって取り組む際に重要であり、イノベーションや変革でも重要な条件となる。

当然のことではあるが、最も深い絆は、セキュアベースとの絆である。

コラム　脳、ミラーニューロン、絆

しばらく前までは、他者と絆を形成する能力に代表される社交性は、遺伝的な性質だと考えられていた。しかし、新たな神経科学の研究により、社交性はミラーニューロンという脳のシステムを通じて学習される行動だということが見えてきた。

二〇〇四年に、イタリアのパルマという町で研究を行っていた神経科学者のグループが、驚くべき発見をした。サルが自分でピーナッツを拾ったときに発火するニューロンが、他のサルがピーナッツを拾ったのを見たときにも発火したのだ。この特別な脳細胞は、現在はミラーニューロンと呼ばれている。なぜなら、本人がある行動を行ったときにも、他人がその行動を行ったのを見たときにも発火するからだ。[4]

ミラーニューロンがあるおかげで人間は真似をして学ぶことができる。神経科医のビラヤヌル・S・ラマチャンドランは、人類が急速に進化したのは、強力なミラーニューロンの仕組みがあったからだと考える。[5] 人は誰かが何かをしているのを見て、それを真似する。誰かの行動を繰り返し真似れば、やがてほとんど考えなくてもできるようになる。

研究によると、人と関わり、共感し、絆を結びたいというニーズは最初から人間に備わっており、それがこうした学習プロセスを通じて目覚めるという。絆の形成は、他者がどのように絆を結ぶかを見て、学ぶことができる。

もし、ミラーニューロンによって絆の形成や共感が可能になるのなら、その可能性を実現させるのはセキュアベース・リーダーだ。これまでに出会った最悪の上司と、その上司が他者に及ぼした影響について考えてみよう。次のような経験はあるだろうか。

・リーダーがフォロワーを怖がらせ、リーダーの攻撃性や消極性、そして恐怖感を植え付けるなどの好ましくない行動が基盤となった組織文化が築かれた

・チームリーダーやメンバーが好ましくない行動をとり、チーム全体がその人たちに続く形で

悪循環に陥った

あるいは、次のような経験はあるだろうか。

・あるチームメンバーが、前向きな行動や考え方で、よくない組織文化を変えた

ミラーニューロンの仕組みは、フォロワーをやる気にさせるためには共感や信頼感が必要であることに関して、科学的な根拠を示すものだ。共感や信頼感の必要性は、「EQ（こころの知能指数）」の概念の中心ともなっている。[6]

別離

別離は、絆のサイクルの第三段階だ。すべての絆が変化するか、終わりのときを迎える。別離が起きるのは、転職したときや、プロジェクトが終了したとき、その人が変化を遂げたとき、夢がかなえられた、あるいは失われたとき、引退したとき、転居したときなどだ。死も別離の一つの形である。すべてのものが、いつかは終わりを迎える。

時間が経過したことによる変化も、別離をもたらす。喪失や対立、嫉妬、報復、あるいは絆

を壊すような何らかの出来事も別離につながる。よい出来事から別離が生じる場合もある。たとえば、昇進（同僚から離れる）、結婚（独身生活から離れる）、卒業（学生生活から離れる）などだ。別離とは、誰か、あるいは何かを手放すことであり、悲しみのあとに訪れる「何か」のために準備をすることだ。

悲しみ

別離のあとには、第四段階の「悲しみ」に進む。悲しみは、別離の延長線上にある。それは、新たな「こんにちは」のために「さようなら」を言うことであり、うまくいけば新しい愛着の対象を見つけられる。悲しみは、絆の終了や変化によって生じる。深い悲しみを経験し、それを表すことで、絆のサイクルが完成する。悲しみによって自分の枠組みが広がり、未来の自分を受け入れ、新たな愛着を経験する準備ができる。そして、それが新たな絆につながるかもしれない。悲しむという行為によって次のことが達成される。

- 許し
- 再生
- 人生や仕事や結婚生活における喜びの再発見

個人や組織のレベルでの変化において、悲しむことは大切なことであり、セキュアベース・リーダーシップにおいても非常に重要な概念である。したがって、第4章では悲しみについて詳しく述べる。

再び始める

きちんと悲しむことができなければ、絆をうまく結べないと理解しておく必要がある。実際、心の痛みや悲しみを避けるために、絆を結ばない人たちもいる。彼らは進んでリスクをとることはない。こうした人たちは防御的で、痛みを回避し自分自身を守るために、自分の周りに壁を築いて「一匹オオカミ」になることがある。彼らは絆のマイナス面ばかりを見ている。つまり、いつかは終わりを迎えるということだ。

これまでのさまざまなセキュアベースと自分との関わりは、絆のサイクルの歴史であるはずだ。関係を築き、維持し、終わらせ、新たな関係を築くというサイクルである。

自分に問いかけよう

・仕事と個人としての生活の両方で、わたしはどのくらい絆が築けているだろうか
・過去にどのような絆を築き、維持し、終わらせ、新たに築いてきただろうか
・わたしは他の人たちと交わろうとしているだろうか。あるいは、避けようとしているだろうか
・成長過程において、絆づくりでわたしのロールモデルとなったのは誰だろうか
わたしのチームは、どのくらいの絆で結ばれているだろうか

効果的な絆づくりで信頼感を醸成する

ライナ信頼構築研究所の調査によると、信頼感は今日の職場環境で非常に重視されているが、実際には甚だしく欠如しているという。アンケートの回答者の五人に四人が、大企業の経営者を「少しだけ信頼している」か「ほとんど信頼していない」と答えた。また、マネジャーの約半分が、自らのリーダーを信じていなかった。一方で、従業員は経営陣をもう少し信じられる

ようになれば、給料が三六％増えることに匹敵するくらい価値があると考えていた。[7]

フォロワーに挑戦させ、自分で想像する以上のことを達成できるようにするため、セキュアベース・リーダーはフォロワーから信頼感を勝ち取る。信頼感はリーダーがフォロワーと強い絆を結び、それによって、安全であるという感覚と守られている感覚をフォロワーに提供したときに得られる。フォロワーがリーダーを信頼すると、建設的なフィードバックや指示をスムーズに受け入れるようになる。

ギャラップ社が、組織で働く一三〇〇万人を対象に行った調査では、その直属の上司が個人としての彼らを思いやったときに、意欲が最も高まることが示された。[8] さらに、会社を辞める人の大半は、その会社ではなく上司に苛立ちを感じて辞めること、職場での強い人間関係は、意欲の向上に不可欠であることもわかった。この調査では、仕事への愛着は、生産性や顧客満足、労働日数や離職率と直接関係すると結論づけた。どの項目も、リーダーにとって非常に重要なものである。[9]

業績へのインパクトを考えると、絆の形成による信頼感の獲得には、リーダーが高い優先順位で取り組まなければならない。社員にとってのセキュアベースとなることで、リーダーは社員の驚くべき可能性を引き出し、それによって生産性ややる気を高め、結果を出すのである。

信頼感に満ちた絆を形成するためには、意図的に時間とエネルギーを投資する必要がある。絆がどの形成はすぐにできる場合もあれば、二五年間一緒に働いてもできない場合もある。絆がどのように形成されていくのか、企業幹部のアンダースのストーリーを見てみよう。

わたしの人生における最も重要な成功要因は、部下と信頼感のある関係を築いたことです。信頼感とは、言い換えれば、誠実さ、オープンであること、そして尊敬です。わたしのチームは、人間関係の構築や相互理解につながるさまざまなイベントを通じて絆を深めました。チームとしての成功が重なると、チーム内のエネルギーも高まっていきました。わたしたちは互いに支え合い、わたしは非常に強力なチームの誇り高きリーダーとなりました。

わたしはある個人的な出来事で、わたしたちがチーム内に「創造した」ものに気づきました。わたしは足首を骨折し、移動することも動くことも他人に頼らなければならなくなったのです。その最初の日、チームメンバーの一人が午前七時にわたしの家に迎えに来て、オフィスに連れて行ってくれました。何も頼まなかったのに、チームはスケジュールを組んで、六週間のあいだ毎日、わたしを支えてくれました。

わたしはこのメンバーが、深い絆で結ばれた高業績のチームに成長するあいだ、彼らを率いてきました。設立からチームの形成、目的の理解、そして成果。わたしたちはチームの成功を、社内の他部門と共有し、アドバイスをするという形で祝いました。

チームメンバーの中の数人からは、個人的にもメンターになってほしいと依頼されました。何年もが経過し、わたしが別のポジションに移ったいまでも、しっかりと続いている関係があります。

アンダースのストーリーが物語るように、リーダーや共通の目標と絆が結ばれていると感じたら、フォロワーはリーダーのためにどこまでも行き、支え、あとに続くのだ。絆がなければ、相手を鼓舞することはできない。絆の形成には相手を尊重することが不可欠だ。リーダーが絆のサイクルを理解することも、部下の感情やモチベーションをよりよく理解するうえで役立つだろう。

絆はセキュアベース・リーダーシップの基盤であり、人間らしくあるための基盤である。

絆の形成に役立つ二つの特性

セキュアベース・リーダーの九つの特性のうち、絆の形成では、「人として受け入れる」と「可能性を見通す」という二つの特性が重要となる。

特性その2・人として受け入れる

セキュアベース・リーダーがどのようにフォロワーを人として受け入れるかについて、調査では、次のような言葉が繰り返し語られた。

「彼はわたしを業績で評価したのではありませんでした。わたしを人間として受け入れたのです」

「自分が接してもらいたいように、他者に接する。……愛という言葉では大きすぎるかもしれませんが、尊敬や優しさなどでしょうか」

「人をその人自身として、またその人がいる場所で受け入れるということです」

「彼はこう言いました。『ありのままの自分でいればいい。誰か別の人になろうとしてはいけない』と」

「彼女の個人としての成長が、仕事の状況よりもずっと重要だったのです」

「父はわたしが失敗したときも、わたしの夢を支えてくれました」

「わたしの配偶者は、わたしの仕事のために家庭が崩壊したときでさえ、常にわたしのそばにいてくれました」

セキュアベース・リーダーは、個人の人間としての価値を認め、受け入れる。人を受け入れ、その価値を認めるのは、社員を数字や機械の歯車のように扱うのとは正反対だ。

受け入れるという概念は、先にも紹介した心理学者のカール・ロジャーズの言葉、「無条件に肯定的に見る」と密接につながっている。[10] ロジャーズは、他者と接するときは、その人の基本的な価値について否定的な考えを持たないよう心がけるべきだという。つまり、先入観を持たずに、無条件に相手を受け入れるということである。

このアプローチのメリットは、フォロワーの脳の中での防御的な反応を抑え、非難される心配なしにすべての可能性を探らせ、新たな道を示せるという点だ。一緒にいて世界で最も安心する人を思い浮かべてみよう。そして、その人に守られているという感覚があるとき、自分がどのように感じ、どのように行動するかをイメージしよう。また、自分がその人の前では鎧を脱ぎ、その人と一緒にいると自由に、クリエイティブに、自発的に考え、行動できるような人のことを思い浮かべてみよう。人は、恐れや批判のない人間関係を指して、「自分らしく」いられる場所と表現することが多い。

あなたは、例外なくすべての人を常に「無条件に肯定的に見」ているだろうか。おそらくそうではないだろう。リーダーとしては、たとえば人事考課などで、他者の行動を評価する必要がある場合もあるだろう。しかし、ロジャーズが明言しているのは、すべてのやりとり（言語的なものも、非言語的なものも）や評価活動の基盤は、「無条件に肯定的に見る」ことであるべきだ、ということだ。「人として受け入れる」というセキュアベース・リーダーの特性は、その人個人を尊重し敬意を持つという、より深い概念につながっている。シンプルに言えば、一人ひとりを正真正銘の、価値のある人間として見るということだ。

ペプシコの会長兼CEOのインドラ・ヌーイは、人を受け入れることについて、フォーチュン誌に次のように語った。

「わたしの父は本当に素晴らしい人でした。父からは、誰かが何かをしたり、言ったりしたとき、常にプラスの意味を考えることを学びました。そうすると、人や問題へのアプローチが驚くほどに変わります。マイナスの意味を考えると、怒りを感じます。その怒りを取り去ってプラスの意味を考えてみたら、あなたもきっと驚くはずです。反応は安定して、EQも上がります。身構えることなく、怒鳴ることもせず、相手を理解して耳を傾けようとします。なぜなら、わたしの根っこの部分で『たぶん、この人は実際の言葉とは何か別のことを言いたいのだろう』ということがわかっているからです。

仕事では、時には冷静さを失って、いろいろなことを言う人がいます。その言葉を誤解して、『この人たちはわたしを悪く言っている』と考えることもできます。あるいは『ちょっと待てよ。本当は何を言おうとしているのか、考えてみよう。あんな反応をしているのは、彼らが傷ついているからなのか、興奮しているからか、混乱しているからか、それとも、わたしが頼んだことをわかっていないからなのか』。相手の反応がイヤなものだったからといって、自分もマイナスの視点から反応したら、マイナスどうしが戦うことになります。でも、ここでわたしがプラスの意味を考えたら、相手方もこう思うはずです。『ちょっと待てよ。わたしの言い方が悪かったのかもしれない。この人は本当に理解しようと努力しているようだ』」[11]

あなたのセキュアベース・リーダーシップ行動を評価しよう

次の点について、自分がどのくらいの頻度で実行できているかを1から5までの数字で評価しよう（1＝まったくできていない、5＝常にできている）。

・チームのメンバーを、単に何らかの役割を果たしている社員としてだけではなく、人間として尊重している
・彼らの限界や弱さを、彼らの支えとなって受け入れている
・人を判断し批判する前に、その人の中にあるよさを見ている

評点が3に達しなかったら、この特性を重点的に伸ばすべきものとしてメモしておこう（第8章「他者のためのセキュアベースとなる」を参照のこと）。

特性その2を伸ばすためのヒント

1　自分を律する

受け入れることの大切さを心に留めておくよう、明確な心構えを持ち、努力しよう。本で読むだけではなく、日々実行することが重要だ。

2　社員としての役割を超えて、その人とその人の個性を知る

質問をして、その人の最も奥深くにある強みや弱み、願望や恐れや過去について知ろう。組織やチームのメンバーは、単に仕事をする人ではなく、業績指標でもなく、それ以上の存在であることを認識しよう。彼らは皆、望みや恐れ、夢や弱みを持った人間である。

3　失敗を学びに変える

誰かが間違いや失敗を犯したら、その人の人間としての価値を再確認し、そのあとで必要なフィードバックを行おう。その人物にはこうたずねよう。

「この間違いから何を学びましたか」

「同じことがまた起こったら、次はどのように行動しますか」

複雑で不確実なこの世の中では、失敗や間違いは日常的なものだ。また、イノベーションや飛び抜けた高業績のためには、失敗は不可欠であるという証拠も数多く示されている。失敗しても支えられ、努力を評価され、価値ある人間として受け入れられるとわかっていれば、人はリスクもとるようになる。こうして受け入れられることは、好奇心や創造性、変革の基礎となる。

4　問題とその人自身を切り離す

人そのものが問題であると考えたら、リーダーはその問題にとらわれてしまう。そうした考え方をすると、解決策は見つからない。常に覚えておくべきなのは、相手は人間だということだ。受け入れるということは、すべての行動を無条件に許すということではない。本書筆者の一人であるジョージは、人質解放の交渉人として、このコンセプトを次のように応用した。

人質を取った犯人の行動は決して認められませんが、それでも、その人を受け入れることと「無条件に肯定的に見る」アプローチが不可欠だと常に気づかされます。それはつまり、その犯人自身と問題を切り離すということです。そうすると、その人という人間がよく見えてきます。悲しみや怒り、後悔、恐れや、何らかの苦しみなどで心がいっぱいの姿が見えます。これができると、その人とつながりや絆をつくれる可能性が高まり、そうなれば事件も解決につながるのです。

特性その3・可能性を見通す

セキュアベース・リーダーがどのように可能性を見出すかについて、調査では、次のような言葉が繰り返し語られた。


「わたし自身よりもわたしの力を信じている人が、周りにいました」

「彼女は、組織の他の人たちとは違う見方でわたしを見てくれました」

「君は優秀だからここにいる。君には才能があり、聡明だ。わたしは君が来てくれて嬉しいし、君をサポートして、挑戦しがいのある役割を与えるよ」

「君なら絶対にできる。やってみなさい」

「両親は、わたしが何でもでき、何かを達成する無限の力があると思っていて、わたしはそれを感じていました」

「子どもの頃わたしには、ノーベル賞を取るという夢がありました。わたしがそれを実現できると父が思っていることを、わたしは常に感じていました。父は決して『くだらない』とか『無理だ』とは言いませんでした。いつも『ああ、もちろん取れるよ』と言ったのです」

セキュアベース・リーダーは、フォロワーの現在の力ではなく、隠れた能力を見通す。この特性は、「人として受け入れる」ことを一歩先に進めたものだ。つまり、「わたしはあなたを受け入れるだけでなく、あなたを信じている」と言うのと同じことである。たとえ、その人自身はその能力に気づかず、あるいは信じていなかったとしても、セキュアベース・リーダーはそうするのだ。次のストーリーを見てみよう。

シンガポールでモデルをしていたエセルは、大物モデルになれる「ルックス」ではないとよく言われていた。ある日、シンガポールを訪れていたウンガロの代表が、エセルに「パリに行こうと考えたことはないの?」とたずねた。この質問がエセルの心に希望の種をまいた。エセルはヨーロッパに移り、ファッションショーのモデルになった。続いてアメリカに移り、サンフランシスコで写真家のポールと出会った。ポールはエセルに特別なものを感じ、二人で一緒に仕事をしているうちに、彼女は自分ならではの「ルックス」を見つけた。エセルはさらにキャリアを重ねて、ファッションモデルとして大きく成功していった。アルマーニなどのブランドのキャンペーンを飾り、アカデミー賞のステージにも登場したのだ。

自分に問いかけよう
これまでの人生のどこかで、わたし自身が気づいていないわたしの可能性を見出した人はいただろうか

セキュアベース・リーダーと正反対なのは、成長や将来の可能性を妨げるような人だ。そのような上司は、不安であるか、嫉妬心が強いか、負けず嫌いか、あるいは自分自身の上司を恐れているといった問題を抱えている。親が、子どもたちには自分より大きくなってほしいと願うように、セキュアベース・リーダーも、自分一人で成し遂げられる以上のものを残したいと、常に願うのである。

セキュアベース・リーダーは、自信を持ち、未来に目を向けて、次のストーリーのように、他者の中に見える可能性をその人に伝える。

デンマークのある高官がまだ少女だった頃、彼女は小さな村に住み、学校の先生に憧れていた。彼女は先生に、「大きくなったら、わたしもこの学校の先生になりたいです」と言った。すると先生は「まあ、ダメよ。あなたはここの先生になるべきではないわ。この仕事はあなた

には退屈すぎる。……何か別のことをやりなさい。あなたには、とても大きな可能性があるのだから」。先生は少女に、高い望みを持つよう励まし、それから多くの月日が流れて、少女はデンマーク財務省の副事務次官となった。先生は少女の中に、彼女が住んでいた村をはるかに超える可能性を見出し、もっと大きな夢を持つよう目を向けさせたのだ。

あなたのセキュアベース・リーダーシップ行動を評価しよう

次の点について、自分がどのくらいの頻度で実行できているかを1から5までの数字で評価しよう（1＝まったくできていない、5＝常にできている）。

・部下一人ひとりのまだ実現していない可能性について、しっかりと見通している
・部下一人ひとりが可能性を完全に開花させられるよう、励ましている
・部下に対して、キャリアにおける望みや夢をたずねている

評点が3に達しなかったら、この特性を重点的に伸ばすべき特性としてメモしておこう（第8章「他者のセキュアベースになる」を参照のこと）。

コラム 三〇秒コーチング

誰かをコーチするのに、どのくらいの時間が必要だろうか。実は、三〇秒ほどでもできるのである。セキュアベースの関係があれば、一度のやり取り、一つの文章、一つの質問が、相手の可能性についての力強いメッセージとなる。

少しでも時間があるならば、相手を肯定し、次のような表現を使って質問をしてみよう。

「あなたがまとめ役であれば、このプロジェクトの成功は間違いないと思っています。成功実現のために、わたしはどんなサポートをすればいいですか」

「新しいことに挑戦するときは、いつでも問題は起こるものです。あなたはこの経験から何を学びましたか。次はどのようにしようと思っていますか」

「ほかには、どんなやり方がありますか。別の選択肢について、話してもらえますか」

「あなたは優秀な人です。もっと優秀になれると、わたしは信じています。どうすれば進歩できるか知りたくないですか」

「どうすればもっと貢献できるか、わたしの考えを話してもいいですか」

特性その3を伸ばすためのヒント

1　チームや組織の全員の可能性についてビジョンを作成する

各人がチャンスを与えられたら何を実現できるかを真剣に考えてビジョンを描く。各人の深い可能性を前向きに検討し、過去や現在の業績といった限られた視点から考えることのないようにする。

2　高い期待を持つ

フォロワーが無難に行動し、自分自身を限定的に見ている状況に満足してはいけない。ネルソン・マンデラは、作家のマリアン・ウィリアムソンの次の言葉を引用している。

「わたしたちが最も恐れているのは、わたしたちが無力だということではありません。とてつもない力を持っているということを、わたしたちは恐れているのです。わたしたちを怯えさせるのは、暗闇ではなく光です。優秀で、美しく、才能があり、素晴らしいなんて偉そうではないかと、わたしたちは考えます。ですが、そうでなければ、あなたは何者なのでしょうか。あなたが小さく収まっていても、世界のためにはなりません。周囲の人が不安を感じないよう、自分が小さくなっていることは賢いことではないのです。……自分の灯りを輝かせるとき、わたしたちは無意識のうちに、ほかの人も同じようにしていいのだという許可を与えています。わたしたちは自分自身の恐れから解放されるとき、他の人たちも解放するのです[12]」

フォロワーの可能性を見出し、それに基づいて期待値を設定すると、フォロワーの業績は向上しやすくなる。リーダーがフォロワーの可能性を見出さなければ、おそらくその可能性が実現することはないだろう。あるいは、フォロワーは他の場所で自分の可能性を試すために、そのリーダーの元を去っていくかもしれない。

3　自分を超える可能性を持っている人を採用する

フォロワーの育成に投資して、彼らが本当に自分を超えていけるようにする。フォロワーが高い業績を挙げることで、自分が「負ける」と恐れてはいけない。リーダーである自分の仕事は、他者の可能性を引き出すことだと捉えよう。この考え方は、若い新入社員に次の質問をしたマネジャーの言葉に表れている。

「経営陣に加わるとか、CEOになることを考えたことはありますか。次の仕事が何なのかよりも、キャリアにおいて何を実現できるのかを考えることが大切です。あなたは経営陣に加われるかもしれないし、CEOになれるかもしれない。そのことを常に忘れないように」

併せて、次のストーリーも見てみよう。広告代理店のオグルヴィ・アンド・メイザーの企業文化が表れたストーリーだ。

デービッド・オグルヴィが新しく幹部を雇うと、彼はロシア人形のマトリョーシカをその人の初出社の日に机の上に置いておく。人形を開くと、その中には少し小さな人形が入っていて、さらにその中にはまた少し小さな人形が入っている。同様にして、いちばん小さな人形までたどり着くと、そこには小さな紙が巻かれて入っており、こう書かれている。「常に自分よりも大きな人を雇うこと。そうすれば、我が社は巨人が集まった会社になる。もし自分より小さな人を雇ったら、我が社は小びとの会社になる」[13]。

第3章からの学び

・絆はセキュアベース・リーダーシップの中心となるものである
・絆の形成は人間として自然なプロセスだ。人は互いにつながりあうようにつくられ

ている
・絆を結ぶのに、相手を好きになる必要はない。共通の目標さえあればよい
・絆をつくってよいということを認めなければ、孤立した状態にとどまる
・絆は、セキュアベース・リーダーシップに不可欠の信頼感を創造する
・個人を受け入れることとは、「無条件に肯定的に見る」ということだ
・リーダーがフォロワーに大きな可能性を見出せたら、彼らが偉大なことを成し遂げる可能性が高まる
・多くの喜びを味わいたいなら、人生と絆を結ぶことが大切だ

「人は他者を通して人となる。一人では人間となれない。人間関係の中で、人は初めて人間となる」。

デズモンド・ツツ（一九三一—）
南アフリカの人権活動家、元英国教会大主教

第4章◆社会的感情としての「悲しみ」

投資銀行に勤めていたアジム・カミサは、一九九五年の一月に、当時二〇歳だった息子のタリクを理由もなく殺された。殺したのはギャング団のメンバーだった一四歳のトニー・ヒックスだ。タリクはそのとき、ピザの配達をしていた。

言葉にできない悲しみと絶望を経て、アジムは奇跡的な許しの力で、その喪失感を変化させていった。彼の宗教上の師からは、タリクの思い出を大切にするために、よい行いをするようアドバイスを受けた。信仰とコーランからも励まされた。コーランによると、死後四〇日間は、故人の魂は家族や愛する者の近くにいるが、服喪の四〇日間が過ぎると、新しい世界に旅立つという。四〇日を過ぎたあとも悲しみ続けるのは、愛する人の魂の旅立ちを妨げることになる。

「撃たれたほうも、撃ったほうも犠牲者だ」と信じたアジムは、タリクを撃ったトニーを許した。そして、タリク・カミサ財団を立ち上げた。そのミッションは、危険にさらされた暴力的な子どもたちを、暴力的でない、成果の出せる人に変えること、そして、安全で実りの多い学校をつくることだ。

財団設立から一カ月後、アジムはトニーの祖父で保護者でもあるプレス・フェリックスに「一緒にやりませんか」と声をかけた。アジムは言う。「それは、ダライ・ラマとマザー・テレサの会談のような崇高なものではありませんでした。プレスは南部バプテスト教会の信者で、サンディエゴ市の職員でした。わたしはイスラム神秘主義者で、投資銀行家です。もし、この二人が和解と許しの精神で協力しあえるのなら、誰にでもできるのではないかと思いました」。

プレスはアジムからの連絡を「祈りが届いた」と、とても喜んだ。プレスは言う。「わたしは罪の意識に苛まれていました。アジム・カミサとその家族に対して、わたしは何もできないと思っていました」。一九九五年一一月から、二人はタリク・カミサ財団の「バイオレンス・インパクト・フォーラム」を通じて、二人のストーリーとメッセージを届けていった。二人は五〇万人以上の小中学生に直接話をし、ビデオ・プログラムを通じて二〇〇〇万人に語りかけた。彼らは毎回、若者に向けて、平和に貢献する非暴力と許しの人生を選ぶよう話している。

アジムはトニーとも絆を結んだ。早く釈放されるよう働きかけただけでなく、釈放されたらタリク・カミサ財団で働けるという約束もしたのだ。

アジムのストーリーが示すのは、悲しみを乗り越えて、許し、前に進めるようになったとき、リーダーが引き出せる力だ。アジムは自分のエネルギーを引き出し、プレスのエネルギーも引き出した。二人は力を合わせて、何百万もの人に影響を与えた。それによって、誰かの命が救われたかもしれない。筆者らはアジムに会う機会に恵まれ、彼がいかに強力にメッセージを発信するかを見ることができた。彼は、許しは自分自身のためだと言う。許しを与えるまで、自分が重荷と悲しみを背負い続けることになるからだ。この人生の教訓は、リーダーにとっての教訓でもある。

明らかに、アジムはタリクの死以降は「勝利を目指す」選択を行ってきた。彼は自分の心の目をプラスの面に集中させ、彼の一人息子の人生を無駄にしないために、強い絆をつくった。そして、悲しみと向き合い、絆の再形成のプロセスを通って、目標に向かっていった。復讐を動機とした無益な殺人を減らすという目標だ。

第3章では、絆のサイクルの中で、悲しみは必要であり、変化と成長のためのとても人間的なプロセスであることを示した。それでも、多くの人が、喪失や別離や悲しみをタブー視し、重要なことであるのに対処し損なう。実際、リーダーシップ開発のプログラムで悲しみに関するセッションを実施するたびに、参加者の何人かから「プライベートな問題だ」「リーダーシップとは関係がない」といった抵抗を受ける。しかし、やがて彼らもその力を受け入れるようになる。テリーのストーリーを見てみよう。

シニア・マネジャーのテリーは、幹部教育プログラムに派遣された。というのも、彼がリーダーとして必要なレベルに達していないと、上司が判断したからだ。

最初のほうのセッションで喪失について議論したとき、テリーはとてもイライラしていた。小さなグループでの話し合いで、ようやく彼が数年前に幼い子どもを亡くしていたことが明らかになり、その辛さを二度と経験しないと心に決めたこともわかった。グループの助けを借りて、テリーはその辛い喪失についてきちんと悲しむ心構えができた。そして、その週の終わりには、妻と話し合うことも決めていた。妻は二人目の子どもが欲しいと思っていたのだ。

プログラムの二カ月後、テリーの妻は新しい子どもを授かった。悲しみと向き合ったことは、テリーの個人としての運命に影響を与えただけでなく、リーダーシップにも影響した。テリーは言う。「いままでは、以前は避けていたようなリスクをとる勇気があります。また、以前は向き合えなかった痛みに向き合い、楽しみながら夢に向かって生きる勇気もあります。以前よりも、チームの中で存在感があり、意欲を持っていまの業務を進めています。悲しみについて理解したことが、わたしの人生を変えました」。

重大な喪失は、それが個人的なものでもリーダーとしてのパフォーマンスに必ず影響する。セキュアベース・リーダーとして仕事をするには、自分の喪失を認識し、それをきちんと悲しむ必要がある。反対に、喪失という重荷を下ろさなければ、絆をつくるのに必要なエネルギーを手に入れられず、他者を励ますこともできない。悲しみの影響力がそれほど大きいのは、失われた絆の深さを頭や心、体や魂で感じるからだ。悲しみを乗り越えると、再び喜びや感謝を感じられるようになる。

悲しむことは自然なプロセスで、心理学者の助けは必要ない。しかし、セキュアベース・リーダーは、フォロワーが喪失を経験した際に、それが私的なものでも、仕事に関係したものでも、力を貸す必要がある。それを相互の人間関係の範囲内で行うのである。リーダーがこれらのコンセプトを理解し、フォロワーに悲しみを乗り越えるプロセスを進ませれば、フォロワーは過去の痛みという束縛から解放され、力を発揮することができる。悲しみの解決は、モチベーションと熱意を高めて、より早く結果を出すうえで欠かせないし、イノベーションや成長や企業の存続に必要な変化を起こすのにも不可欠だ。

コーヒー店チェーンを運営するスターバックスは、ある店舗で起きた悲劇を受け止めて、従業員をサポートして、前に進むことができた。

一九九七年に、ワシントンDCにあるスターバックスのジョージタウン店で、従業員三人が射殺された。当時スターバックス・ノースアメリカ、およびインターナショナルの社長だったハワード・ビーハーは、そのときニューヨークにいたCEOのハワード・シュルツに電話をかけた。

シュルツはすぐにワシントンDCに赴き、警察と話したのちに、三人の犠牲者それぞれの自宅を訪れた。彼はそこで悲しみを言葉にし、家族と涙を分かち合った。シュルツがここまで踏み込んだことで、犠牲者の家族に対する彼の深い思いやりが示された。友人や同僚がこの喪失に対処する支えにもなった。

葬儀の直後に、シュルツは記者会見を開いた。会見でシュルツは、ジョージタウン店を改装して、犠牲者の碑を店内に設けることを発表した。また、同店の利益の一部を犠牲者の家族の支援に充てること、そして、非暴力と、被害者の権利のために寄付を行うことも発表した。[1]

悲しみ、喪失、壊れた絆がもたらすもの

悲しみは変化に伴う喪失に関係している。

「悲しむという行為は、慣れ親しんだ行動パターンの変化、あるいは終了に対する、正常かつ自然な反応である。この正常な反応の中には、人間のあらゆる感情の可能性が存在している」

この説明は、グリーフ・リカバリー・インスティテュートが発表している「悲しみのインデックス」の中に記されている。このインデックスには四〇種類以上の喪失が挙げられており、それらの喪失は仕事や社会生活に影響し、肉体や精神の健康にも影響するという。[2]悲しみは年齢や地位や文化に関係なく、世界全体に共通するものである。

喪失

すべての変化には喪失が伴う。過去の状態を失うからだ。

「行動経済学」理論によると、喪失、および喪失を回避しようとすることは、人間の行動の非常に強力なモチベーションになるという。二人のノーベル賞受賞者を含めた著名な経済学者らが提示したところによると、人は後悔することの怖さに不相応に影響され、失敗を恐れて小さなリスクさえも避けようとするため、利益を逃してしまうという[3]。人は潜在的な利益よりも、喪失の回避により強く動かされる傾向があるのだ。

喪失を予期することは、実際の喪失と同じくらい、あるいはそれ以上に強い感情を引き起こす。実際に起きる前に喪失を予期することにより、「先取りした悲しみ」の中で、痛みを恒常的に感じながら生きることになる。こうした現象は組織の中ではとても一般的なものである。

きちんと悲しむことなく心にしまいこんだ喪失は、長年のあいだに積み重なっていく。喪失による悲しみは、一つひとつ乗り越えていく必要がある。お気に入りのボールペンがなくなったときのように反射的に落ち込むこともあれば、あるいは誰かが亡くなったときのようにしばらく喪に服すこともあるだろう。きちんと悲しむという意味は、何かを乗り越え、「さようなら」を言うことだ。失ったものに対して「さようなら」を言うまでは、本当の意味で「こんにちは」を言うことができない。

壊れた絆

悲しみの大きさは、喪失の大きさに比例する。弱い絆の喪失から生じる悲しみは小さいが、最も強い絆の喪失は、最も大きな悲しみを生じさせる。セキュアベースを失うと、それが仕事上のものでも私的なものでも、その悲しみに向き合うのは非常に困難だからこそ意識的に向き合うことが重要だ。次のストーリーが示すように、非常に深い絆を失うと、強い反応が引き起こされる。

二〇一一年六月三日、仲のよい双子の修道士、ジュリアン・ライスターとエイドリアン・ライスターが数時間違いで亡くなった。九二歳で、二人とも心不全だった。

二人は二〇代でフランシスコ修道会に入り、どちらが先に生まれたかを決して明かすことはなかった。二人のいとこのマイケル・ライスターは、バッファロー・ニュースに対して、「二人の絆は本当に深く、互いに自分勝手に振る舞うことはまったくありませんでした」と話した。二人が生涯の大半を過ごしたニューヨーク州のセント・ボナベンチャー大学の広報担当、トム・ミゼルは言う。「並外れた二人の人生の、詩的とも言える最期でした。それを聞いたときには驚きましたが、二人がほぼすべてを一緒にやってきたことを考えると、当然だと思えます」[4]。

絆が壊れると、それは心因性の病気や、暴力、苛立ち、依存症、うつ、燃え尽き症候群、ストレスや葛藤などとなって表れる。心臓さえも傷つくことがある[5]。しかし、痛みが生じるからといって、絆が壊れるのを避けるべきではない。逆に、別離は絆のサイクルにおいて、自然で不可欠な部分である。子どもは、成長するために親から離れる必要がある。よい上司は優れた部下に対して、よりよいチャンスがあればそれをつかむよう勧める。実際、子どもや部下を手放さない親や上司は、その人を人質に取っているようなものだ。別離がなければ、新しいものへの移行もない。

自分に問いかけよう

・わたしはプライベートで、どんな喪失を経験しただろうか。その喪失による悲しみと向き合い、前に進んだだろうか

・わたしは仕事ではどんな喪失を経験しただろうか。その喪失による悲しみと向き合い、前に進んだだろうか

・きちんと悲しむことなく心にしまいこんだ喪失が、わたしのリーダーシップにどのように影響しているだろうか
・わたしは人生における喜びを十分に味わうために、何を手放す必要があるだろうか

非常に大きな喪失を前にすると、人はその痛みを超えて、自分のエネルギーを何か壮大な目的に注ごうとする。それは悲しみの前向きな表現だ。次に紹介するアイリーナ・ルシディのストーリーも、耐え難い喪失に動かされ、悲しみを前向きに表現した例である。

二〇一一年一月三〇日、六歳になる双子のアレシアとリビアが行方不明になったと、母親のアイリーナ・ルシディが届け出た。アイリーナと夫は離婚協議中で別居していた。夫のマティアスは二人を週末のあいだ預かっていたが、その後二人を母親に返さずに、スイスから連れ出してヨーロッパの他の国々を一週間連れて歩いていた。

マティアスはアイリーナに何通ものメールを送っていたが、最後のメールで、娘たちを殺したと告げた。「僕もあの子たちと一緒に死にたかったが、そうはならなかった。……最後に死ぬのは僕だ。君はもうあの子たちに会うことはない。二人は苦しまなかったし、いまは静かな場所で安らかに眠っている」。

二〇一一年二月三日、マティアスの遺体がイタリアの線路で見つかった。電車に飛び込んで自殺したのだ。

アイリーナにとって、この悲劇による痛みはとても言葉にできないものだった。このような恐ろしい出来事を、彼女はどう乗り越えたのだろうか。本書の筆者のジョージは彼女をサポートする機会があり、絶望の中で彼女が見せた勇気に感銘を受けた。アイリーナは娘たちのために何かをしようと決意し、もう誰も彼女と同じ経験をしないように力を尽くそうと決めた。

この経験を通じてアイリーナは、行方不明の子どもたちを探すプロセスや方法は改善できると感じていた。そこで彼女は「スイスの行方不明の子どもたち（Missing Children Switzerland）」という財団を設立したのである。公式な創設日は、二人の七回目の誕生日にあたる二〇一一年一〇月七日とした。

財団の中心となっているのは二つの活動だ。一つは緊急連絡ができる電話のホットラインで、もう一つは行方不明の子どもたちの家族のための支援ネットワークだ。同財団は、行方不明の子どもたちに関わる法的な問題にも取り組んでいる。

コラム　神経科学から考える変化

人間の脳は、「早期警戒システム」を備えている。このシステムは相手が敵か味方かを素早く見分けて、その区別に基づいて脳が何にフォーカスするかを決める。[6] この脳内の「敵か味方か」の仕組みは、リーダーにとって大きな意味を持つ。フォロワーが誰かに脅威を感じて敵システムの警報が作動したら、フォロワーは心を閉ざし、よそよそしくなり、危険を減らすことに集中し始める。

セキュアベース・リーダーが大人数のグループを巻き込み、動かすには、自分自身の敵システムをブロックし、人を受け入れる姿勢でフォロワーに近づけるよう、自分を訓練しなければならない。また、セキュアベース・リーダーは、フォロワーが敵に注目している状態から、味方に注目している状態にスイッチするよう手を貸し、彼らがよりオープンで近づきやすい人になるようにする。[7]

また、人は「所属している」感覚によって動機づけられるということも、神経科学が示している。人は皆、精神的・肉体的に健全に成長するために、社会的な関係が「必要」だ。人が社会から疎外された場合、何が起こるだろうか。心理学者のナオミ・アイゼンバーガーや他の研究者たちは、社会的に疎外されると、体に痛みがあるときと同じ脳の部分が作動するという。取り残されたり、拒絶されたり、疎外されると、リアルな痛みの感覚が生じる。人が「傷ついた」と言うとき、本当に痛みを感じているのである。[8]

この発見は、変革を実施するときに意味を持つ。変革によって喪失を経験する人たちには、共感と思いやりをもって接しなければならない。

悲しみのプロセスを理解する

自分自身や他者の悲しみをサポートできるようになるためには、まず「悲しみのプロセス」を理解する必要がある。このプロセスは精神科医のエリザベス・キューブラー・ロスが見出したもので、もともとは愛する人の死に対処することを念頭に提示されたものだが、あらゆるタイプの喪失に適用できる。彼女は次のように言う。

「この社会における問題の一つは、誰もが自然な感情を抑えるようにと教わることです。自然な感情を抑えると、不自然な感情が起きます。恐怖を抑えればパニックになり、怒りを抑えれば激情に変わります」

エリザベス・キューブラー・ロスは、喪失に対処するときには感情を表現し、それに名前を付けることを勧める。[9] 図4・1は、彼女の研究をベースにしたもので、組織や個人の生活における喪失と悲しみのプロセスを説明している。前半部分では、エネルギーや自尊感情、状況に対処する能力がだんだん減少していき、後半部分では次第に増加していく。このプロセスは、どんな喪失においても見ることができる。

図4.1　悲しみのプロセス

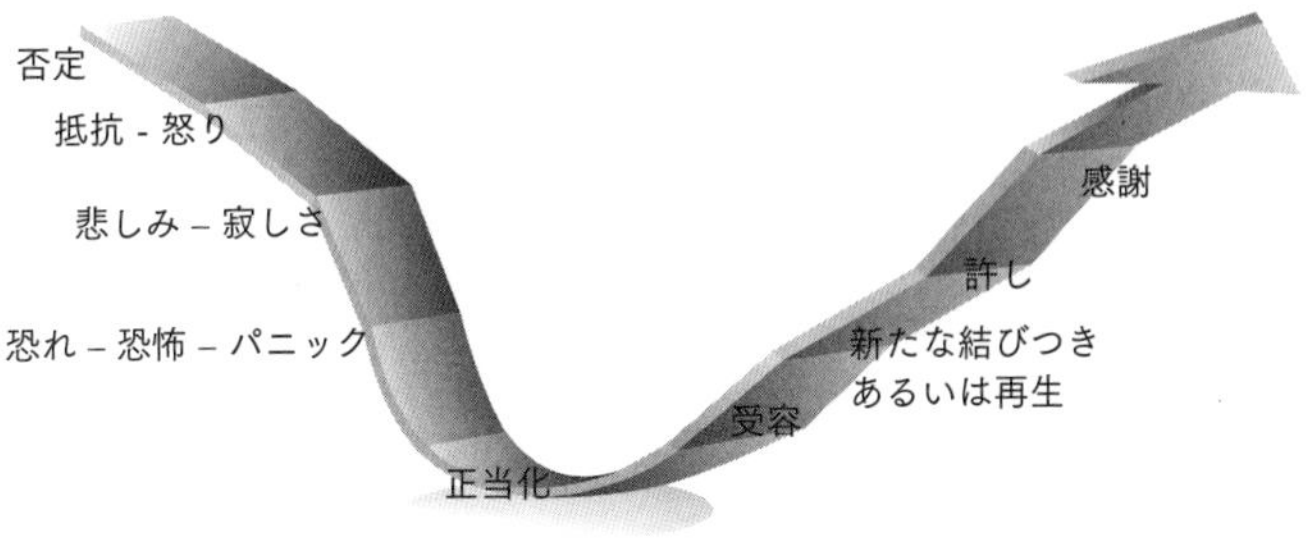

しかし、このプロセスがまっすぐ一方向に進むことはめったにない。特に重大な喪失では、終了するまでに、このプロセスの一部を何度か繰り返す可能性も高い。そうした状況では、繰り返すたびに感情の深さは減少し、スピードは速くなる。

悲しみのプロセスの最終段階は、許しと感謝だ。自分自身や他者を許すことができ、人生の喜びに立ち戻ることができたとき、悲しみのサイクルが終了したとわかる。

コラム　悲しみのプロセスをサポートする

セキュアベース・リーダーは、フォロワーが困難な状況や悲劇的な出来事を切り抜けるうえで、非常に重要な役割を果たす。昔から言われているように、「問題は分かち合えば半分になる」。心配や恐れや喪失を心の中にしまっておくと、さらに大きくなって心を悩ますことになる。誰かが喪失や絆の崩壊を経験したとき、リーダーがその人と話せば、その人の不安や心配の程度は軽減される。クライマーが転落してもビレイヤーがロープでキャッチし、岩面に戻って登り続けるようクライマーを励ますように、セキュアベース・リーダーはフォロワーが心の目をマイナス面ではなくプラス面に向けるようサポートする。そうすることで、フォロワーを絶望の淵から引き上げ、悲しみのプロセスを通じて、希望へと向かわせるのである。

悲しみのプロセスをサポートするには、まず自分が本当にその人にとってのセキュアベースであり、その人と絆で結ばれているかどうかを確かめよう。そうでなければ、せっかく力を貸しても、おせっかいだと受け取られかねない。そして、精神面で、また実際面で、自分が対話に適した状況であることを確認し、二人きりになれる場所と時間を確保しよう。対話では、次の点に注意する。

・相手の悲しみを尊重し、その人が感情を表現するよう促す
・涙を気まずく感じない。涙は、体内の毒素を消す自然なプロセスだ。悲しいときに泣くことは健全だ
・一生懸命に聞く。誰かに聞いてもらうことだけが必要な場合もある
・悲しみの感情を持ってよいと強調する
・解決策を提供しようとしたり、悲しみのプロセスを急がせたりしない。質問することを忘れ

ない

大きな喪失を悲しむには時間がかかる。一回の対話だけで悲しみのプロセスが最後まで進むことはないだろう。話しやすく、連絡がつきやすい状態でいよう。また、あなたが熟達したカウンセラーであることを、誰も求めていない。あなたが提供できる以上のサポートが必要だと感じたら、適切なプロのコーチやカウンセラーを見つける手助けをしよう。

悲しみを受け止め、組織に変化を起こす

新任のCEOが、意欲とビジョンをもって入社した。数カ月のうちに、彼は新しい戦略を展開し、経営組織を変え、間仕切りのないオフィス環境をつくり、業績の悪い事業部門を閉鎖し、以前勤めていた会社では効果を発揮したビジネス・インテリジェンスのシステムを導入した。

しかし数カ月後、このCEOは多くの問題に直面することになった。新しい戦略が無視されている市場があった。社員の意欲は史上最低の水準だった。社員は会社を辞めてしまったか、もうすぐ辞めると言い、CEO自身も会社の重要なメンバーと対立していた。いったい何が起きたのだろうか。

答えは「悲しみ」だ。喪失から生じる悲しみである。もし、会社で変化への抵抗を感じたら、その抵抗の根源にあるのは何らかの悲しみか、喪失の予感だ。悲しみについては、職場でめったに語られることがない。実際、職場における悲しみは非常に一般的でありながら、最も理解されていない現象だ。組織内で、悲しみの代わりによく使われる言葉は、(すでに議論してきた)「喪失」や「フラストレーション」「失望」などだ。次のような状況が見られたら、そこには悲しみが生じている可能性がある。

・社員から非常に愛されていたCEOが会社を離れたあと、新しいCEOが組織に受け入れられずに苦労している
・あるポテンシャルの高い社員が昇進できず、意欲をなくして、やがて退職する
・敵対的買収から一〇年が経っても、社員はいまだに「わたしたち」「あの人たち」という話し方をする
・退職時のインタビューで、三年以上前に個室のオフィスを失ったことへの恨みが明らかになる
・海外在住のマネジャーが、本人も家族も気に入っていた国から異動になる
・以前は成功していた営業担当者が、重要な契約を失ってやる気をなくす
・スター社員が、離婚のあと仕事へのモチベーションを失う

慣れ親しんだ状態が変わると、それが昇進などのプラスの変化でも、降格のようなマイナスの変化でも、ともに大きな苦痛がもたらされ、生産性や業績が大きく影響されることがある。[10]非常によい出来事であっても、それに喪失が伴うならば、きちんと悲しむ必要が出てくる。例を挙げよう。

・昇進したため、なじみの同僚を失う
・会社が成長してスタートアップの段階を抜け出し、起業家精神を失う
・大型プロジェクトが完了して、切迫感を失う
・長期間成功が続いたため、満足感を失う
・生産性を上げるために新たなコンピューター・システムが導入され、それまでのルーティンの作業がなくなる
・会社の椅子が人間工学に基づいた新しいモデルになり、心地よい昔ながらの椅子がなくなる

組織に新しいものを導入するとき、リーダーはフォロワーに、過去の絆を手放し、新しいものと結びつくよう求めている。このプロセスを通じてリーダーは別離を生じさせており、そこから悲しみの反応が起こるのは自然である。問題は、組織が悲しみのプロセスを割愛し、社員

が新しい仲間やプロジェクトや、戦略やオフィスのレイアウトと、ただちに絆を結ぶのを期待することだ。変化を「強制」し、悲しみのプロセスを割愛すると、社員が喪失の中で動けなくなる。すると、新しい目標や新しい仲間に出会える新しい絆のサイクルに、十分に関われなくなるのである。

組織においては、悲しみのサイクルの各側面が独特の独特の形で表れることがある。例を挙げよう。

・「否定」の側面が、要請を無視する、新しい方針の導入を避ける、あるいは、以前のシステムや戦略を継続し続けるなどの行動に表れる
・「怒り」の側面が、変化への抵抗を強めるという形で表れる。対立も表面化しやすくなる
・「恐怖」の側面が、変革の条件を交渉する、あるいは退職をほのめかすことに表れる。意欲や熱意、モチベーションの低さから、絶望や敵意、皮肉、無気力、無関心が感じられる

リーダーが社員のショックや否定、怒り、落ち込み、恐怖感、パニックなどに出合うことがあったら、それらの源は、喪失やそれによる悲しみである可能性が十分にある。

元スイス航空のパイロットのティアリーは、同社の最後の日について、次のように話してくれた。

「同時多発テロが起きた九月一一日に自分がどこにいたか、わたしはいまでも覚えています。わたしはブラジルに向かう航空機に搭乗していました。フライトは、アルゼンチンのブエノスアイレスまででしたが、サンパウロで乗組員が交代しました。そのとき、交代で搭乗した機長がわたしにこう言ったのです。『ニューヨークであんなテロがあったから、スイス航空は生き残れないだろうな』。そして、それは現実となりました。スイス航空はあの悲惨な事件の何カ月も前から、財政的な問題を抱えていたのです。

スイス航空の終焉は、わたしにとってだけでなく、全従業員、そしてお客様にとっても大きなショックでした。スイス航空は大きな家族のようだったのに、突然そのセキュアベースが消えてしまったのです。最初の反応は「否定」でした。悲しみのプロセスを始められるまでには、何日もかかりました。

そのなかで、わたしたちはお客様から非常に大きなサポートを得ました。特に、スイス人でない方たちからです。彼らにとって、スイス航空はスイスの品質を代表するブランドであり、象徴だったのです。

スイス航空の経営破綻は、スイスにとっての大きな金融的・政治的問題となりました。金融と政治の専門家の間で、ハイレベルの協議が何度も行われ、その結果、運行を継続するために資金を提供するという決定がなされました。

この段階では、社員は経営側から何のサポートも受けていませんでした。加えて、「新しい」会社の規模は以前のものよりずっと小さかったので、多くの人が解雇されることになりました。解雇までには少し時間がかかり、パイロットたちは会社を離れる日付がわかっていながら、飛行を続けるという奇妙な状況に置かれました。わたしはパイロットとしての仕事を続けられることになり、幸運でした。それでも、何かが明らかに壊れたと感じました。

この衝撃的な出来事の処理は、個々の社員に深い傷を残しました。それはまるで、終わらない悪夢のようでした。当時を振り返ると、わたしはいまでも悲しみと怒りを感じます。高い教育を受けた数人の経営陣が、会社を使って賭け金の大きなポーカーゲームをし、負けたのです。もっと正確に言うならば、負けたのは社員とスイス国民で、経営陣は次の仕事へと移っていきました。

よくある誤解●人は必然的に変化に抵抗する

これは真実ではない。人間の脳は、好奇心や探求、学習や変化などを通じて拡張するようにできている。実際、脳は常に新しい神経細胞をつくっている。人が抵抗するのは、変化による痛みや、未知のものに対する恐怖感である。

続いて、セキュアベース・リーダーが、絆のサイクルや悲しみのプロセスについての知識を活用して、どう変化を起こすかを考えていこう。

悲しみを受け止める

変化の中で悲しみが生じるのは自然なことだ。悲しみと戦うのではなく、それを予測し、受け入れよう。喪失から生じるフォロワーの行動があなたの望むものでなかったとしても、それは自然であることを思い出そう。そうすれば、彼らの反応や行動の人質にならずにすむ。さらには、喪失と悲しみのプロセスと絆のサイクルを理解することで、変化への抵抗に引きずられることなく、変化を導くことができる。

感情を受け入れる

悲しみのプロセスの「受容」の段階に進むには、自分自身の怒りを感じ、それを表現することが必要だ。しかし、従来型の変革プログラムは、自然な悲しみの反応を軽視し、合理的なアプローチにのみ依拠している。

リーダーは、フォロワーが感情を表現できる安全な環境を創造することによって、変化を促進することができる。フォロワーに気持ちを聞き、あなたの感情を話し、変化がどのような影響をもたらすかを話そう。フォロワーの感情が瞬間的に高まったとしても、その人を罰してはいけない。フォロワーの現在の状態を見るのではなく、その人が持っている可能性に目を向けることを忘れないようにしよう。

痛みを理解し「得られるもの」を示す

言葉に表すことで、フォロワーの痛みを認めよう。「前のチームリーダーがいなくなって寂しいですね」。あるいは「新しいシステムに慣れるのは大変だと思います」などの言葉をかける。そして、その痛みと引き換えに「得られるもの」を示すのだ。たとえばこのように話しかけてみる。「新しいチームリーダーは会社じゅうにつてがあるので、もっとリソースを持ってこられるはずです」。あるいは「新しいシステムは自動的に分析を行うので、もうスプレッドシートにデータをダウンロードしなくてすみます」。

リーダーがフォロワーと気持ちを通わせていたら、彼らの痛みにより共感でき、何を「得られるもの」として示せばよいかより的確に理解できるはずだ。その人と絆をつくれていれば、さらに共感できるだろう。フォロワーにあなたの人間性を見せよう。喪失にどのように対処するか、ミラーニューロンを通じてあなたがモデルとなるのだ。

ペースを落とす

矛盾するようだが、悲しみのプロセスを加速する最善の方法は、ペースを落とすことだ。リーダーが一時間のミーティングを設定して、「さあ、いまここで感情を表そう」と言っても、感情が次から次へと出てくることは期待できない。喪失に伴う感情を表現するのには時間がかかるので、そのための時間を予定表に組み入れておくようなことはできない。

プロセスの加速を試みたり、段階をいくつか飛ばしたりすると、短期的には成果が出るかもしれないが、結局はフォロワーが同じ問題にこだわり続け、同じ問題が浮上してくる。

儀式を用いる

ＤＥＣ（デジタル・イクイップメント）のヨーロッパの経営チームに所属していたスーザンは、儀式が悲しみのプロセスを大きく加速させるのを経験した。ＤＥＣがコンパックに買収されるとき、ヨーロッパ本社の経営陣は、人事部主導で「お祝い」のイベントを開催したのだ。何年も働いて、愛してきた会社に「さようなら」を言うためだ。

さまざまな催しが行われた。ある部屋では過去のビデオが放映され、別の部屋はカフェのようになって、みんなが「昔」について思い出を語り合った。また別の部屋では社員のバンドがロックを演奏し、みんなが踊った。社員はあちこちの部屋を訪れて、気持ちを分かち合い、泣き、笑い、おしゃべりし、踊った。そしてこの儀式のすべてが、とても特別な会社の終わりを記念するものとなった。

世界のほとんどの文化や宗教では、死や喪失に際して入念な儀式が行われる。こうした儀式が発達したのは、喪失から逃げるためではなく、むしろ喪失のなかに「足を踏み入れる」ためだ。儀式により、人は自然に悲しみのプロセスを進んでいける。組織においても、儀式を用いて別離や喪失が生じたことを認識しよう。たとえば、次のような方法が考えられる。

・去っていくチームメンバーによるお別れのスピーチ
・さよならの集いで過去を語り合う
・プロジェクトが完了したあと、使っていた部屋をメンバーで片付ける
・合併後に企業名が変わることについて、残念な気持ちを言葉に表すよう、社員に求める

別離から生じる感情を表現するために時間を使うイベントは、どんなものも儀式と考えられ

る。「気まずいさよなら」を避けようとすることや、「ポジティブになること」を強いるのは、喪失や悲しみの状況ではプラスにはならない。研究によると、ある感情を言葉にすると扁桃体（第2章参照）におけるその感情のレベルが下がり、心を落ち着かせる効果があるという。[11]

コラム 次に進むタイミング

企業のリーダーからは、悲しみと喪失を表現させることと、変革の効果を伝えることのバランスについて、よく質問を受ける。以下で、具体的な質問と答えを紹介するので、参考にしてほしい。

感情を表すことから、いつ変革の効果に焦点を移せばよいか

人は、前に進むための目標や、得られるものがわかっていたほうが、悲しみから抜け出しやすい。したがって、提案されている変革の「理由」を説明する必要がある。喪失と悲しみに執着すると、組織は変革の前向きな理由を忘れて、足踏みしてしまう。だから、新しい目標を早めに提示しよう。だが、しばらくのあいだは、その目標をみんなが大切に思うことを期待すべきでない。

悲しみのプロセスには、どのくらいの時間がかかるのか

大きな喪失の場合、何年もかかる場合がある。小さな喪失であれば、ほんの一時期や数カ月で終わることもある。変革のプロセスでは、リーダーが決断を下して、前に進むと決めるべきときがある。リーダーは、たとえばこう言うのだ。「いいだろう。このことについては何回か話し合ったから、今度はチームとして、組織として前に進もう」。状況を判断するのはリーダーの仕事だ。行動にけじめをつけて、前に進むようフォロワーを励ますのだ。

前に進めるかどうかどうやって判断したらいいのか

前に進めるのは、リーダー自身がフォロワーの抵抗に耳を傾け理解したと心から感じていて、フォロワーもそう感じているときである。こうしたマインドセットや感情の変化を感じるのだ。ポイントは、悲しむべきときがあり、前に進むべきときがあるということだ。リーダーが真に「勝利を目指す」つもりでいれば、前に進む適切なときを感じることができるだろう。

ともに前に進む

メンバーが悲しみに浸って被害者意識を持ったり、愚痴ばかり言い続けたりしないようにすることも大切だ。気持ちを吐き出したら、前に進まなければならない。ここで企業のトップが

犯しがちな間違いは、経営チームが他の人たちよりも速いペースで悲しみのプロセスを進んでいるのに気づかないことだ。経営チームはプロセスを進み、解決策を見出し、変革を提案する。しかし、提案された側は、まだ喪失にやっと気づいたばかりだったりする。このタイムラグが、組織のあらゆるレベルで、苛立ちと怒りを生み出す。

人や部署によって、悲しみのプロセスに要する時間は異なる。変革を提案した人や上層部は、他の人たちよりもプロセスを進むのが速い。したがって、もう何カ月も前に解決したと思っていた問題が再び浮かび上がることがあるかもしれないが、苛立ったり驚いたりしてはいけない。悲しみをうまく認識し対処することによって、一緒に働く人たちの意欲と忠誠心を高めることもできる。次のストーリーを見てみよう。

ある日、ジェームズの部下の一人が彼のもとにやって来て、母親が入院したので、重要な会議を欠席しなければならないと伝えた。ジェームズはすぐに、「お母さんに付き添えるよう、必要なだけ休暇を取りなさい」と言った。

数日後、彼女は仕事に戻ってきた。彼女の母親は、ジェームズの気遣いと優しさに対して感謝の言葉を伝えるよう、彼女に念を押したという。彼女はいまでは、以前よりもさらに仕事に熱心に取り組んでいる。ジェームズがこのときに学んだのは、彼女と母親に提供した時間は、仮に彼女が出社して母親を心配し、生産性が下がって失われたであろう時間よりも、はるかに価値が高いということだ。ジェームズはまた、人に与えることによって、自分自身が向上することも学んだ。

喪失体験から変化を起こすために役立つ二つの特性

変化と喪失のときには悲しみを乗り越えて前に進むために、十分に思いやってくれるリーダーが必要だ。リーダーは絆を維持し、フォロワーの抵抗があっても成長を促す必要がある。そのためには、彼らの心配や考えに耳を傾ける。同時に、彼らの抵抗をはねのけるような力強いメッセージを発信し、彼らの気持ちが可能性に向けて開かれている状態にする。変化を起こすには、これら二つのセキュアベース・リーダーシップの特性が非常に重要である。したがって本章では、「傾聴し、質問する」と「力強いメッセージを発信する」の二つの特性にスポットライトを当てる。

特性その4・傾聴し、質問する

セキュアベース・リーダーがどのように傾聴し、質問するかについて、調査では、次のような言葉が繰り返し語られた。

「相手に対して、何をすべきか言うのではなく、適切な質問をして相手が自分で結論に達するように仕向ける、という感じです」

「彼女は耳を傾け、理解し、話を聞き、気持ちを理解しました。実のところ、何も言いませんでした」

「彼は難しい質問をして、そこから基準や規範を設定し、そして見守りました」

「彼女は決して、何を考えるべきか言いませんでした。ただ、わたしの考えや気持ちについて、質問をしただけでした」

「ほとんどの時間は話を聞いていて、コメントしたり、評価を下すようなことはしませんでした」

セキュアベース・リーダーは、多くを語って見解を主張するのではなく、傾聴し、質問をすることで、より大きな真理を見出そうとする。傾聴と質問によって、リーダーは深い対話を行う。この点については、第8章で詳しく述べる。

人間には、話を聞いてもらいたいという、根本的なニーズがある。相手のすべての意見に同意する必要はない。ただ、耳を傾けて、聞いたということを相手にわかってもらえばよい。傾聴は、積極的に黙っているという行動である場合も多い。次のストーリーを見てみよう。

アニーはミーティングで、彼女に対する同僚の態度に腹を立てた。そこで彼女は、セキュアベースであった友人に電話し、気持ちをぶちまけた。彼は電話の向こう側で黙って聞いていた。アニーが、聞いているかとたずねると、彼はこう言った。「本当に僕の考えを知りたい？」彼女が驚いて「もちろん」と言うと、彼はこう答えた。「そうだね、話は聞いてるよ。君が僕の話を聞ける状態になったら、喜んで考えを言うよ」。この言葉で、アニーは文句を言い続けるのをやめ、抱いていた感情を捨て去った。本当のところアニーは、友人が彼女の不満に同意してくれることを期待していた。しかし、彼が行ったのは、耳を傾けて効果的な質問をし、その出来事を別の角度から見るようにすることだった。

多くの研究で、質問をするという概念が支持されている。[12] 過去数十年間で評価の高かったリーダーシップ手法の多くが、「リーダーの役割は他の人々に何をすべきか命じることではない」という考え方を含んでいるが、それは偶然ではない。研究者らは、リーダーが効果的な質問を用いてフォロワーを導き、フォロワーが自分でアイデアや解決方法を見つけるのが最善だと考える。

こうしたアプローチはリーダーを解放するものでもある。あらゆる答えを持っていて、すべてに関するエキスパートであるという責任を負う代わりに、質問のスキルを使ってフォロワーから答えを引き出すのだ。答えを引き出し、それによって可能性を引き出すことができるのは、質問という行為だけだ。

アドリアーナはサプライヤーから賄賂を払うよう求められた。その件にどう対処するかについて、ある同僚は次のような質問をしてアドリアーナを助けた。

「そのことについて説明してもらえるかな？」
「どのように対処したい？」
「賄賂は会社の方針に反しているということを踏まえると、どうするのが最善だと思う？」
「どんな結果を実現したいの？」

アドリアーナの同僚は、サポートとリスクを上手くバランスさせた。彼は自分をいつでもアドリアーナを助けられる状態にしておき、ミーティングにも同行した。しかし、最終的には、どのような方法をとるかをアドリアーナに選ばせた。彼は自分の見解を主張するのでも、解決策を提示するのでもなく、質問をすることによって成功したのだ。アドリアーナはいまでも、この経験から学んだことと、彼が力を与えてくれたことを覚えている。

あなたのセキュアベース・リーダーシップ行動を評価しよう

次の点について、自分がどのくらいの頻度で実行できているかを1から5までの数字で評価しよう（1＝まったくできていない、5＝常にできている）。

・積極的に話を聞く
・自由回答式の質問をする
・何をすべきか言う前に質問をしている

評点が3に達しなかったら、この特性を重点的に伸ばすべき特性としてメモしておこう（第8章「他者のセキュアベースになる」を参照のこと）。

特性その4を伸ばすためのヒント

1　積極的に話を聞く練習をする

相手の言う言葉だけでなく、ボディランゲージや声の調子などにも注意を払おう。積極的に聞く（積極的傾聴）、相手の言葉を繰り返しながら聞く（反復的傾聴）、相手の言葉を言い換えることなどを練習すると効果がある。[13]

2　自由回答式の質問をする

意見や考えを聞く質問は、単純な「はい」「いいえ」では答えられない。「お客様は保守契約をアップグレードしたのですか」と聞くのではなく、「当社の付加価値サービスについて、お客様とはどんな話をしたのですか」と聞こう。また、「方針の変更が不満なのですか」と聞くのではなく、「方針の変更によって、あなたにどんな影響が及んでいるのですか」と聞こう。

リーダーが忙しく、リスクが高い場合、何をすべきか指示を出したほうが簡単であり、そうする必要があると思うかもしれない。しかし、命令よりも質問のほうが効果的であることは、筆者らの研究でも裏付けられた。

3　沈黙と間《ま》を使う

いったん質問をしたら、相手が考えて答えるまでのあいだ、時間を与えよう。このテクニックは特に変革の際には重要だ。相手はまだ、変革についての自分自身の考えを把握していないかもしれないからだ。

4　話をする環境にも気を遣う

デリケートな問題を話し合うときには、話をする場所や座席についても考慮しよう。あなたと相手方との間に、テーブルや書見台など、ブロックするものや障害となるものを置かないようにしよう。

特性その5・力強いメッセージを発信する

セキュアベース・リーダーがどのように力強いメッセージを発信するかについて、調査では、次のような言葉が繰り返し語られた。

「彼はこんなメモを書いて渡してくれました。『**君は間違いなく正しいことをやっているよ**』。メモ用紙に書いてもらったこのひと言が、わたしにとってはとても大きかったのです。本当に大きかった。いまでもその紙を持っています」

「彼女はわたしに『**いつでもチャンスはある**』と言いました。身動きが取れず、誰も助けてくれないと思い始めていた苦しいときだったのですが、彼女の言葉から自由を感じ、力を得ました」

「わたしが上司との間に問題を抱え、会社を辞めることを決心したとき、人事部門の同僚が、

『辞めるときには常に堂々と、落ち着いて』と言いました。彼の言葉がずっと心に残り、この変化の時期を温かい気持ちとプロ意識を忘れずに、乗り切ることができました」

「プロジェクトがずっと遅れていたため、わたしは苛立っており、やめてしまいたい誘惑に駆られました。ですが、わたしのセキュアベースである人物が、はっきりと『**諦めるな**』と言ったのです。わたしはプロジェクトをやり通し、最終的にはわたしにとっても会社にとってもとてもよい結果が出ました」

以上は調査の中で聞かれた言葉だが、彼らは具体的な言葉を、何年経っても、あるいは何十年経っても、よく覚えていた。人は長々とした話は忘れてしまうが、適切なときに言われた適切で簡潔なメッセージはよく覚えている。本書ではそうしたメッセージを「的を射たやりとり」と呼んでいる。

力強い言葉は、交渉の行方、あるいは人生の行く末さえも変えることがある。言葉で殺すこともできれば、言葉で治すこともできる。言葉で萎縮させることもできれば、言葉で鼓舞することもできる。一言ひと言が重要だ。すべてのジェスチャーが重要だ。人に影響を与えるのに、何カ月も何年もかけなくても、わずか一瞬でもインパクトを与えることができる。一〇秒間の的を射たやりとりが、一〇年間の冴えないリーダーシップより強力な場合がある。一言で、希望と自信を創造することができるのだ。

カールがまだ二七歳で、新しい仕事に就いたばかりのとき、直属の上司よりも二つ上の階級の上司がやって来てこう言った。「いつか君も、わたしがいま座っている椅子を目指すようになるよ」。その人物は組織の中では雲の上の人物だったので、それがすぐにカールの計画の中に織り込まれることはなかった。しかし、この言葉はカールの頭の中に、「少なくとも、そういうチャンスがあるのだ」という考えを刻み込むことになった。

ストレスが生じがちな状況のなかでは、はっきりした力強いメッセージを伝えることがさらに重要になる。たとえば、クライマーとビレイヤーは、次のような決まったやり取りをする。

クライマーは登る準備ができるとこうたずねる。「ビレイOKですか」。

ビレイヤーはビレイの準備ができていたらこう答える。「ビレイOKです」。

クライマーはさらに念を押す。「登ります」。

ビレイヤーはこう答える。「はい、どうぞ」。

同様にヨットに乗るセーラーたちは、「タック」に備えるために次のような言葉を使う。タックとは、ヨットを動かして風の中に入っていく、あるいは風の中から出るという意味だ。

キャプテンはこう告げる。「タック用意」。

乗組員はあらかじめ決められた配置につき、準備ができたらこう答える。「OKです」。

キャプテンは（風との関係によって）、「ハード・アリー」または「ジャイブ・ホー」と言って、ヨットの向きを変える。

あるヨット好きの人物は、このコンセプトを大手製薬会社の自分のチームに応用した。


ステファンは自分が率いていた製品開発チームに対して、苛立ちを募らせていた。彼は細かく指示を与えていたのだが、チームは彼の指示通りの結果を出していなかった。

ある週末、ステファンはヨットのキャプテンを務めた。決まった掛け声で呼びかけると、乗組員はそれを理解したと答え、彼が求めていたことをした。「会社のチームも同じようにしてくれたら」。そう思ったステファンは、問題の原因は自分にあることに気が付いた。指示が非常に複雑だったし、理解したかどうか、チームにたずねてもいなかったのだ。

そこで、彼はあれこれ言いすぎないようにし、チームには彼が言ったことを繰り返してもらうようにした。すると、チームの成果は彼の期待を上回るようになった。彼のはっきりとした指示が理解されたことがわかると、そのあとの実際の業務も任せやすくなった。


変化という霧の中で、力強いメッセージは灯台のように輝く。恐怖感や不確実性や、疑いが組織に広がったとき、心を動かすメッセージを発すると行く手が見えてくる。否定的な空気を変え、心の目をプラスの面に向けさせるのだ。

あなたのセキュアベース・リーダーシップ行動を評価しよう

次の点について、自分がどのくらいの頻度で実行できているかを1から5までの数字で評価しよう（1＝まったくできていない、5＝常にできている）。

・力強く覚えやすいメッセージを発信している
・はっきりと簡潔に話している
・非言語のメッセージやジェスチャーを使って、覚えやすいメッセージをさらに強調している

評点が3に達しなかったら、この特性を重点的に伸ばすべき特性としてメモしておこう（第8章「他者のセキュアベースになる」を参照のこと）。

特性その5を伸ばすためのヒント

1　言葉だけでなく、非言語のメッセージにも気を遣う

話すときの声の調子やボディランゲージの練習をしよう。適切な言葉に、適切な声とジェスチャーを組み合わせて、インパクトを強めよう。

2　その一瞬を逃さない

さりげないひと言が、入念に準備されたプレゼンテーションと同じくらいの力を持つことがある。慎重に言葉を選び、「的を射たやりとり」のチャンスを逃さないようにしよう。

3　力強いメッセージをはっきりと、簡潔に、ゆっくりと伝える

他者の心の目を動かすには、言葉は少ないほうがいい。

4　力強いメッセージを書く

付箋やカードに書かれた短い言葉が、セキュアベースとなることもある。

5　力強く短いメッセージをノートに書きためておく

過去に聞いた言葉や、日々の活動の中で読んだり聞いたりした言葉を書いておく。定期的にそのリストに目を通して、他者に対して使いたいフレーズのレパートリーを増やそう。

第4章からの学び

・悲しみは自然な感情で、ふだんの生活や仕事の中で起こってくる。仕事のうえでの喪失も、個人としての喪失も悲しむ必要がある
・悲しみは社会的なプロセスで、一人では十分に行えない
・悲しみは変革の一部であることを理解しよう。喪失により、悲しみのプロセスが始まる
・変革の中に、社員が悲しみのプロセスを歩む余裕を設けよう
・許しと感謝を表明できたとき、人は悲しみのプロセスを終えることができる
・変化に対処するうえで、儀式は重要である
・許しは通常、一人で行うものである
・セキュアベース・リーダーは、傾聴と質問によってより深い真実を見出そうとする

・積極的に聞くことは、変化をうまく管理するために不可欠である
・リーダーの言葉には影響力がある。力強いメッセージで、どのように人々を鼓舞し、心の目を動かすかを考えよう

「つらい経験を克服するのは、雲梯《うんてい》を渡るようなものだ。前に進むためには、手を離さなければならない」

C・S・ルイス（一八九八―一九六三）
小説家、詩人、学者、文学評論家、信徒伝道者

第5章◆「心の目」で見る練習

二〇〇七年九月一八日、カーネギーメロン大学の教授で、コンピューター・サイエンスと、コンピューターと人間の関わりについて研究するランディ・パウシュが「最後の授業——子どもの頃からの夢を本当に実現するために」と題した講義を行った。[1]この講義で、彼は四〇〇人の聴衆を前に、彼がすい臓がんを患って死を目前にしており、余命がわずか数カ月であることを話した。彼は四七歳で、愛する妻がいて、三人の幼い子どもの父親だった。

この講義は、著名な学者たちが重要だと思うことについて深く思考し、そのテーマについての「最後の講演」を仮想的に行うという企画に倣ったものだ。つまり、「これが最後のチャンスであるとしたら、あなたはこの世の中にどんな知恵を授けますか」という問いに答えるものである。

ランディはこの講義で、彼を襲った悲劇について話すのではなく、前向きな話にフォーカスした。子どもの頃の七つの夢を実現したこと、壁を乗り越えることの重要性、そして人生からの学びについて、温かな思いを話したのだ。

彼は、自分がティガー（『クマのプーさん』に出てくる明るく活発なトラ）になるのか、イーヨー（同、無口で悲観的なロバ）になるのか、人生の早い時期に選ばなければならないと言った。[2]「わたしが気づいたのは、明るくしていると大勢の人が力を貸そうと集まってきて、突然すべてが容易になるということです」。

その後、テレビ番組司会者のオプラ・ウィンフリーとのインタビューで、ランディは人生を「一〇％が白で、一〇％が黒、残りの八〇％がグレーだ」と考えていると話した。「人生を生きる中で、こう考えることもできます。『この八〇％のグレーの部分は、結局は黒じゃないか。人生は辛い』。あるいは、こうも言えます。『この八〇％は、つまりは白だ。よいことであり、光である』。わたしは人生を後者のように考えたいです。これは自己達成的予言になります。真ん中の八〇％は、本当に白にも黒にもなるのです。あなたが、その八〇％をよくしたい、わるくはしないと決意すれば、それを実現する力が、あなたが考える以上に湧いてきます」。

壁をどう乗り越えたかに関しては、ランディはこんな信念を持っていると披露した。「レンガの壁がここに立っているのには理由がある。僕たちを追い払うために立っているのではなく、その向こう側にあるものをどれだけ手に入れたいか、わからせるために立っているんだ」。彼はディズニーのイマジニアになるという夢を追い続けるために、この言葉を自分に言い聞かせていた。そして、二〇年以上かけて、その夢を実現した。

一九六〇年代のアメリカの時代精神が、あるイメージを彼に植え付けたという。「わたしは一九六〇年生まれです。八歳か九歳の頃、テレビを見ると人間が月面に着陸していました。それを見て、何でも実現できるんだと思いました。わたしたちは、このことを忘れてはいけません……どれだけ夢を見てもいいのです」。ランディはさまざまな方法で、子どもの頃の七つの夢を実現した。

ランディの講義は世界中に知られるようになり、インターネットで四〇〇万人以上が視聴した。ランディはさらに『最後の授業』という本を共著し、同書はニューヨークタイムズのベストセラーとなった。二〇〇八年五月には、タイム誌の「世界で最も影響力ある一〇〇人」に選ばれた。二〇〇八年七月、彼はバージニア州チェサピークの自宅で、妻と子どもたちに見守られながらこの世を去った。

亡くなる前に、ランディはこう言った。「死の床で後悔するのは、生涯でやってきたことではなく、やらなかったことです。自分が情熱を傾けるものを見つけ、それを追い求めることです。あなたを内側から熱くするものの中に、情熱があります。その情熱はあなたのなかに根付き、他の人たちとの関係の中に根付いていて、最後のときに人々は、あなたが情熱を傾けたそのものをもって、あなたを思い出すのです」。

『最後の授業』で、最も読者の心に残ったのは次の文章のようだ。「僕は、『楽しまない』方法を知らない。僕は死にかけていて、僕は楽しんでいる。残された毎日を楽しんですごすつもりだ」。

ランディが早すぎる死を迎えると知ったとき、自分を哀れんで、世界から引きこもるのは簡単だったはずだ。だが、ランディはそうはせずに立ち上がり、自分が経験していることを他の人たちに教え、勇気を与えようとした。彼は人生最後の数週間でフォーカスを変え、自分の考えを残すことに取り組んだ。彼はセキュアベース・リーダーシップを発揮した。父親がどんな人だったか、将来子どもたちがわかるようにするという思いやりを見せ、立ち上がって最後の講義で死について話すという挑戦をした。ランディのものの味方は世界の何百万もの人に深い影響を与え、その人たちは、人生において喜びと可能性を大切にするロールモデルを持つことになったのだ。

ランディが病気を前にして前向きでいられたのは、彼の心の目のおかげだ。心の目は、人がどのように世界を見て何に目を向けるかを決める脳の一部である。出来事や経験、課題やチャンスをどう解釈するか、心の目があなたを導いていく。

人生で何が起こるか、コントロールすることはできないが、それにどのように対応するかは選ぶことができる。イギリスの詩人、ウィリアム・アーネスト・ヘンリーは、「わたしが、我が運命の支配者、我が魂の指揮官である」と書いた。あなたが「我が運命の支配者」になって行う選択は、あなたの心の目のフォーカスに左右される。

アインシュタインによると、「この世界は敵か味方か」という問いは、誰もが問うことができる究極の問いであるという。ランディもこの選択を行った。心の目は懐中電灯のように、あなたが目を向ける方向を照らし出す。失望や痛みや喪失など、人生のマイナス面に目を向けることもできるし、利益や進歩など、プラス面に目を向けることもできる。

どこに懐中電灯を向けるかによって、仕事や人生でどれだけのことを達成できるかが変わってくる。パフォーマンスの高い人は、苦しみよりも目標に目を向ける。そうすることで、意欲や自信が湧いてきて、自らの可能性を実現するのに必要なリスクをとることができる。たとえばマラソン選手は、途中の苦しさではなく、試合の最後の勝利にフォーカスする。そうしなければ、苦しさに負けて、走るのをやめてしまうだろう。

セキュアベースとなる人の重要な役割は、他の人たちの心の目を導くことだ。あなたの過去のセキュアベースがあなたの心の目を形作った。

あなたの希望や夢の背後には、さまざまな人や場所、目標や経験があり、それらがあなたの性格や個性、信念や価値観を育てた。あなたの人生において、経験や人々がどのように心の目に影響したかを理解すれば、あなたはもっと多くのことを達成できる。さらに、他の人たちにも影響を及ぼして、リスクをとり、クリエイティブかつ革新的になり、もっと大きな課題を追求するよう促すことができる。

だからこそ、セキュアベース・リーダーになるうえで重要な部分となるのが、自分の心の目を筋肉のように鍛えることだ。また、あなたが影響を及ぼしたい人物の心の目を積極的かつ恒常的にフォーカスさせ、高業績を挙げさせることが、セキュアベース・リーダーとしての行動の一つである。

半分しか入っていないのか、半分も入っているのか

人間の脳における最も原始的なレベルの心の目は、危険や痛みを探知しようとするだろうか。それとも、喜びや楽しみを探知しようとするだろうか。脳が自然にフォーカスするのはプラスの面だろうか。それともマイナスの面だろうか。

正解は、危険や痛みなどのマイナス面だ。なぜなら、人間の脳には他の目標より大きく優先される「生存」という目標があるからだ。生存は危険や脅威を意識するところから始まる。この意識があって初めて、人間は危険を避けることができる。だからこそ、わたしたちの脳にはレーダーとなる早期警戒システムがあり、悪いことが起こらないかを常に監視しているのである。[3]

では、人間が最も優先させる目標が、危険や害となるものを察知して生存することなのであれば、なぜ人間は偏執症にならないのだろうか。なかには、そうなってしまう人もいる。何事に対しても心配しすぎ、どこでも、いつでも心配すぎる人たちがあなたの周りにもきっというだろう。彼らの心の目、彼らの懐中電灯は、いつでもマイナス面に向けられている。コップに

水が「半分も」入っているとは考えず、「半分しか」水が入っていないと考える。こうした人たちは大きな不安やストレスを抱えている。他者に対して極めて「防御的」になることがあり、図5・1に示すように、「負けないことを目指す」。そして、リスクを避け、自らの可能性を隠しながら人生を送る。

セキュアベース理論の基本原則は、「誰かと、あるいは何かとつながることによって、人は安心感を得て、危険を探そうとする脳のスイッチを切る」というものである。安全だと感じると、人は最も大きな冒険に心を開く。冒険することで、創造力が花開く。可能性に目が向けられ、思いやりは挑戦へとつながる。つまり、セキュアベースのある人たちは少ないストレスでよりよい結果を実現し、プラスのエネルギーを発するのである。次のストーリーのジョーが好例だ。

ジョーの祖母は戦争で夫と妹と両親を亡くしたが、それでも本当に人生に前向きだった。子どもの頃、祖母の家のテーブルで、ジョーが模型飛行機をうまく組み立てられずに苛立っていたことがあった。すると、祖母はジョーを慰め、落ち着くように言って、完成したらどんな素晴らしい飛行機になるかに考えを集中させるように言った。祖母はいつもジョーに、ものごとのプラス面を見るよう促し、どんな状況でも、学べることがないか探させた。祖母はまた、ジョーの祖父について愛情を込めて話し、二人の人生の思い出を語って聞かせて、ジョーが一

図5.1　心の目が導く

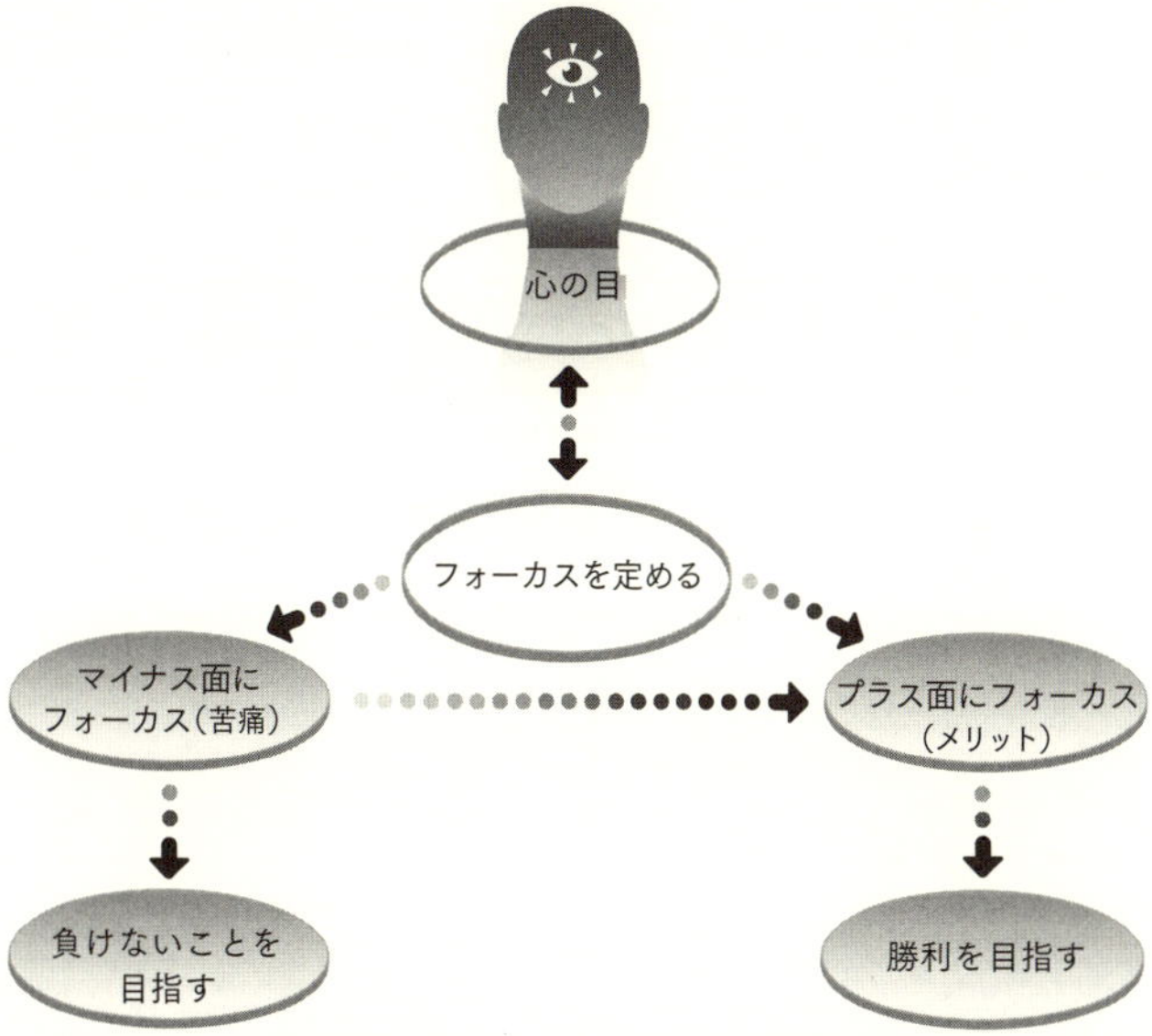

度も会ったことのない祖父と絆をつくれるようにした。

ジョーの祖母は真のセキュアベースで、失ったものを悔やむのではなく、常に与えられたものに感謝していた。彼女は、ジョーが家族や部下にとってのセキュアベースになるために、重要な影響を与えたのだ。

セキュアベースが心の目に及ぼす影響

現実にはプラスの面もマイナスの面もある。現実をどう見るかは、どちら側を懐中電灯で照らすかによって変わってくる。セキュアベースは、わたしたちの心の目を通じて、わたしたちの考え方に影響を及ぼす。考え方はやがて信念となり、その信念に基づいてわたしたちは決定を下す。

誰もが、人生においてよい経験もしていれば、わるい経験もしている。セキュアベース・リーダーは、プラスの経験とマイナスの経験の両方から意味を引き出すよう、相手を促す。彼らは、たとえ苦しみの最中でも、プラスの面に目を向けることを教えるのだ。

自分に問いかけよう

・わたしは問題に対して、プラスの見方でアプローチするだろうか。それともマイナスの見方だろうか
・どんな視点から、わたしは決定を下しているだろうか
・わたしは好きではない人たちと、どのようにして絆をつくっているだろうか
・わたしと対立している人たちを、わたしはどのように見ているだろうか
・業績の悪い人たちを、わたしはどのように見ているだろうか

これらの質問への答えは、これまでにあなたが出会った人々が、あなたにプラスの影響を与

図5.2　心の目が導く

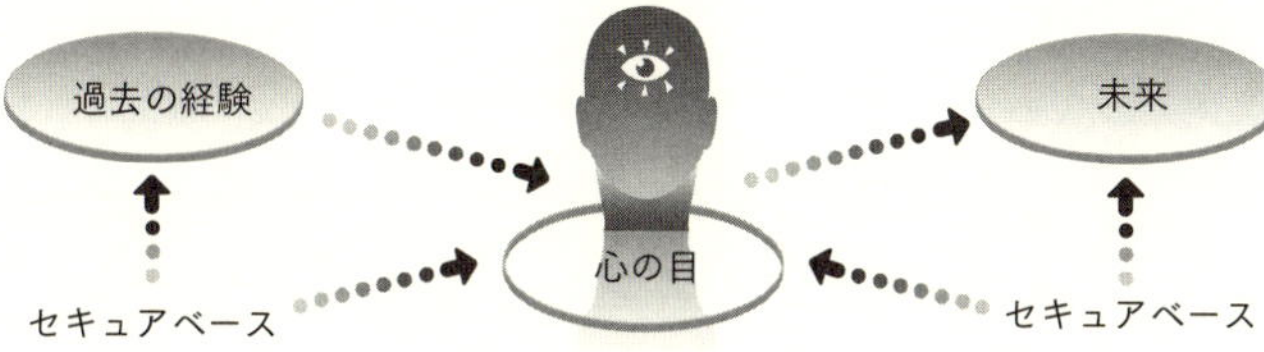

えたか、マイナスの影響を与えたかを反映している。あなたがこれまでの経験から引き出した意味が積み重なって、あなたの自尊心となり、性格や個性となり、信念や価値観となる。それらが集まって、あなたという人を唯一の存在にしているのである。図５・２は心の目が過去の経験から意味を引き出し、それを用いて未来をつくっていることを示している。

次の二つのストーリーを見てみよう。

ジェーンが四歳のとき、お母さんは彼女に大人が使う裁縫用のハサミを与え、どうすれば安全に使えるかを教えた。ジェーンは、友だちがみんな、子ども向けの安全につくられたハサミを使っていると知ると驚いた。ジェーンはお母さんからの信頼とサポートをはっきりと感じた。お母さんはジェーンがリスクをとることを認め、そうすることで、幼い頃から自信を与えたのだ。

ジュリアは、お父さんの助けを借りて自転車の練習を始めた。何度もフラフラして転んだあと、ジュリアは自分の膝を見つめて泣き出した。すると、お父さんはとてもイライラして、お手上げだと言わんばかりに両手を上げて、ジュリアに言い放った。「もういいよ！　お前には何も教えられない」。そして、その場を立ち去った。

ジュリアは父との経験から、自分を疑い、不安と失敗への恐れを持ちながら成長した。そして現在は、レベルの低いサポート的な仕事に就いている。一方で、母親から十分な心配りを受けて挑戦できるようになったジェーンは、自分の能力に自信を持って成長した。母親との思い出は、ジェーンの心の目を自身の強みに向けさせた。そして、大手多国籍企業の有力な幹部となったのだ。

もし、ジュリアが自転車で転んだときに、父親が励まして、たとえばこんな言葉をかけていたら、ジュリアのものの見方はどう変わっただろうか。「ジュリアならできるよ。もう一度やってみよう。お父さんも一緒だから。一緒に、自転車に乗れるようになろう」。

このように、ある一つの出来事が人生にマイナスの影響を与える可能性がある一方で、通常はいくつもの出来事の影響が積み重なって、自分自身の見方や、他の人々に対する見方、人生に対する考え方に影響する。

ここまで読み進めてきて、幼い頃に何かマイナスの経験があったのではないかと、考え始めた人もいるかもしれない。しかし、過去の経験にとらわれる必要はない。どんなマイナスの経験も、セキュアベースの助けがあればたいていは乗り越えられる。セキュアベースはあなたに「修正的経験」をさせ、それによってものの見方や考え方が変わるのである。

過去からの影響を認識しないと、未来は単に、心の目を通して過去の記憶を投影しただけのものになる。したがって、未来は自己達成的予言のようになる。あなたは二つの方法で未来をコントロールできる。一つは、過去の経験が現在にどう影響しているのかを理解すること。もう一つは、あなたの夢や望みをサポートしてくれるセキュアベースを選ぶことだ。子どもの頃は、自分の周囲にいる人を選べないが、大人はその選択ができる。第7章では、あなたのニーズを満たし、学びたいことを教えてくれるセキュアベースを、どうやって増やしていくかについて詳しく述べる。

セキュアベースは、他者の心の目を主に三つの方法で形作ることができる。一つ目は、プラス面にフォーカスする手本となること。二つ目は、自己理論（自分についての見方）に影響を与えること。三つ目は自己統制（自己コントロール）の向上に積極的に力を貸すことだ。

コラム　他者の心の目に影響を与える

セキュアベース・リーダーとして、心の目に関してとるべき最初のステップは、自分の視点をマイナスからプラスに素早く切り替える能力を身に付けることだ。そうして初めて、フォロワーの潜在力や可能性が見えるようになる。

次のステップは、フォロワーがマイナスからプラスにフォーカスを切り替えるのを手伝うことだ。それによって、どんな状況でも、彼らが可能性や自分の力を見出せるようにするのである。まずは、相手に共感し、次のような言葉をかけることから始めよう。

「何かに怒っている／イライラしているようですね」
「わたしがあなたの立場に立っても、同じように感じるかもしれません」

そして、その状況に対する見方を変えるような質問をする。

「この状況のなかでも希望があるとしたら、それは何ですか」
「何をすれば、この難しい状況を切り開けると思いますか」

失敗をしたときには、心の目のフォーカスが特に重要になる。よくなかった結果から、建設的な方向にエネルギーを振り向けるのだ。次のような質問をして、相手が失敗の経験から学べるようにする。

「この過ちから何を学びましたか」

「次の機会には、どこを変えようと思いますか」

失敗は成功への第一歩だ。伝説的なアイスホッケー選手のウェイン・グレツキーは言う。

「打たなかったショットは、一〇〇％入らない」。

手本となる

もし、あなたがプラス思考で前向きなら、過去にその手本となったセキュアベース、たとえば母親、父親、祖父母、兄弟、教師、上司などの人たちがいたはずだ。ミラーニューロンは、多くの時間を一緒に過ごした人たちの行動をモデルにする。前述したように、健康な子どもは、親や保護者とだけ一緒にいたいとは思わない。親がリラックスして自信を持っていれば、子どもは外に出て、探検に出かけようとする。反対に、親が不安を感じ神経質だと、子どもはその不安を感じ取り、怖がって両親の元を離れようとしないだろう。

自分に問いかけよう

・わたしがマイナスの見方をしているならば、誰がその手本となったのだろうか
・わたしがプラスの見方をしているならば、誰がその手本とはなったのだろうか

自己理論に影響を与える

スタンフォード大学教授で心理学を研究するキャロル・ドゥエックは、子どもや青少年のモチベーションと成果について四〇年近く研究してきた。彼女の有名な発見は、次の通りだ。

「人が何を信じるかで、何を達成できるかが決まる。自己理論によって、何を達成できるかの限界が決まってくる」[4]

ドゥエックによると、人は「硬直したマインドセット」か、「しなやかなマインドセット」のどちらかを持っているという。硬直したマインドセットの人たちは、安全策をとり、リスク

をとらない。このタイプの人たちは、「勝つか負けるか」「正しいか誤りか」「合格か失格か」といった視点で世の中を見ており、全力で「負けないことを目指す」。彼らの「自分自身についての見方」は防御的だ。一方で、しなやかなマインドセットを持っていると、世の中を可能性や学びの観点から見て、「勝利を目指す」。彼らの「自分自身についての見方」は肯定的だ。

セキュアベースは他者の心の目を硬直した視点から遠ざけ、しなやかなマインドセットにフォーカスさせる。セキュアベースは、相手に「自分自身についての見方」すなわち「自己理論」を提供することが多い。自己理論はその人についてまわり、考え方を大きく変えることもある。セキュアベースは、言葉を通じて影響を与えることもあれば、セキュアベース自身の行動が、相手方の信念に影響を及ぼすこともある。

たとえば、よいビレイヤーは、クライマーが躊躇していたり、諦めそうになっていたりすると、「できるよ」「もうすぐ頂上だ」などの言葉をかけて励ます。相手が自分自身の力を疑い始めたときに、肯定的な言葉を投げかけると効果的だ。

自己統制を向上させる

セキュアベースが特に力を発揮するのは、他者に自己統制を促して、フォーカスを変えさせるという点だ。また、心の目のフォーカスを、辛さや苛立ちの先にあるメリットに向けさせることも、自己統制につながる。前述したように、人間は生存のメカニズムでつくられており、それは太古の昔には役に立ったが、自己実現や成長には妨げになることもある。わたしたちは自己統制を行い、本能的に向いてしまうマイナスの方向ではなく、懐中電灯をプラスの方向に向けなければならない。実際、心理学者のロイ・バウマイスターは、成功するためには自己統制が最も重要な要素であるという。[5]

自己統制で、セキュアベースが強く影響を及ぼすものとしては、「満足遅延耐性」が挙げられる。満足遅延耐性とは、欲しいものを手に入れるために待つことができる能力を指す。人が満足を遅らせる能力には、セキュアベースが強く影響する（マシュマロ実験のコラムを参照）。セキュアベースは、現在の苛立ちや誘惑や喪失から目をそらさせ、現在あるいは未来のメリットに目を向けさせるのだ。

職場では、セキュアベース・リーダーが将来の可能性を説明し、フォロワーがそれに向かっていくのをサポートする。

ピエールは昇進できなかったとき、非常に失望し、意欲を失った。とても動揺したので業績も落ち、会社を辞めることすら考え始めた。ピエールの上司は、彼はまだ昇進には早すぎるという厳しいフィードバックをしたが、ピエールのセキュアベースではあり続けた。上司はしっかりと明確な指導をし、ピエールがもっと大きな視点で考えられるよう促し、それによって、彼が組織に提供している価値を認識させ、モチベーションを高めて、彼自身がコントロールできるところに彼のエネルギーを向けさせた。

一年後、ピエールの業績は大きく向上し、以前期待していた昇進は時期尚早だったことも理解した。さらに六カ月経つと彼は十分に立ち直って、次の昇進の機会を迎えた。そして、今回は新たに身に付けた能力をもって、昇進することができたのだ。

セキュアベース・リーダーは、優しくするためにはいつ厳しくするべきかを知っている。ピエールの例では、彼が欲しかったものを手に入れられなかったのは、長い目で見れば幸いだった。時には、真実に平手打ちされるほうが、嘘のキスよりもよいことがある。

コラム　マシュマロ実験

一九七二年、スタンフォード大学教授のウォルター・ミッセルが、満足遅延耐性に関して画期的な実験を行った。

四歳の子どもたちを座らせて、それぞれの前にマシュマロを一つずつ置く。そして、そのマシュマロを食べずに二〇分待ったら、もう一つマシュマロをあげると約束したのだ。子どもにとって、何と厳しい状況であることか！　そして、大人は部屋から出て、子どもだけを残す。

すると、二〇分間待てた子どももたちもいた。その子たちは、たいていはおもちゃで遊んだり、部屋の別の場所で本を読んだりしていた。気持ちを切り替えられずに、マシュマロを食べてしまった子どもたちもいた。待てた子どもたちは「待てた子（ディレイヤー）」、食べてしまった子どもたちは「食べた子（グラバー）」と名付けられた。

研究チームは、子どもたちの一部を青年期から成人以降も追跡して、その発達を調べた。すると、「待てた子」は、学業的、社会的、金銭的成功やストレス管理など、多くの領域でより高い成果を挙げた。これを解釈すると、満足感を得るのを遅らせられる能力は、明らかに成功と相関関係がある、となる。[6]

ミッセルはさらに心理学者のアルバート・バンデューラーと組んで実験を改変し、今度は小学校四年生と五年生を同様の状況に置いた。そして、「食べた子」の何人かを大人と接触させ、その大人たちはマシュマロから気をそらすテクニックを示してみせた。その後の研究で、子どもたちは大人が手本となった実験で学んだことを覚えていることが示された。その子どもたちにとっては、満足遅延耐性を身に付けるのに、大人が一回手本を見せるだけでよかったのだ。[7]

状態と心の目

心の目に関する最後の重要な点は、心の目と状態との関係、そして心の目と結果の関係だ。

第2章で述べたように、「状態」とは、ある瞬間のわたしたちを反映したもの、つまり心理や態度、感情、気分、行動、信念などが一体となったものである。自分の状態をコントロールする能力は、望ましい結果の実現に直接的に関係している。俳優で演出家、リーダーシップ・コンサルタントでもあるピーター・マイアーズは、次のように述べる。

「状態は、コミュニケーションにおいて最も重要な部分です。しかし、どこにおいても見過ごされがちな部分でもあります。あなたの状態がコミュニケーションの質を左右し、思考の質をも左右します。心理的、感情的な状態が、究極的にはあなたのリーダーシップ能力を決定づけ、周囲の出来事に対応する能力を決定づけるのです」[8]

優れた俳優なら知っているように、自分の状態は一瞬で変えることができる。心の目を使って、プラスにもマイナスにもできるのだ。

あなたが大切な会議に出席するために、空港に急いで向かっていたとする。空港に着くと、飛行機が遅れていて、会議に遅れることが確実となった。そのときの心の状態はどのようなものか、想像してみよう。怒り、ストレス、苛立ち。いまにも叫び出しそうだろうか。航空会社のスタッフを怒鳴りたい気持ちだろうか。おそらく扁桃体ハイジャックにあっているだろう（第2章参照）。

そうした反応は十分に理解できる。あなたの心の目はマイナス面に直行し、損害や苦痛や非難などに本能的にフォーカスしているのだ。図5・3が示すように、この状態が反応として表れ、「結果」を決定する。

しかし、心の目をトレーニングすることで、心と体の状態に影響を与えて、よりよい結果をもたらすことができる。マイナスからプラスへと、フォーカスを変えるのだ。ここでカギとなるのは、現在の状況に影響を及ぼせる可能性がないか、自分自身に問うことである。飛行機が遅れているという状況を変えることはできるだろうか——それは不可能だ。そうであれば、心の目を飛行機の遅れという苦痛から、予定していなかった二時間を手に入れたことと、その二時間で何ができるかにシフトしよう。会議に向けて追加のリサーチができるだろうか、メールに返事ができるだろうか。あるいは本を読むか、買い物はどうだろうか。

心の状態をシフトすることで、体の状態も自動的にシフトされる。心と体はつながっているからだ。脳は必ずしも、事実（たとえば体の状態）と空想、あるいは思考を区別しない。したがって、考えていることに対して、体は反応するのである。心配や恐怖や疑いにとらわれていると、脳は、つまり体は、そうした心配などが本当に存在するかのように反応する。

医師で、オーストラリアのモナシュ大学で上級講師を務めるクレイグ・ハストは、心と体のつながりについて、次のように述べる。

図5.3　心の目が導く

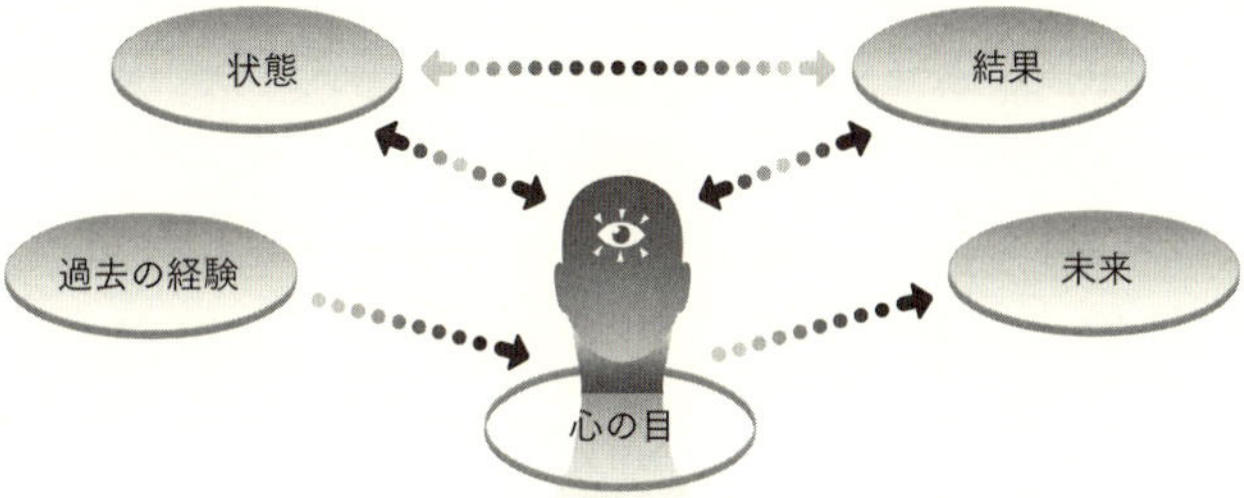

「心が何かを伝えたときに、脳がそれに対する反応を引き起こす。この点に注意することが大切だ。ストレス要因が実在するのか、それとも存在すると想像しているだけなのか、それはどちらでも関係ない。想像、思案、予想、誇張、夢想――これらすべてが、『戦うか逃げるか』の反応を引き起こす[9]」

つまり、心の目を用いてフォーカスを変え、それによって考えを変えれば、体の状態も変えることができる。心の目を用いれば、特定の身体的反応を起こすことさえもできる。信じられないだろうか。では誰かに頼んで次の文章を読んでもらい、心の目がどのように体の反応を引き起こすかを体験してみよう。

目を閉じて、あなたが親指と人差し指で、一切れのレモンを持っていると想像しよう。酸っぱい、柑橘系のレモン果汁が、太陽の光に照らされて輝いている。白い粉砂糖がそのレモンの上にかかり、砂糖がレモンの酸っぱい、ピリッとした果汁の中に溶けて、透明になっていくのが見える。あなたはそのレモンを口元まで運び、口を開けて、そのレモン一切れを思い切り噛む。喉を滴り落ちていくなかで砂糖の甘さとレモンの酸っぱさがが感じられる。

ここで目を開けよう。口の中に、さっきよりも多くの唾液があるのではないだろうか。現実にはレモンは存在しなかった。ただレモンのことを考えただけだ。それだけで、唾液を出すよう体に信号を送るには十分だったのだ。あなたの体は、あなたの心が描いたことに反応したのだ。

心の目、期待、可能性

図5・4は、心の目のさまざまな側面をまとめたものだ。心の目に影響を与えるものや、心の目がどのように結果に影響するかが示されている。心の目をどこにフォーカスさせるかによって、自分や他者への期待が変わり、何が可能と考えるかも左右される。

図5.4　心の目が導く

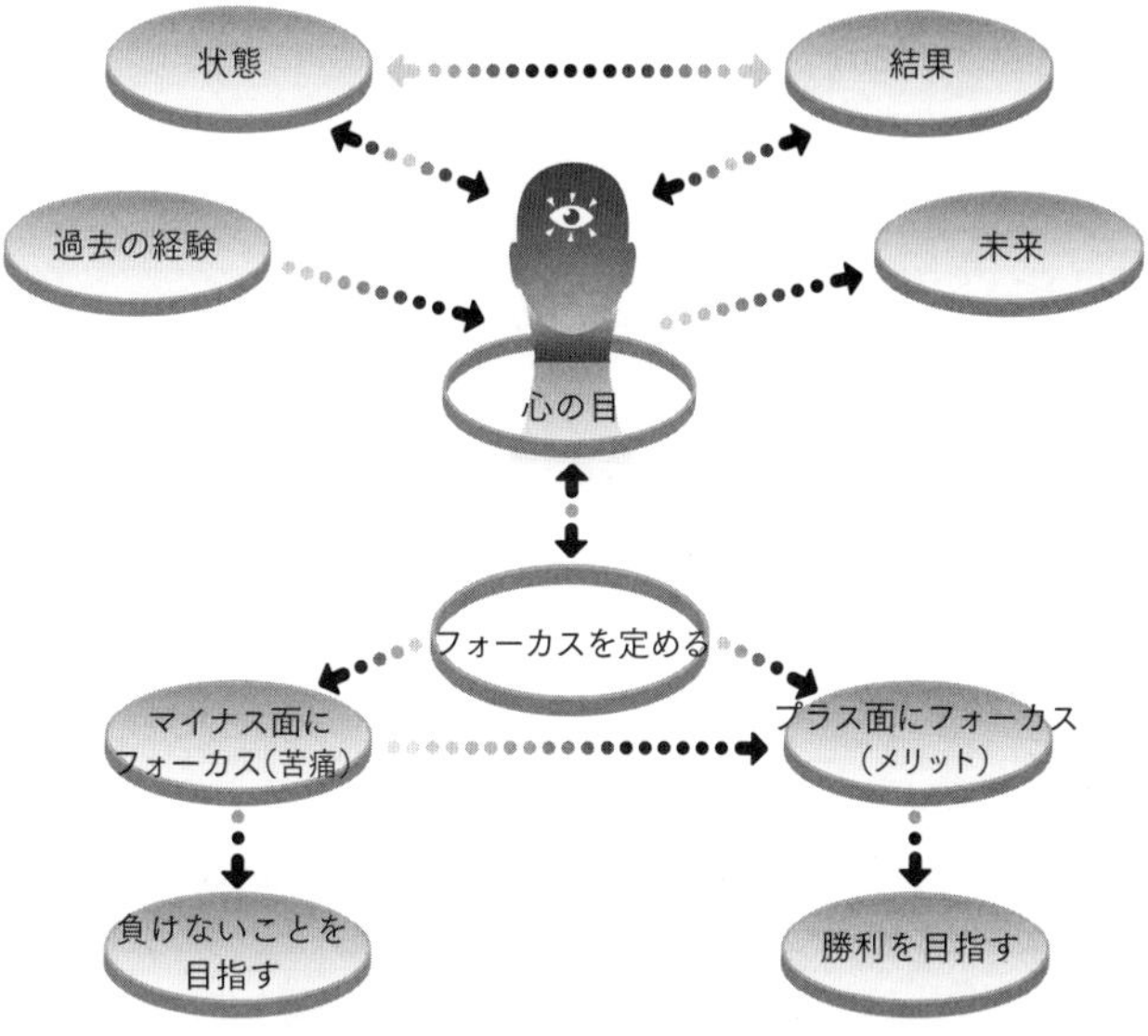

予測が結果を左右する

心の目の優れたところは、自分自身の思考を通じて、行動のどんな結果にも影響を及ぼせる点だ。大学教授のジャン・フランソワ・マンゾーニは、予測するという行為が、いかに予測した通りの結果を実際にもたらすかを示した[10]。たとえば、ある人物のことをみんなが「優れている」と考えていて、その人が遅刻したとする。すると、皆は遅刻を交通渋滞など外的な要因のせいにして、許そうとする傾向がある。しかし、「あまり優秀ではない」と思われている人物が遅刻をすると、その人自身に責任があると責める傾向にある。
こうした評価は、実際の業績とは必ずしも関係がない。というのも、評価する側が「この人は優秀ではない」という自身の見解を裏付けるマイナスの証拠を、あえて選んでいるからだ。心理学者のターリ・シャーロットも、マイナスの予測をすることが、マイナスの結果につながるという。なぜなら、予測が思考に影響し、思考に続く行動にも影響して、その行動が結果に作用するからだ。そうして、自己達成的予言となるという。[11]
次のストーリーは、脳のエキスパートで、教育スキルや学習スキルの専門家でもあるテリー・スモールが、予測の力を心の目と結果との関係において、見事に解説したものである。

小学校一年生の先生が新しい学校で仕事を始めたとき、手渡された資料の中に生徒のリストがあった。そのリストには、担当するクラスの子どもたちの名前が書かれており、それぞれの名前の横には数字が書かれていた。「すごい」と先生は思った。「クラスは頭のいい子ばかりだわ。みんなIQ（知能指数）がとても高いもの」。

先生はそのクラスで教え始めると、できる限り子どもたちの力を伸ばそうとした。子どもたちが「難しすぎる」と文句を言うと、先生は「みんなのことを信じているし、できるってわかっている」と言った。

その年度の終わりに、驚くほどの成果を挙げたその先生に、校長がおめでとうと言った。先生は「あんなに優秀な子どもたちのクラスであれば、教えるのは簡単ですから」と答えた。「みんな頭が切れて、好奇心があって、モチベーションも高くて、ＩＱも一五〇とか、一五二とか、一五三とか、もっと高い子もいるんですよ」。校長は、生徒たちのＩＱがそれほど高いことを、どうして知っているのかとたずねた。先生は、年度の初めに渡された資料の中に子どもたちの名前が書かれたリストがあって、そこにＩＱも書かれていた、と答えた。すると校長はにっこりと笑って言った。「それはロッカーの番号ですよ」[12]

ロッカー番号をＩＱと勘違いした教師が、生徒たちの最もよい部分を引き出せたのには驚かされるのではないだろうか。この教師の子どもたちに対する見方は、彼女がＩＱだと信じた数字を見たときに変わった。それにより、彼女の行動も変わった。教師の行動が変わったので、子どもたちの自分自身に対する見方も変わり、それにより子どもたちの行動も変わった。これらすべてが重なって、結果が変化し、大きく向上することになった。

このストーリーから学べるのは、考え方が結果に影響する、ということだ。そしてよく起こりがちなのは、思考を通じて自分自身や他者に限界を設けてしまい、可能だったかもしれないことを実現できないということだ。

時には、こうした思考の変化が奇跡的な力になることがある。企業幹部のアルフォンソのストーリーを見てみよう。

七歳のとき、わたしは腹膜炎を患い、手術を受けたのですが、傷口が閉じませんでした。外科医はわたしに、硝酸銀の棒を毎日傷口にあてるよう言いました。この治療法は焼けるような痛みを伴うものでした。[13]しかし、一年経っても傷口は閉じません。

この頃、両親が一週間の休暇に出かけ、わたしと兄弟は祖母の家に預けられました。そこに、叔父のルイス・アルフレードが訪ねてきました。当時、彼は「マインド・コントロール」を学んでいました。叔父はわたしに、傷口はどうかとたずねました。わたしはイライラしながら、棒を毎日あてているのに、まだ傷口は開いたままだと答えました。

すると叔父はわたしに、傷口を見せてくれと言い、わたしは言われた通りにしました。叔父は傷口に手をあて、こう言ったのです。「一週間で治る」。「本当?」とわたしがたずねると「本当だ」と叔父は答えました。「じゃあ、あの銀の棒はもう使わなくていいの?」とたずねると、「好きなようにするといい」と叔父は言いました。そこで、わたしはすぐに棒を使うのをやめました。

一週間後、両親が休暇から戻ったときには、もう傷口はふさがっていました。

その不可能は可能である

わたしたちはどの程度、本当は実現できることをマイナスの思考によって制限しているのだろうか。また、次のストーリーに出てくる博士課程の学生のように、プラスの思考によってどの程度のことを実現できるのだろうか。

ジョージ・ダンツィグがカリフォルニア大学バークレー校で博士課程の学生だったとき、ある授業に遅刻した。

「黒板には二つ問題が書いてあったので、宿題なのだろうと思って書き写しました。数日後、わたしは教授のもとを訪れて、宿題にとても時間がかかったことを詫び、いつもより問題が少し難しかったようだと言いました。わたしが教授に、それでも提出したほうがいいかたずねると、机の上に置いておくようにと言われました。わたしは渋々言われた通りにしました。というのも、教授の机の上には紙が山のように積まれており、その中でわたしの宿題が永遠に行方不明になるのではないかと思ったからです。

六週間後の日曜日の午前八時、わたしと妻は教授が玄関のドアを叩く音で目を覚ましました。教授によると、わたしが宿題だと思って解いた問題は、実は統計学の分野では解法が見つかっていなかった有名な二つの問題だったのです。わたしはそのときに初めて、その問題が特別なものだったと気づいたのでした」

のちになって言われたのは、もしダンツィグがその問題が宿題ではなく、有名な未解決の問題だったと知っていたら、彼はおそらく解こうとしなかっただろうということだ。

その後、ダンツィグは数学の分野で目覚ましい業績を築き、一九七五年にはアメリカ国家科学賞を受賞した。

どんな危機が目の前に立ちはだかっていようとも、強力な心の目を持った人たちはそれをチャンスや可能性のほうに向け、否定的になったり、マイナスに捉えたり、皮肉っぽくなったりしない。心の目の向け方で、人生における障害はほとんど乗り越えることができるのだ。

ジェイミー・アンドリューは、登山の事故で両足と両手を失い、腕と脚の一部も失った。回復すると、彼はチャリティのためにロンドン・マラソンを走り、キリマンジャロに登り、アイアンマン・トライアスロンに出場するなど、数々の偉業を成し遂げている。

心の目が「不可能なことも可能だ」という強力な考え方にフォーカスすれば、自分自身、そして自分のフォロワーから、最大の可能性を引き出せるのである。

心の目で見るために役立つ二つの特性

セキュアベース・リーダーの九つの特性は、どれも心の目の形成に役立つ。本章では、特性その6「プラス面にフォーカスする」と、特性その7「リスクをとるよう促す」にスポットライトを当てる。

特性その6・プラス面にフォーカスする

　セキュアベース・リーダーがどのようにプラス面にフォーカスするかについて、調査では、次のような言葉が繰り返し語られた。


『辛いだろうけれど、それは新しいことに向かって進んでいる証拠だから』。彼女がこう言ったので、わたしは未来に目を向けることができました」

「彼がいつも教えてくれたのは、未知のものを恐れず、未知のものをチャンスとして捉える、ということでした」

「それは進んで『疑わしきは罰せず』という態度を取ることです。まず、その人は何かよいことをするという前提に立ちます。そして、その人に挑戦させチャンスを与えると、たいていの場合はとてもよい反応が起こります」

「いまは怖くて死にそうかもしれないけれど、三週間後にはチャンピオンになっていますよ」


　セキュアベース・リーダーは、自身の心の目とフォロワーの心の目をプラス面にフォーカスさせる。メリットに目を向け、希望と可能性のイメージを創造し、フォロワーが目標達成のイメージを思い描けるようにする。

前向きな心の目は、楽観主義に通じる。優れたリーダーの伝記を読むと、たいていは楽観主義者であることに気が付くだろう。実際、悲観主義者によってモチベーションを高められることはあまりない。元インテルCEOのアンディ・グローブは『パラノイアだけが生き残る』という本を書いたが、彼はマイナスの状況を、工夫をこらしてプラスに変えることで知られていた。[14] 楽観主義は説得力のあるビジョンという形で表れることが多い。心理学者のポッパーとメイスレスは次のように説明する。

「リーダーの特徴の描写で一貫しているのは、将来のビジョンを掲げる能力、新たな方向性を示す力、そして人を勇気づけるメッセージを伝える能力だ[15]」

プラス面にフォーカスすることが、セキュアベース・リーダーの人間性において不可欠な部分となっていて、また、それが彼らのリーダーらしさとなる。ビル・ジョージが「オーセンティック・リーダー」と呼ぶリーダーは、楽観主義と自信を他人にも感染させる。[16] セキュアベース・リーダーが自分の心の目に注意し始めると、まずは自分自身を思いやれるようになり、そして組織全体の心の目を、将来のメリットや可能性やチャンスに向けられることができるようになるのである。

あなたのセキュアベース・リーダーシップ行動を評価しよう

次の点について、自分がどのくらいの頻度で実行できているかを1から5までの数字で評価しよう（1＝まったくできていない、5＝常にできている）。

・難しい状況の中でも、チームを目標にフォーカスさせている
・問題や困難よりも、チャンスや可能性にフォーカスしている
・さまざまな状況でプラス面を見つけ、それを言葉にしている

評点が3に達しなかったら、この特性を重点的に伸ばすべき特性としてメモしておこう（第8章「他者のセキュアベースになる」を参照のこと）。

特性その6を伸ばすためのヒント

1　自分自身の心の目をチェックする

マイナスへのフォーカスからプラスへと、可能な限り迅速に移るようにする。そのために、できる限りのことをする。

・重圧のかかる状況やマイナス志向の人、喪失などに遭遇したときには、何かを言ったりしたりする前に一度深呼吸をする。その呼吸とともに、心の目をプラス面に向けるよう、自分に言い聞かせる

・自分の状態に注意する。不安だったり、怒っていたりすると、またイライラしていたり、空腹や疲れなどを感じていると、マイナスへのフォーカスに陥りがちになる。あるいは、プラスへ切り替えるのが難しくなる

・プラスへのフォーカスを維持するのが難しいと感じられるときは、あなたのこれまでのセキュアベースのなかから、プラスにフォーカスする手本となった人や、プラスの自分理論をあなたに植え付けた人を思い出そう。本当に苦しいときには、そうした人たちに連絡を取ることも考えよう

２　自分の脳をだます

自分の心の目を訓練するには、好きではないことをするという方法がある。たとえば、水泳は好きだが冷たい水は苦手で、冷たいプールを目の前にしているとしたら、冷たい水を感じるのは楽しく、素晴らしい気分になると言い聞かせる。こうした「でっちあげ」によって、たとえ水が冷たくても水泳をすることができる。それでも冷たい水は苦手かもしれないが、自分の思考をプラスにフォーカスすることが前向きな行動につながり、適度に水泳を楽しむことができる。

３　前向きになるように影響を及ぼしたい人を三人選ぶ

毎日、少なくとも一度は機会を見つけて、彼らの心に自信や楽観主義を育てるメッセージを伝える。

４　他者をビジョンに巻き込む

チームのメンバーや組織が前向きな未来にフォーカスするよう、メンバーとともにチームや組織の未来をビジョンという形で練り上げ、その成功を信じよう。あなたがビジョンに多くのエネルギーを注げば、メンバーも影響されてそこに加わる。

特性その7・リスクをとるよう促す

セキュアベース・リーダーがどのようにリスクをとるよう促すかについて、調査では、次のような言葉が繰り返し語られた。


「彼は常にわたしが挑むように仕向け、居心地のよい領域から出るよう、背中を押しました」

「彼女は本当にわたしを信じていました。経験がなかったわたしをチームに入れ、わたしならその仕事ができると考えていました。本当にわたしを信頼していたのです。彼女をがっかりさせないためなら、わたしは何でもやります」

「彼らはわたしに三〇億ドルのガスタービンの案件を任せました。彼らがわたしを信じてくれたことが、何よりも大きかったです」

「やってみなさい。やってみて、もしうまくいかなかったら一緒に相談して、前に進むためにいちばんよい方法を見つけましょう」

「父とわたしは一緒に家を建てました。一二歳の子どもであったわたしに、父は木材の加工をさせ、重い道具を使わせてくれ、建設のあらゆる作業をやらせてくれました」

リスクをとるよう求めないリーダーは、フォロワーにとっては気が楽な存在かもしれないが、セキュアベース・リーダーの要件は満たさない。セキュアベース・リーダーはリスクをとるよう促すことによって、フォロワーへの信頼を基にした行動へと移る。相手を受け入れて可能性を見出すことから、さらに前へ進むのである。

この特性では行動の部分が非常に重要だ。なぜなら、行動することで、セキュアベース・リーダーが進んで自らリスクをとるということが示されるからだ。もし、リーダーがサポートしている人が失敗したら、リーダー自身も影響を受けるかもしれない。それでも、リスクをとるよう促すことによってのみ、セキュアベース・リーダーはフォロワーが可能性を実現する機会を提供できる。リスクをとらなければ、その人がどこまで行けるのか知る術はない。

他者にチャンスを提供することによってのみ、いつその人たちに賭けるべきか、いつ賭けるべきでないかを学ぶことができる。アライドシグナルの元CEO兼会長のラリー・ボシディは、「戦略ではなく、人に賭ける」と言う。[17] セキュアベース・リーダーがこの特性を見せるとき、彼らは厳しいフィードバックをし、リスクをとって「勝利を目指す」よう促す。

背伸びする機会とフィードバックを組み合わせると、「経験に基づく学習」の機会となる。新しい知識を完全に身に付けるには、行動が欠かせない。リスクをとることや冒険を促せば、イノベーションを促進することにもなる。コンサルタントのジャクリーン・バードとポール・ブラウンは、イノベーションと創造にはリスクをとることが不可欠だと論じている。[18]

あなたのセキュアベース・リーダーシップ行動を評価しよう

次の点について、自分がどのくらいの頻度で実行できているかを1から5までの数字で評価しよう（1＝まったくできていない、5＝常にできている）。

・自分の部下に対して、リスクをとるよう促している
・ストレッチした（背伸びしなければできないような）業務課題を与えている
・部下に自由と責任を与えている（事細かに管理していない）

評点が3に達しなかったら、この特性を重点的に伸ばすべき特性としてメモしておこう（第8章「他者のセキュアベースになる」を参照のこと）。

特性その７を伸ばすためのヒント

１　リスクをとるロールモデルとなる

あなたが敢えて危険を冒し、新しいことに挑戦し、変化し、成長し、そして失敗することさえも、フォロワーは見る必要がある。あなたが失敗して学べば、それはフォロワーへの非常に強いメッセージとなる。

２　失敗に公正かつ明確に対応する

失敗した人をあなたがどう処遇するかを見て、他のフォロワーはリスクをとっていいかどうかを判断する。もし失敗を理由に誰かを罰したら、他の人々は尻込みするようになる。あなたの周囲でリスクをとるのは安全ではないと学び、たとえあなたが勧めても、躊躇するか拒否するだろう。失敗を罰するのではなく、うまくいかなかった経験から何を学んだかを問い、成長の姿勢を育てよう。

３　リスクをとるチャンスを一貫して提供しているかを意識しよう

失敗の危険があっても、部下が自身の可能性を行動に移してみる機会を提供してきただろうか。これまでに部下に与えてきた、ストレッチした業務課題をリストにしてみよう。そして、次の点について考えよう。

・そうした課題を通じて、各人に対する信頼を示してきたか
・挑戦の機会をこれまで与えてこなかったのであれば、それは彼らが課題に対処できないと考えたからだろうか。それは、彼らの可能性について自分がどう考えているかが見えるだろうか。どんな業務課題であれば適切だろうか。あるいは、どんな対話を行ってフィードバックをする必要があるだろうか
・いまよりさらに挑ませることのできる部下はいるだろうか

4　自分の状態に注意する

あなたが誰かにリスクをとるよう促しているときに、言葉やボディランゲージを通じて不安が表れたら、それはあなたが相手を信頼していないと言っていることになる。それはまるで、クライマーが難しい動きに挑戦しようとしているときに、ビレイヤーが恐怖で震えているようなものだ。自分の状態と自分の影響力をコントロールしよう。

第5章からの学び

・心の目をコントロールすることが、自分自身のコントロールには欠かせない。また、それがあらゆる成功の根幹でもある。心の目をどこに向けるかが結果を決め、何を成し遂げられるかを決める
・心の目をトレーニングするためには、毎日チャンスを探す練習をするとよい
・他者の心の目に影響を与える方法としては、手本となる、自己理論に影響を与える、自己統制を向上させるなどがある
・自分自身についての見方は、過去や現在において関わった人たちによって形成された
・セキュアベースとなる人は、失ったものや辛さではなく、得るものやメリットに心の目を向けさせる
・どこにフォーカスするかは常に選ぶことができる。その選択について学ぶことも、リーダーシップの向上につながる
・セキュアベース・リーダーは、自分の心の目をコントロールするだけでなく、他者の心の目にも影響を与える

「人間からはあらゆるものを奪うことができるが、一つだけ奪えないものがある。それは、どんな状況であっても自分の態度を選び、自分のやり方を選ぶという、最後に残される人間としての自由だ」

ヴィクトール・フランクル（一九〇五―一九九七）
心理学者、強制収容所からの生還者

第6章◆「勝利を目指す」マインドセット

二〇〇九年八月二九日、テッド・ケネディ・ジュニアは、父であり上院議員のテッド・ケネディ・シニアの葬儀で、次のような感動的な追悼の辞を述べた。[1]

「一二歳のとき、わたしは骨肉腫と診断されました。片足を失った数カ月後、ワシントンDCの郊外にあった自宅に大雪が降りました。父はガレージから古いそりを引っ張り出し、敷地内の坂道を滑ってみないかとわたしを誘いました。

わたしは新しい義足にまだ慣れておらず、坂は氷と雪に覆われていて、歩くのは簡単ではありませんでした。わたしは滑って、氷の上で転び、泣きながらこう言いました。『できないよ。もう二度とこの坂を上ることはできないんだ』。すると、父は力強い、優しい腕でわたしを抱えあげ、わたしが決して忘れない言葉を言ったのです。『お前なら上れる。お前にできないことなど何もない。一緒に上ろう。たとえ丸一日かかったとしても』。

父はわたしの腰のあたりを支えて、わたしたちはゆっくりと、坂の上を目指し始めました。

一二歳の子どもにとって、片足をなくすことはいわば世界の終わりにも等しいことでした。しかし、その日わたしは父の背中に乗って、そりで坂道を滑走しました。そのとき、父は正しいとわかったのです。この先自分は大丈夫だと確信したのです。父が教えてくれたのは、どんなに深い苦しみも、その苦しみをプラスの出来事に変える力で乗り越えられるということです。それが父から学んだ大切な教えです。父はわたしに、不可能なことは何もないと教えてくれました」

このテッド・ケネディの追悼の辞に接した人は、深く心を動かされる。それは年齢や性別、国籍や政治的信念には関係がない。この深い感動は、父と息子の間に愛のある深い絆が感じられ、その絆があるために、息子がいちばん必要としていた言葉を父がその大切な日に言えたことから、感じられるのだ。それだけではなく、父のテッド・シニアのような人を切望する思いも、人々の心を動かす。

わたしたちは誰もが、テッド・シニアのような強いセキュアベースを求めている。誰もが絆をつくりたいと思い、挑戦をしたいと思っている。絆を通じた強い人間関係と、挑戦を通じた大きな成長の両方を望むのは、人間にとって自然なことだ。テッド・シニアのような人々が他の人々とつながり、絆をつくって、なおかつ、その人たちがストレッチ目標を達成するよう集中させることを本書では、「勝利を目指す」と表現する。

「勝利を目指す」ときには、セキュアベース・リーダーシップのすべての要素を結合する。絆、悲しみと向き合うこと、そして心の目だ。そして、それらすべてを通じて成果を上げる。それも、思っていた以上のことを実現するような成果である。リーダーは可能性を引き出し、思いやり、挑ませる。これこそが、クライマーが岸壁を上っていくときに、身体的、感情的にクライマーとつながっているビレイヤーの概念である。ビレイヤーとクライマーのチームは、一緒になって頂上を目指す。

このような「勝利を目指す」アプローチは継続可能なものなので、健全な高業績がもたらされる。本書では高業績を次のように定義している。

自分自身に挑み、他の人々にも挑ませて、通常期待できる以上のものに目を向け、それを実現すること

では、「健全な」とはどういう意味だろうか。それは、「高業績を持続的かつ、関係する人々にとってプラスとなる方法で達成する」という意味だ。

本章では、「勝利を目指す」こととは何かを述べるとともに、リーダーが人間関係を重視しなかったら、あるいは可能性を引き出すための挑戦をさせなかったら何が起こるかも述べる。

運命の雪の日に坂道を上るケネディ親子の姿を想像すると、大きな学びが得られる。テッド・シニアは息子を支えたと同時に挑戦させた。テッド・シニアは言葉や身振り、態度を通じて息子に「不可能なことは何もない」と気づかせた。テッド・シニアは息子に不安を感じていただろうか。多分感じていただろう。リスクはあっただろうか。もちろんあった。それでも彼は、息子を恐怖から守っているあいだは自分の不安を抑え、達成することのメリットに、二人の心の目を向けた。

テッド・シニアにとって、その日息子にこう言ったほうがずっと簡単だっただろう。「来年、お前が義足に慣れたら一緒にそりで滑ろう」。しかし、挑戦を先延ばしにしたり、簡単にしたりするのではなく、父は揺るぎないサポートと息子を信じる気持ちを見せ、「たとえ丸一日かかったとしても」と言って、成功に向けて息子の背中を押した。また、テッド・シニアが二人の成功をどうやって祝ったかもイメージしてみよう。彼は息子を背中に乗せて坂道を滑り降り、完璧な爽快感を二人で味わったのだ。この経験がなければ、息子のテッド・ジュニアは、自分には限られた可能性しかないと思い込むようになったかもしれない。そうはならずに、彼は目標を達成できることを知った。そして、間違いなく父がそこにいて、支えていてくれることを知ったのだ。

親として、リーダーとして、個人として「勝利を目指す」アプローチをとり続けるには努力が必要だ。大きなプレッシャーやストレスがあるときや、心配があるときは特にそうだ。しかし、セキュアベース・リーダーシップのすべての側面と同様に、ここでも完璧を求める必要はない。自分で意識することと、軌道から外れたときに元に戻るためのツールを持っていることが大切だ。

四つのリーダーシップ・アプローチ

「思いやること」と「挑ませること」はリーダーシップの二つの軸で、この二つを正しいバランスで組み合わせると、セキュアベース・リーダーシップとなる（図6・1参照）。

この図では、異なるレベルの「思いやること」と「挑ませること」が組み合わさって、四つの象限がつくられている。横軸は「思いやる」で、リーダーが人間関係にどの程度フォーカスしているかを表す。縦軸は「挑ませる」で、リーダーがどの程度の挑戦をフォロワーに与えているかを表す。四つの象限は、リーダーシップへの四つのアプローチのどれか示している。

リーダーは状況によって、この四つのアプローチのどれかをとり、別のアプローチにも移動する。つまり、これは動的なシステムである。したがって、自分がどのアプローチであるのかを固定的に考えないでほしい。状況が異なれば、異なるアプローチをとることになる。

筆者らの研究で明らかになったのは、持続的な高業績を挙げている人とセキュアベース・リ

図6.1　四つのリーダーシップ・アプローチ

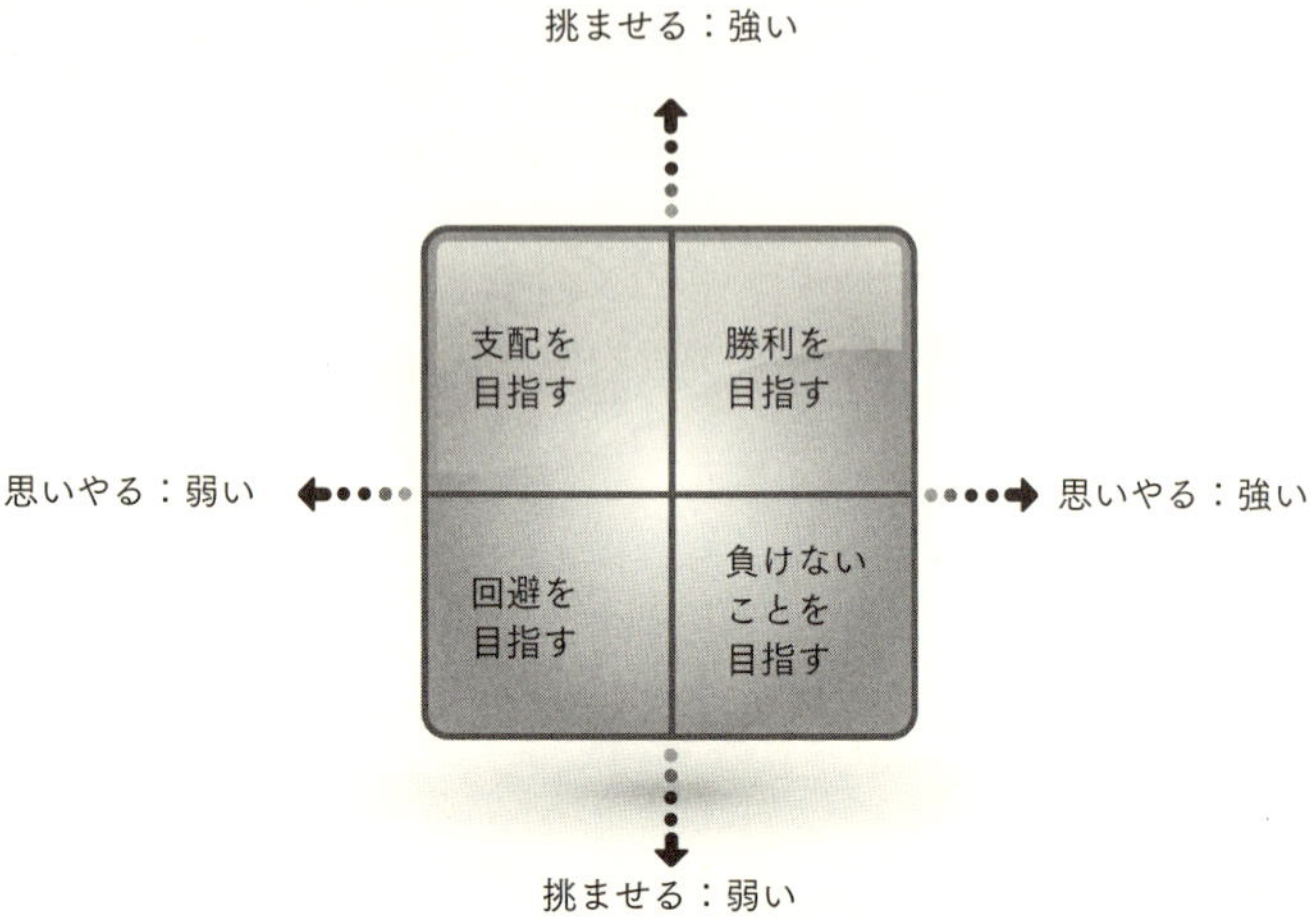

ーダーは、主に「勝利を目指す」アプローチをとり、絆と心の目を全力で働かせているということだ。

以下で、それぞれのアプローチを詳しく見ていこう。最初に取り上げるのは最も頻繁に活用したい「勝利を目指す」アプローチだ。

勝利を目指す

思いやる（強）＋挑ませる（強）
心の声　「一緒に大きなことを成し遂げよう」
テーマ　勇気

「勝利を目指す」アプローチは、成功に必要なリスクをとることでもある。チームや組織のメンバーをストレッチ目標にフォーカスさせながら、そのメンバーたちと絆を保っているとき、そのリーダーは勝利を目指しているのであり、セキュアベース・リーダーシップを発揮している。裏返して言うと、勝利を目指しているとき、リーダーは人間関係によく注意を払い、同時に高いレベルの挑戦をさせて、リーダーとフォロワーがともに最高の業績を挙げられるようにしている。

この状況の中では、リーダーは可能な限り恐怖や防御の感情を取り除く。リーダーはフォロワーを守るためにそこにいて、同時に厳しいフィードバックと高い期待をもってフォロワーを試す。フォロワーは安全であると感じ、同時に試されていると感じるので、自由に冒険し、クリエイティブになり、リスクをとってイノベーションを起こそうとする。彼らは意欲を持ち、リーダーとともに変革を行う。思いやることと挑ませることは同様に重要なので、「負け」を容認するような選択肢は提供しない。

「勝利を目指す」アプローチをとれば、最も高い水準でリーダーシップを発揮でき、またフォロワーやビジネスに最も深い影響を与えられる。この本では困難な局面から立ち上がり、世の中に恩返しをし、自分の夢をかなえてきた人たちを何人も紹介しているが、そうした人たちは「勝利を目指す」アプローチのロールモデルとなる。J・R・マルティネスもその一人だ。

俳優で、「ダンシング・ウィズ・ザ・スターズ」(著名人とダンサーが組んでダンスを競い合う、アメリカのテレビ番組)のチャンピオンでもあるJ・R・マルティネスは、一九歳のときアメリカ陸軍の歩兵としてイラクに駐留し、二〇〇三年四月に乗っていた車が対戦車地雷を踏んだ。マルティネスは体の四〇%以上をやけどし、二〇回以上の手術を受け、うち六回は目の手術だった。

CBSニュースの記者、デービッド・マーティンとのインタビューで、彼はこう話した。「腕をたった一本やけどしただけで、『もうおしまいだ』って思う人がいます。『生き続けても意味がない』って。そういう人に、僕はこう言うんです。『ねえ、僕を見てよ。もっと目立つ傷跡があるだろう』。こうも言います。『人にじろじろ見られることもある。それでも何とかなったよ。外出もするし、楽しいこともできる。人生を謳歌できるんだ』」。マルティネスはこうも語った。「僕はまだ二〇歳です。なぜ、どこかに座り込んで、生きる意味なんかないってふりをしなきゃいけないのか。生きる意味はあります」。

マルティネスは、自分は選ばれた存在なのだと信じている。他の兵士がやけどのトラウマに向き合うのを助けるために、自分が選ばれたのだと。彼は仲間の兵士とも、自分の夢とも、人生とも絆で結ばれている。二〇〇八年には、テレビドラマの「オール・マイ・チルドレン」で、イラクから帰還した退役軍人の役を演じ、二〇一一年には、「ダンシング・ウィズ・ザ・スターズ」のシーズン13に出演して優勝した。マルティネスと組んだダンサーのカリナ・スミルノフにとっても、このときが初優勝だった。それまでスミルノフは、他の人たちとペアを組んで同番組に九シーズン出場していた。マルティネスは、同じ練習を繰り返してうまくなるようスミルノフに言われたと言い、それが優勝につながったのだと話した。

リーダーシップをとるときに、次のような言葉が頭をよぎるようであれば、あなたは「勝利を目指す」アプローチをとっている。

・成功するには人間関係が重要だ
・わたしはフォロワーを信頼することができる
・必要なときには、フォロワーがわたしを助けてくれる
・わたしは有能であり、自分の仕事が得意だ
・適切なリスクをとるつもりでいる
・他の人々を率いるのは楽しい
・意思決定をするのは楽しい
・他の人たちといるのは楽しい
・リーダーシップのハードな側面も、ソフトな側面もともに重視している
・わたしは高い業績を上げられ、高い業績が挙がることを期待する

・他者とともに仕事をすれば、最高の結果が出せる

よくある誤解●「勝利を目指す」ということは、誰かが負けるということだ

これは真実ではない。「勝利を目指す」ということは、強い人間関係を築きながら大きな課題を達成することにより、成果を挙げることだ。リスクをとるとき、それは他者に挑んでいるのではなく、自分自身に挑んでいる。そして、リーダーとそのチームは、健全な高業績の状態に向かっているのである。

負けないことを目指す

思いやる（強）＋挑ませる（弱）

心の声「安全第一。あまりリスクをとらないようにしよう」

テーマ 繭《まゆ》

「負けないことを目指す」アプローチでは、失敗や間違いや不安、悪くなりそうなことなどに目を向ける。プレッシャーを感じると、「ほかの人からの同意があったほうが安全だ」と考える。

この姿勢を保っていると、慎重になりすぎ、意思決定を恐れ、リスクを避けようとする。フォロワーに挑戦を求めないので、彼らと強い絆がある分、過保護になってしまう。フォロワーにある程度のやる気は起きるだろうが、リーダーが間違いや失敗を全力で避けようとするので、創造力とイノベーションは抑え込まれる。簡単に言うと、守りに入ってしまうのだ。

リーダーシップをとるときに、次のような言葉が頻繁に頭をよぎるようであれば、あなたは負けないことを目指している。

・結果について心配しすぎている
・自分で決定を下したくない
・ほかの人たちのほうが、自分より詳しいかもしれない
・もっと情報があればいいのだが
・どうなるか様子を見よう
・ほかの人からも同意を得る必要がある
・皆がわたしに反対するのではないかと心配だ

図6.2 心の目を鍛えて挑ませる

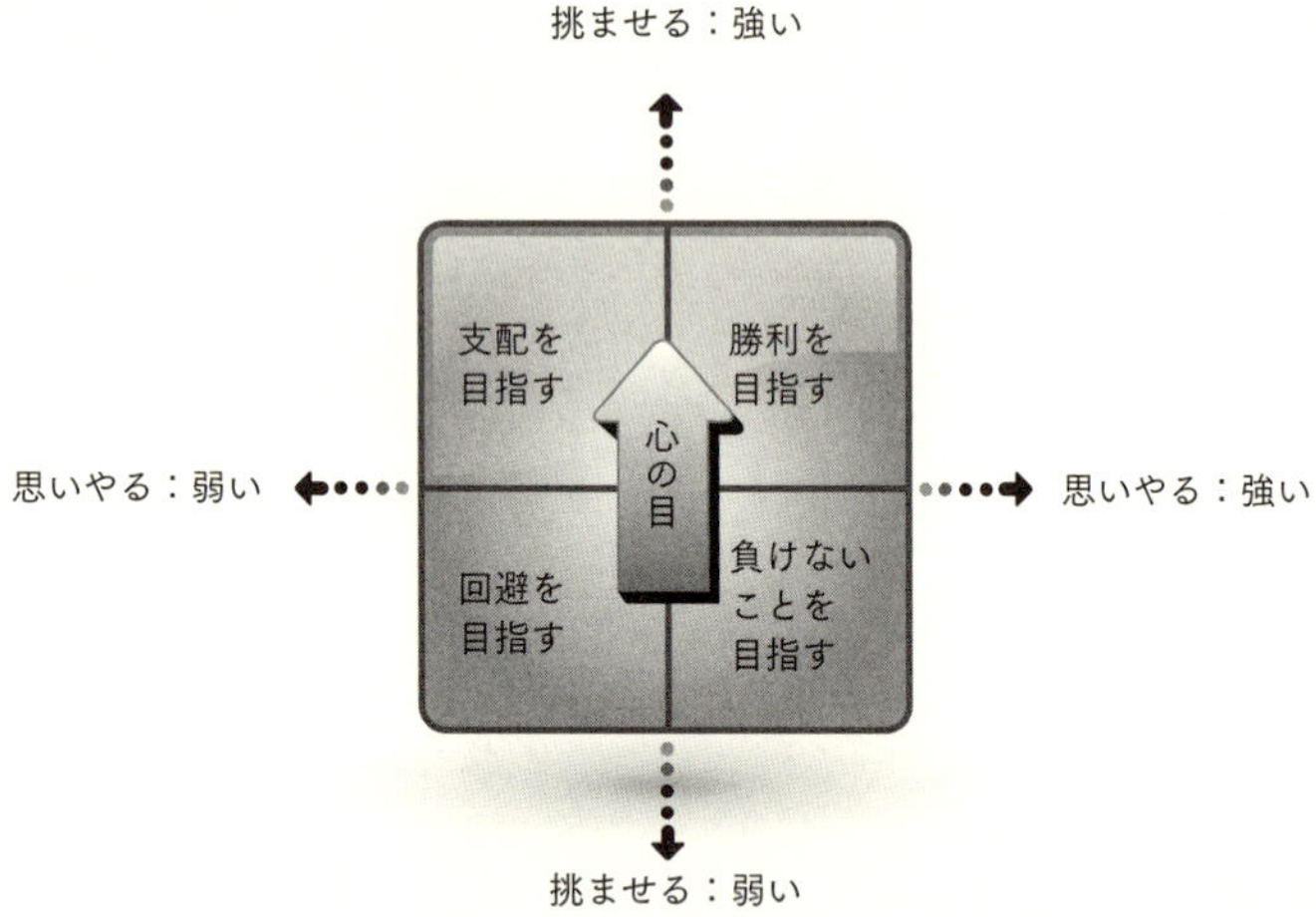

・間違えるのではないだろうか
・一人ぼっちになりそうで不安だ
・部下はわたしがリーダーであることを嫌がるのではないか
・批判や反対は回避する

何ができるか

このアプローチをとる時間を減らすために、心の目（第5章参照）を鍛えて、ものごとのプラス面にフォーカスし、リスクをとることを促せるようにしよう（図6・2参照）。

支配を目指す

思いやる（弱）＋挑ませる（強）
心の声「人の助けなんていらない。一人のほうがずっとうまくできる」
テーマ 支配

「支配を目指す」アプローチは、人との関係を犠牲にして結果にフォーカスすることである。プレッシャーを感じると、「自分でやったほうが簡単だし早い」と考える。

このアプローチをとり続けると、フォロワーとの間に溝ができる可能性がある。孤立した状況で、他の人たちの見解を考慮に入れず、疑問の残る意思決定を行うかもしれない。「人間重視」だった部分があったとしても「結果重視」に置き換えてしまう。部下はそのリーダーを、「白か黒かで世界を見ている人」、と表現する。そして、短期的には結果を出して成功するかもしれないが、誰もついてこられないようなマイナスの「先導型」の環境をつくる。

フォロワーはそのリーダーを、要求が大きすぎて、決して満足しない上司だと考えるだろう。リーダーが部下と積極的に交わろうとしないので、彼らのほうからはまずリーダーに関わろうとはしない。そして、リーダーが提案する課題には抵抗する一方で、クリエイティブにもならない。なぜなら、リーダーの思いやりや熱意に鼓舞されて成果を上げようとすることはなく、ただ仕事をこなそうとするからだ。

リーダーシップをとるときに、次のような言葉が頻繁に頭をよぎるようであれば、あなたは支配を目指している。

・最終的には、重要なのは結果だけ
・人情的なことも悪くはないが、特に重要ではない
・仕事は個人的なものではない
・部下はわたしの信頼を勝ち得なければならない
・部下は自分の力を繰り返しわたしに示して見せるべきだ
・人は忠誠心を持っていないのが普通だ
・一人でいたほうがいい
・あまり人には頼りたくない
・結局のところ、人は一人で入社して、一人で退社していく
・部下はお金のためだけに働いている
・心の底から、人に頼ることはできない

・最高の結果を出せるのは、自分一人で仕事をしたときだ
・自分でやったほうが早いし簡単だ

何ができるか

このアプローチをとる時間を減らすためには、セキュアベース・リーダーシップの根幹である絆の形成（第3章参照）に立ち返ろう（図6・3参照）。

回避を目指す

思いやる（弱）＋挑ませる（弱）
心の声「放っておいてほしい」
テーマ　クローゼット

「回避を目指す」アプローチは、保身やリスク回避、間違いを恐れる気持ちが非常に強くなっており、自分の殻に閉じこもるような様子さえ見られることだ。思いやることからも、挑ませ

図6.3　絆をつくって思いやる

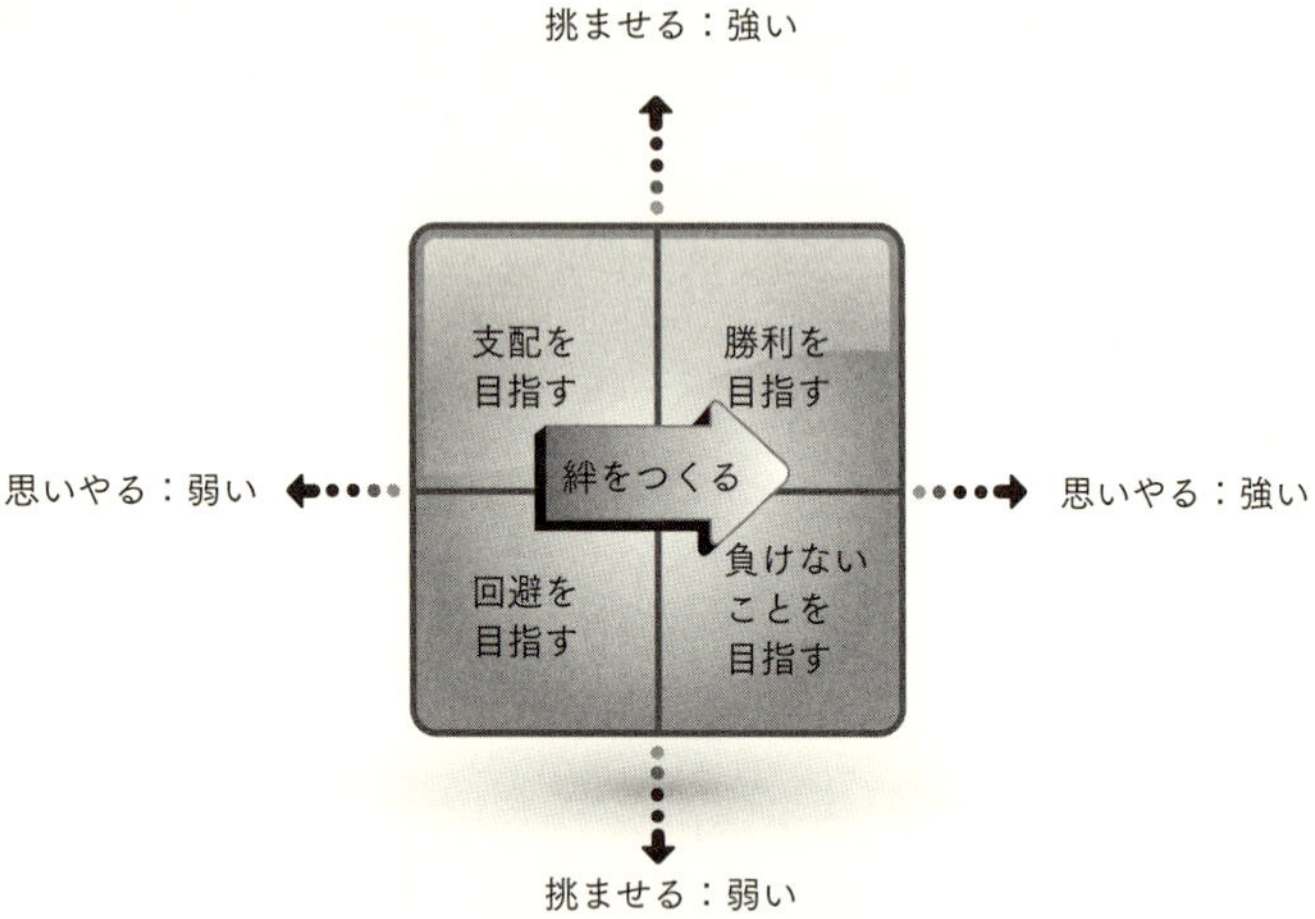

ることからも手を引いたときに、「回避を目指す」アプローチとなる。ただ「タイムカードを押す」ためだけに出社しているように感じられ、周囲の人もその無気力ぶりに気づく。

このようなアプローチでリーダーシップをとれば、リーダーはフォロワーと関わりもせず、挑戦させることもないので、フォロワーは大幅にモチベーションを失う。フォロワーは、熱意を持って取り組むことを見つけられず、創造や変革へのリスクをとることもない。彼らはリーダーと同様に仕事をするふりをしているだけで、リーダーが彼らを避けているように、彼らもリーダーを避ける。すべての人にとって、さびしく憂鬱な状況だ。

リーダーシップをとるときに、次のよう

な言葉が頻繁に頭をよぎるようであれば、あなたは回避を目指している。

・わたしは部下を好きではないし、部下もわたしが嫌いだ
・熱心にやる意味はない。これはただの仕事だ
・出社して、いつものことだけやろう
・リスクはとらない
・わたしの部下は無能だ
・誰もわたしを理解してくれない
・感謝されていない
・放っておいてくれればいいのに
・部下は勝手にやるだろう
・誰もわたしのことを気にかけないのだから、わたしも部下を気にかけなくていいはずだ
・わたしの仕事はつまらないし、挑戦のしがいもない

何ができるか

フォロワーや組織のため、そして何よりもリーダー自身のために、過去の喪失を見つけ出し、その悲しみと向き合うことを勧めたい。そのために、第4章で説明したプロセスを活用してほ

しい。

喪失は「回避を目指す」アプローチとどう関係しているのだろうか。喪失を経験したのにそれがどんな理由であれきちんと悲しむことをしなかった人たちは、安全な場所を探して引きこもり、痛みを避けようとする。「回避を目指す」は、人や目標から切り離された状態であり、意識的にせよ無意識的にせよ、自分自身を守るためのアプローチだ。

ここまでの説明で自分に当てはまると思う部分があったら、過去の喪失について振り返ることをお勧めする。たとえば、レイオフの経験や、昇進が認められなかったこと、個人的な人間関係での悲しい別れなどだ。人生としっかりと絆を結ぶために、悲しみと向き合うことが必要ではないか、考えてみよう。

プレッシャーを受けたときの動き

このモデルから得られる最も重要な学びは、「プレッシャーを受けたときにどの方向性に動くか」である。

「勝利を目指す」アプローチから遠ざかる方向性には次の二つがある。

左に動く　追い詰められて左の象限に移動する場合、他の人たちから離れ、一匹オオカミのよ

うになる

下に下がる 下の象限に移動する場合、自分の能力に自信を失い、自分の意思決定や判断を疑う

自分自身を評価しよう

・以上の四つのアプローチのうち、わたしはどれを用いることが多いだろうか
・プレッシャーを受けたときには、どのアプローチをとりがちだろうか

自分の組織も評価しよう

・上司や同僚、部下はどのアプローチを用いることが多いだろうか
・わたしがその人たちのよりよいセキュアベースとなって、彼らの態度やアプローチを変えるためには、どう力を貸せるだろうか
・わたしの会社や部門、チームの文化はどのようなものだろうか。わたしは事業の目標と仲間の両方にフォーカスしているだろうか

コラム 挑戦はどの程度が適切か

ミハイ・チクセントミハイは著書の『フロー体験 喜びの現象学』で、極度に集中した状態で幸福感が得られるという「フロー状態」は、十分な挑戦をして、その挑戦に完全に集中することで実現できるが、あまりに挑戦が難しすぎて身動きがとれなくなったり、よいパフォーマンスが挙げられるか不安に襲われたりするようでは、フロー状態にはなれない」という。[2]

リーダーが「支配を目指す」アプローチをとっている場合、挑ませることにフォーカスするあまりに、部下やチームに高すぎる課題を与えてしまう。そうなると、彼らは「フロー状態」から弾き出され、すぐに守りの態勢に入り、意欲を失う。

では、どのようにすれば適度な挑戦をさせることができるだろうか。

まず、その人物が挑戦したがっているかを判断する。もしそうならば、大いに挑戦させよう。ストレッチした課題を与えて高い期待値を設定し、相手を信じていることを繰り返し伝える。

また、その人自身は特に挑戦を求めてはいないものの、セキュアベース・リーダーが、もっと挑戦すべきだと判断した場合は、大きな課題を小さな部分に分けるとよい。一つ小さな課題を与えて、「この課題を達成できる」と信じていると繰り返し伝えよう。うまく達成できて自信も育ってきたら、二つ目の部分の課題も与える。最初の課題より、少し大きなものでもいいかもしれない。その人自身に挑戦する気持ちが芽生えて、より多くの課題を求めてくる可能性もある。

もし、課題を与えてもその量を持て余しているようだったら、どうすればいいだろうか。そのときは、その人に対する信頼を明確に表し、学習を促すため、たとえば次のように言ってみるとよいだろう。「あなたがもっとうまくできることは知っているよ。目標を達成するために、何か変更できる点はあるかな。どのようにサポートすればいいだろう」。

六つのリーダーシップ・スタイル

ダニエル・ゴールマンは、論文「EQリーダーシップ」で、六つのリーダーシップ・スタイルについて解説した。[3]ゴールマンは、短期的には、状況に応じて異なるリーダーシップ・スタイルを用いるのが効果的だと論じる。彼によると、リーダーは組織の風土と相性のよいスタイルをとるという。しかし、危機的な状況や納期が迫っているような場合には、一時的には強圧型や先導型をとるのが適切だろうと述べる。

表6・2では、本章で説明してきた四つのリーダーシップ・アプローチについてまとめ、ゴールマンによる六つのスタイルと比較した。表からもわかるように、「負けないことを目指す」アプローチは、主に親和型、および民主主義型の極端な形に相当する。親和型と民主主義型は、たしかに職場環境にプラスの感情を創造する。しかし、高いレベルで挑ませることがな

表6.1　6つのリーダーシップ・スタイル

	強圧型	権威主義型	親和型	民主主義型	先導型	コーチ型
組織風土への総合的影響	マイナスの影響	ほとんどの場合、強いプラスの影響	プラスの影響	プラスの影響	マイナスの影響	プラスの影響
リーダーの手法	即座に服従することを要求する	ビジョンに向けて社員を動かす	調和を生み出し、感情的な絆を結ぶ	参加を奨励して合意を生み出す	高い業績基準を設ける	将来に備えて人間を開発する
リーダーシップ・スタイルのキャッチフレーズ	「自分の言う通りにしろ」	「自分のあとについてこい」	「人間が第一」	「皆の意見はどうか」	「さあ、自分のする通りにしろ」	「これを試してみろ」
リーダーシップ・スタイルをつくるEQ能力	達成への意欲、イニシアティブ、自己管理	自信、共感、変革のカタリスト	共感、関係の構築、コミュニケーション	共同作業、チーム・リーダーシップ、コミュニケーション	良心、達成への意欲、イニシアティブ	他者の開発、共感、自己認識
最も有効なケース	差し迫った危機のとき、方向転換を開始するとき、社員に問題があるとき	新しいビジョンを必要とする変革のとき、明確な指導が必要なとき	チームの不和を解決するとき、ストレスの多い状況下で社員にやる気を起こさせるとき	賛同を得たり合意を築こうとするとき、有能な社員の考えを引き出すとき	非常にやる気のある有能なチームから早急に成果を引き出すとき	社員が業績を挙げたり、長期的な強みを開発するのを助けるとき

出典：D. Goleman（2000）《翻訳は「ダイヤモンド・ハーバード・ビジネス・レビュー」2000年8−9月号より》

表6.2 セキュアベース・リーダーシップとゴールマンによるリーダーシップ・シップ・スタイル

アプローチ	思いやる	挑ませる	手法	心の声	EQリーダーシップ・スタイル	短期的影響	長期的影響
勝利を目指す	多い	多い	強い絆を保ちながら、自分も他者もストレッチさせる	「一緒に大きなことを成し遂げよう」	権威主義型 コーチ型	大きくプラス	大きくプラス
負けないことを目指す	多い	少ない	強い絆は保つが、あまりリスクはとらせない	「安全第一。あまりリスクをとらないようにしよう」	親和型、民主主義型の極端な形	ある程度プラス	マイナス
支配を目指す	少ない	多い	目標には強く集中させるが、他者を受け入れない	「人の助けなんていらない。一人のほうがずっとうまくできる」	強圧型、先導型	ある程度プラス	マイナス
回避を目指す	少ない	少ない	人との関係からも、目標からも遠ざかる	「放っておいてほしい」		マイナス	マイナス

ければ、長期的にはよい結果を出すことはできない可能性がある。

同様に、「支配を目指す」アプローチは、強圧型、および先導型に相当する。どちらのスタイルも短期的には有効だが、長期にわたって続けるとマイナスの影響が出る。しかし、「支配を目指す」アプローチをとるリーダーは多く、特にプレッシャーを受けたときにはそうなる場合が多い。

セキュアベース・リーダーシップは、思いやることと挑ませることのバランスがとれた「勝利を目指す」アプローチを用いており、他の最も持続的で効果的なリーダーシップ・スタイルと共通の要素を備えている。「勝利を目指す」アプローチは権威主義型に近く、コーチ型の前向きなバージョンにも近い。権威主義型はフォロワーの可能性を最もよく引き出し、長期的に高業績をもたらすという点で、リーダーにとっても最もよいスタイルである。

「勝利を目指す」ために役立つ二つの特性

多くの点で、「勝利を目指す」はセキュアベース・リーダーシップの九つの特性のほとんど、あるいはすべてを合わせた結果である。しかし、とりわけ「内発的動機で動かす」と、「いつでも話せることを示す」は、リーダーが「勝利を目指す」アプローチでフォロワーと関わる際によく表れるものである。前者は挑戦をサポートし、後者は絆をつくる力となる。

特性その８・内発的動機で動かす

セキュアベース・リーダーがどのように内発的動機で動かすかについて、調査では、次のような言葉が繰り返し語られた。

「彼がいつもわたしにたずねたのは、どんな成果が挙がっているかということだけでなく、何を学んでいるかということでした」

「それを行うのは正しいことだ。利益がすぐに出なくても心配しなくていい。それを行うのは正しいことなのだから」

「自分の強みを生かせる仕事、自分が満足できる仕事を選んでもらいたい。いまのキャリアの段階では、お金についてはあまり考えないほうがいい。自分の強みを追求していけば、お金はやがてついてくる」

「ミスを犯したし多少の損失も出たが、それは構わない。今日あなたは重要なことを学んだのであり、そのおかげで人間としてもリーダーとしても成長できる」

「墓場で最も金持ちの人物になるだけでは意味がない。その過程も楽しまなければ」

筆者らがリーダーに、どんな人や出来事に影響を受けたかをたずねると、お金や金銭的報酬について話した人は一人もいなかった。一方で、可能性や学び、成長、情熱、貢献、意味についての言及は、本当にたくさんあった。ここから考えられるのは、セキュアベース・リーダーは、人から最大限の力を引き出すには「内発的動機」が重要だと理解しており、外発的動機には頼らないということだ。

この「内発的動機」とは、その人にとって何かが本質的に興味深い、あるいは楽しいからそれを行う、ということを指している。これに対して外発的動機とは、何らかのタスクの結果、得られる成果のためにそれを行い、その成果がタスクとは切り離せる場合を指す。[4] 内発的動機で何かを行っているとき、人は楽しさや挑戦のためにそれを行っているのであり、外からの圧力や報酬などのためにそれを行っているのではない。[5]

金銭的な報酬はモチベーションの一要素とはなるが、従業員のモチベーションの源として最も大切なものではないという研究結果もある。[6] 人を最もやる気にさせるのは、自己実現に向けて前進できること、自分の可能性を引き出せることだ。

セキュアベース・リーダーはフォロワーに豊かな経験を提供することで、自己実現の欲求を生かすことができる。豊かな経験とは、たとえば、斬新さ、好奇心、発見、楽しさ、驚き、魅力などが伴う経験で、幅広い能力を活用するものだ。豊かな経験は、新しい脳細胞の創造に寄与し、アルツハイマー病などの進行性の脳疾患の発生を食い止める働きもある。[7] 非常に多くの研究が、内発的動機は学習成果にプラスの影響があることを示している。[8]

学び以外の形の自己実現もある。絆の深まりや、機会の獲得、そして次のストーリーのような、ストレッチ目標の達成などだ。

スーザンが会社の新しいモットーをつくるプロジェクト・チームのリーダーになったとき、上司はそのモットーが会社の事業のあらゆる面に影響を与えるだけでなく、顧客や消費者、従業員にも影響を及ぼすと説明して、スーザンを激励した。変化を起こせる可能性を感じたスーザンは意欲を燃やし、このプロジェクトに多くの時間を割いた。日中は通常の仕事も行いながら、夜遅くまで、あるいは週末もこのプロジェクトに取り組んだ。

そして、ついに新しいモットー「大切なものを包んでいます（protects what's good）」が展開されることになった。スーザンはプロジェクト・チームの成果が全世界の何十億個もの製品に書かれているのを見て、身の引き締まる思いがし、同時に誇らしい気持ちにもなった。

それから何年もが経過したが、そのモットーはまだ使われており、スーザンはチームのメンバーといまでも強い絆で結ばれている。

他の人々や世界に何かよいことをするという考えも、自己実現につながる。

ダンカンは、企業幹部の指南役という現在の仕事に非常に満足しているので、金銭面は関心がないという。

「わたしは企業社会で、リーダーとしてさまざまな役割を担って成功していました。ですが、組織における人間の側面にもっと直接関わる仕事がしたいという、心の声に従いました。勇気を持ってそうしたことをとても嬉しく思っています。

わたしはもう、世界のどんな仕事にも、転職しようとは思っていません。どれだけお金をもらえるとしても、ほかにやりたい仕事はありません。現在の仕事で最も満足している部分は、他の人々をサポートして、彼らがリーダーとしてより成功し、より意味のある生活を送れるようになると感じることです。変化を起こすのは素晴らしい気分です」

大きく成功した人たちは、世界でいちばんの金持ちになることを目指したわけではないようだ。そうではなく、彼らは何かを成し遂げたいという欲求に動かされた。お金は成功の副産物なのだ。これまであなたが最も奮起したのは、セキュアベースである人物が、あなたの可能性や貢献や強みなどを認めたときではなかっただろうか。そうした気持ちの高まりが「勝利を目指す」方向に人を向かわせる。

内発的動機の例	外発的動機の例
学習	お金、ボーナス
挑戦	賞、表彰
成長、能力開発	名声
楽しさ、興奮、新しさ	昇進
貢献したい、あるいは変化を起こしたいという欲求	テストの成績

コラム モチベーションの高め方

部下のモチベーションを高めるための資金をどこで手に入れればいいかと、リーダーたちが話すのをよく耳にする。だが、やる気を持たせ、イノベーションを進めるのに、お金はかからないのではないだろうか。

筆者らの研究によると、セキュアベース・リーダーは、給与や報酬やボーナスなどを増やすことなく成功している。さらに言うならば、彼らは部下を動機づける他の方法を見つけたからこそ成功している。

その秘訣は、「内発的」動機を「外発的」動機よりも優先させることだ。内発的動機は人間の内側から生じるので、まったくお金はかからない。一方で、外発的動機は、お金などの限られた経営資源が必要になる。

誰かにチャンスを提供して内発的動機を生じさせ、それによってモチベーションを高めることができたなら、あなたはコストを発生させずに意欲を高めたことになる。

自分に問いかけよう

これまでの人生で、わたしを最も奮起させ、最もモチベーションを高めた人たちは、内発的動機を用いていただろうか。あるいは外発的動機だっただろうか

あなたのセキュアベース・リーダーシップ行動を評価しよう

次の点について、自分がどのくらいの頻度で実行できているかを1から5までの数字で評価しよう（1＝まったくできていない、5＝常にできている）。

・部下にとって何が本当に大切なのかを見極め、彼らのモチベーションを高めるために、その結果を活用している
・学びや成長、能力の育成などの重要性を強調している
・金銭的な報酬ではなく、成果や満足感に部下をフォーカスさせている

評点が3に達しなかったら、この特性を重点的に伸ばすべき特性としてメモしておこう（第8章「他者のセキュアベースになる」を参照のこと）。

特性その8を伸ばすためのヒント

1　どのように部下を動機づけているかを振り返る

これまで行ってきたスピーチやフォロワーとの対話を振り返り、どの程度が内発的動機を刺激するもので、どの程度が外発的動機を刺激するものだったかを考えよう。たとえば、フォロワーとの業績評価の面談で、フォロワーのモチベーションを高めるためにどんな言葉をかけているだろうか。金銭的な報酬について話しているだろうか。あるいは、学びや成長、能力の育成などについて話しているだろうか。

2　一人の人間として部下を理解する

一人ひとりの望みを知り、何がその人を動機づけるかがわかって初めて、どんな内発的動機を用いるのが最も効果的かを判断することができる。

3　「所属」と「達成」という二つの欲求を満たす

部下の能力より少し高度なプロジェクトなどに参加させよう。そうすることで、内発的動機が刺激されるだけでなく、彼らが挑戦するチャンスを与えることになる。たとえば、自分の業務以外で、会社全体に貢献するようなプロジェクトや任務を与える。あるいは、非営利のプロジェクトなどに参加させる。

特性その9・いつでも話せることを示す

セキュアベース・リーダーがどのように「いつでも話せることを示す」かについて、調査では、次のような言葉が繰り返し語られた。

「彼らはいつもそばにいました。力を貸してもらいたいときには、すぐに、何度でも電話できたのです」

「わたしには本当によい友人がいて、そんなに頻繁に会うわけではないのですが、彼女はずっとわたしの人生の一部になっています」

「彼はわたしにとってのセキュアベースでした。もう亡くなったのですが、いまでもわたしのセキュアベースです」

「必要なときには、彼はいつも来てくれました。いつでも話ができ、いつでも歓迎してくれました」

「いつでも話せること」の反対は、「距離を置くこと」だ。人と距離を置く「一匹オオカミ」の人物はセキュアベースにはなれない。筆者らがインタビューした人たちは、自分のセキュアベースといつでも話せると信じていた。

しかし、ここで興味深いのは、こうした見方が現実とは少し異なることだ。つまり、セキュアベース・リーダーが必ずしも本当に近くにいて、頻繁に連絡がとれるわけではなかったのだ。実際は、遠くにいる場合も多く、対話の時間が非常に短いことも多かった。このように、セキュアベース・リーダーになったからといって、毎日二四時間、いつでも訪問や電話を受け付けることにはならない。それよりも重要なのは、必要なときには会えると「思われていること」だ。誰かが支えてくれる、誰かと話せるという認識は、実際のコミュニケーションの時間よりも、その人の感覚により大きく関係している。

セキュアベースの概念に不可欠な愛着理論を研究したメアリー・エインスワースは、子どもたちがセキュアベースとどう関わるかを調べた。彼女によると、子どもはセキュアベースと実際に離れることで気持ちが動転するのではなく、セキュアベースに会えないという「感覚」によって動揺するのだという。つまり、子どもの世話をする人がセキュアベースとなるのは、その人が常に近くにいるからではなく、必要なときには手を差し伸べてくれると思えるからである。[9]

「いつでも話せること」とは、「目には見えない」セキュアベースだとさえ考えることもできる。実際にその場にいなくても、その役割を果たせるのである。亡くなった人がセキュアベースである場合もある。その人物の影響力は生き続け、思い出を通じてその人のメッセージにいつでも触れることができる。同様に、一度も会ったことがない人、この先も会うことがない人もセキュアベースになり得る。たとえば、宗教的なリーダーや政治的なリーダーなどだ。実際に近くには存在しなくても、メッセージやスピーチなどを通じてその人に近づくことができる。俳優やミュージシャンも、同様の理由でセキュアベースになる。

テトラパックの元CEO、ニック・シュライバーは、この特性を完璧に体現していた。

シュライバーがCEOに就任したとき、彼は「CEOコネクト（CEOConnect）」というメールアドレスを開設し、そのアドレスに届いた従業員からのメールには、二四時間以内に返信すると約束した。CEOコネクトは内部告発のようなツールではなく、CEOと交流ができる場として考えられた。誰でもCEOに質問ができるコミュニケーション・チャネルだったのだ。

面白いことに、シュライバーがCEOを務めた五年のあいだに、届いたメールはわずか数通だけだった。しかし、このメールアドレスは象徴的なものとなり、組織にとって強いメッセージとなった。あるとき、CEOコネクトがほとんど利用されないので、その廃止が提案されたことがあったが、大反対が起こった。従業員はCEOコネクトを、CEOにつながる「万一のための手段」と考えていたからだ。

シュライバーは事実上、このシンプルな行動で、「もし、あなたがわたしと直接に話をしたい場合には、わたしはいつでも話をします」と全社に伝えたのだ。実際にメールを受け取ったときには、約束通り二四時間以内に返信した。返信を受け取った人はそれを多くの人と共有し、さらにそのことが多くの人に共有されて、社内の伝説のようになっていった。

リーダーは常に実際にフォロワーに会える状態でいなくてもよい。その代わりに、会いたいときには会えること、心を開いていることを示す方法を見つけなければならない。そのためには、フォロワーを思いやっていることを示し、弱みや人間性も示すことでそのメッセージを強化する。そして、リーダーは目には見えるが近づけないといった過去のイメージを払拭し、関わることができる生身の人間としてフォロワーに接するのだ。そうすることにより、絆を結ぶ可能性も開かれる。絆がなければ「勝利を目指す」こともできず、持続的な高業績も挙げることができない。

あなたのセキュアベース・リーダーシップ行動を評価しよう

次の点について、自分がどのくらいの頻度で実行できているかを1から5までの数字で評価しよう（1＝まったくできていない、5＝常にできている）。

・誰かが自分に質問があるときには、それに対応している
・直接に接することがほとんどない部下でも、サポートし続けている
・電話やメールには、適切な時間内に返答している

評点が3に達しなかったら、この特性を重点的に伸ばすべき特性としてメモしておこう（第8章「他者のセキュアベースになる」を参照のこと）。

特性その9を伸ばすためのヒント

1　フォロワーと過ごす時間の長さではなく、その質を大切にする

すべてのやりとりが大切だ。最も意味のある対話は二つか三つの文章かもしれないし、承認を表す短いジェスチャーの場合もある。

2　歩き回って指揮を執る

オフィスのドアが開いていたとしても、その中にずっと隠れていたら、自分は孤立している、あるいは他の人とは違うというメッセージを送ることになる。オフィスを出て歩き回り、いつでも話せることを演出しよう。部下のいるオフィスや職場に出向こう。交流するときには、相手の話に耳を傾け、質問をすることを忘れないようにしよう。

3　短いやりとりを行う

「的を射たやりとり」を用いよう。そうすることで、思いやるにも、挑ませるにも、長い時間は必要ないということを、自分の心の中にも相手の中にも植え付ける。

4　本当に近づいていいことを示す

あなたをセキュアベースとしている人たちに対して、あなたに近づくには思い切って火の輪をくぐるような思いをする必要はないと、わかってもらおう。

・メールアドレスと電話番号を教える
・秘書に、自分を他の人たちから「守る」門番のように振る舞わないように指示しておく
・どれだけ忙しいか、ストレスがあるかを話さないようにする。それを言うと、あなたが取り組んでいることに比べて部下は重要でないと言っていることになる
・あなたに接触してきた部下には、返事をしよう。「話をするのは来週だったらいつがいい？」と言うだけでもよい

第6章からの学び

・「勝利を目指す」アプローチは、健全な高業績をリーダーにも、チームにも、会社にももたらす
・プレッシャーの下で自分の態度やアプローチが変わることを理解する。そうすれば自分を制御し「勝利を目指す」アプローチをとり続けるのに役立つ
・「勝利を目指す」には、リスクを覚悟で思いやり、リスクを覚悟で挑ませる勇気が必要だ
・「勝利を目指す」には、自分の心の目をコントロールし、他者の心の目も導いて、

さらに絆もつくる必要がある

・「勝利を目指す」アプローチは、「フロー」の感覚をつくり出し、その中では適度なレベルのストレスを感じながら最高のパフォーマンスを挙げることができる
・内発的動機を用いて、部下が「勝利を目指す」よう鼓舞することができる
・セキュアベース・リーダーはいつでも話せることを示す

「危険を避けることは、それに正面からぶつかることと比べると、長い目で見たらまったく安全ではありません。人生とは向こう見ずな冒険以外の何物でもないのです」

ヘレンケラー（一八八〇―一九六八）
アメリカの著述家、政治活動家、講演家

第 III 部

第7章◆自分のセキュアベースを強化する

本人の言葉を借りると、ポール・ルセサバギナは「普通の男」だ。生まれ育ったルワンダで、高級ホテルの支配人を務めていた物静かな人物である。

だが、ルワンダをほぼ破壊し尽くした大虐殺を目の当たりにして、ポールはツチ族と穏健派のフツ族一二六八人を、民兵組織のインテラハムエから守り、ミルコリン・ホテルにかくまった。三カ月のあいだ、彼は支配人としての影響力と人脈を使って、この幸運な人たちの安全を守ったのだ。

一九九四年四月六日、なたを持った暴徒が虐殺を始め、わずか一〇〇日間で八〇万人の民間人が殺された。虐殺が始まると、ポールの家に人々がやって来るようになった。「なぜ、わたしが彼らを助けられると思ったのかはわかりません。でも、彼らはわたしの家に逃げてきたのです。わたしたちは彼らをリビングやキッチンに入れ、息をひそめていました」。

ポールにはロールモデルがいた。「あとになって思い出したのですが、わたしは幼かった頃に、同様の光景を見たことがありました。一九五九年の革命で、わたしの父は山腹の小さな家を避難民に開放したのです」。

虐殺が始まったとき、ディプロマット・ホテルの支配人だったポールは、自分が以前働いていたミルコリン・ホテルに家族をかくまった。ホテルの他の幹部たちは逃げ出したがポールはとどまり、ホテルのオーナーであるサベナ・コーポレーションに電話して、彼を支配人に任命するという書簡を手に入れた。スタッフを納得させるのに少し苦労はしたものの、彼はそのポジションを利用してホテルを避難所にした。虐殺がエスカレートしてくると、他の人々も、安全を求めてホテルにやってきた。弾丸や手りゅう弾から身を守るために、窓をマットレスでふさぎ、プールの水を飲み、残っていた食料を分け合って栄養をとった。

ルワンダからは国際平和維持軍も去っていった。ポールはあらゆる機転をきかせて、残っていた酒類と現金でフツ族の兵士を買収するなどして、虐殺が続いた一〇〇日のあいだ、危険な民兵を阻んだ。アカデミー賞ノミネート作品『ホテル・ルワンダ』の下敷きになったのは、このようなポールの行動だ。

こうして、耐え難い大虐殺を前にリーダーシップを発揮したポールだが、彼はホテルの支配人としての仕事を続けただけだと考えている。「わたしがミルコリン・ホテルで行ったことは英雄のようだと、たびたび言われました。ですが、わたしはまったくそう思っていませんでしたし、いまもそうは思いません。わたしは避難所を提供した。わたしはホテルの支配人としての仕事をした。ただそれだけのことで、そのように見てもらえばいいと思っています。わたしができる最善のことは、本当にそれだけだったのです」。

著書の『ホテル・ルワンダの男』に彼はこう記す。[1]

「人類の持ちうる武器のなかで、言葉は命を奪うのに最も効果的である。しかし、言葉は生きるための強力な道具にもなる。その両方の役割を果たすことができるのは、言葉だけかもしれない。

ホテルの一二六八人の命を救ったのは言葉の力だ。酒でも、金でも、国連でもない。暗闇に向かって放たれたありふれた言葉だけだ。言葉は本当に重要なものである。ジェノサイドの最中、わたしは言葉をさまざまな方法で使い分けていた。わたしは父が好んだ言葉を決して忘れない。『父親と話をしない人間は、祖父の言葉を決して知ることはない』」

ポールは、彼の核となる価値観を育てたのは父だと言う。ポールは父を「忍耐や寛容、勇敢さについて、いまわたしが持っている知識の大半を教えた人」と表現する。

「毎年一月一日には、父はわたしたちに口頭で成績を発表しました。去年一年間で、よい男性、よい女性になるうえで、どのくらい進歩したかを評価したのです。父はわたしたちに思いやりをもって接しました。父が成績を発表したのは、わたしたちに恥をかかせるためではなく、正しいことを行うよう、励ますためだったのです」

ポール・ルセサバギナは、まごうことなきセキュアベース・リーダーだ。悲劇と混乱のなかで冷静を保ち、言葉を有効に使って周囲の人に影響力を及ぼし、励ました。ポールにとってのセキュアベースは父だった。父は困っている人への責任を引き受けるロールモデルとなっただけではなく、思いやりと厳しい目標という、強力な組み合わせを提供したのである。

自分に問いかけよう

・わたしの子どもの頃のセキュアベースは誰だっただろうか
・わたしを思いやり、同時に、不可能なことを達成するよう挑ませたのは誰だっただろうか
・どんな経験が、リーダーとしてのわたしに影響を及ぼしただろうか。わたしのリダーシップのルーツは何だろうか

これらの問いは非常に重要なので、IMDのハイパフォーマンス・リーダーシップ・プログラムでは、かなりの時間を使って掘り下げていく。これを行う一日は、笑いや涙、熟考、感情、悲しみ、感謝、「そうだったのか！」などで満ち、実に多くのことを学ぶ。参加者は過去のカーテンを開き、自分のリーダーシップがどれだけこれまでの経験や、関わった人々に影響され

ているかに気づく。よい経験にも、苦い経験とそこから得た学びにも影響されているのである。彼らは、自分には何が必要かに気づき、さらに大切な、誰が必要かにも気づき、そして自分がどんな人になれるのかも認識するのである。

ＩＭＤ教授のジャック・ウッドは次のように述べる。

「リーダーシップについて学ぶには、練習や実践、自分自身に問うことが求められます。自由な感覚で取り組み、イニシアティブをとり、自分自身を探求する勇気を持ち、新たな発見に驚かされても、それを受け入れることが必要です。何が自分の行動を引き起こすのかを進んで解明しようとするならば、あなたのリーダーとしての能力はもっと伸びることでしょう[2]」

自己認識は、セキュアベース・リーダーシップの重要な要素である。自己認識を通じて自身のセキュアベースについての認識を深め、それが過去に関わった人なのか、現在関わっている人なのか、あるいは目標や目的なのかを知る。さらには、自分が自身のセキュアベースになる方法についても学ぶことができる。

あなたの「安全基地」はどこですか

人生のどんなステージにおいても、セキュアベースが必要だ。実際、一生の間には複数のセキュアベースが必要となる。あなたのセキュアベースの集合体をあなたの基地と考えよう。個々のセキュアベースは、それが人であっても、目標や目的であっても、出来事や経験、シンボルやそれ以外のものでも、あなたの基地の一部となっている。これらの部分が集まって、基地ができる。そしてそこからあなたは世界と関わっていくのである。十分なセキュアベースがなければ、あなたの基地は弱くなり、より不安定な姿を世界に提示していくことになる。

セキュアベースを持たないということは、自分の基地がないということだ。そのような状態では、自分自身の感情から切り離されるという危険が生じる。すると、持続不可能なリーダーシップである「支配を目指す」（第6章参照）アプローチに向かうことになる。セキュアベースに守ってもらい、励ましてもらうことは、弱さのサインではない。あなたが誰かに頼っているからこそ、誰かもあなたに頼ることができるのだ。ビレイヤーが自分より体の大きい人をビレイしているとき、あるいは、クライマーが特に難しい岸壁に挑んでいるとき、ビレイヤーは自分の体を固定する。ロープを使って地面に固定する場合もあれば、他の人たちがビレイヤーのハーネスをつかみ、ビレイヤーがしっかりと地面に足を着けていられるように力を貸す。

セキュアベースの中で最も重要なのが「人」と「目標」だ。人のセキュアベースはあるが目標のセキュアベースがない場合、安心してはいられるが、成功のために必要なリスクをとっていない可能性がある。どこかに所属している感じはあるが、何かを達成する感覚は得られないかもしれない。反対に、目標のセキュアベースはあるが人のセキュアベースがない場合、仕事では成功していても、大きな孤独を感じているかもしれない。

人のセキュアベース

あなたの人生の各側面で、守られている感覚を与えてくれて、同時に、冒険し成長するよう励ましてくれる人は誰かを考えてみよう。[3] あなたのことを深く思いやってくれるが、挑戦のチャンスを与えてくれない友人や、事業の成功のためにリスクをとるよう促すが、安心感を与えてくれない同僚は、あなたのセキュアベースではない。あなたのセキュアベースは、あなたが自分の力を試し、最も大きな可能性に挑もうとするときに、あなたをサポートし、力づけてくれる人だ。これまでに、あなたを奮起させたメッセージを発した人があなたのセキュアベースである。

すでに亡くなった人が、いまでもあなたのセキュアベースになっているかもしれない。その人のことを思い出すとほっとすると同時に、自信と強い自尊感情をもって世の中と関われるように感じられるならば、その人はセキュアベースだ。次のストーリーを見てみよう。

マノーロは、父親が一九九九年に亡くなったとき、その死を深く悲しんだ。マノーロは父がいつも、「お前はなりたいものには何にでもなれる、限界はお前の中だけにある」と言っていたのを覚えている。父は彼の意欲を引き出したと、マノーロは言う。

「父は一五年間の内戦のあいだ家族を守りました。父は腕一本で成功し、知的でしたが、控えめで謙虚でした。政治家やリーダーは、いまでも父の言葉を引用します」。父が亡くなった後も、彼はマノーロにとってのセキュアベースであり続ける。「鏡を見ると、時々父の顔が見えます。いまでもわたしを励ましてくれるのです」。

セキュアベースとなっている人たちが生きているならば、彼らに感謝の気持ちを伝えよう。サポートしてくれたこと、また前進して成功するエネルギーを与えてくれたことを感謝するのだ。そうすることで、互いの関係は深まり、強くなる。

覚えていてほしいのは、セキュアベースは完璧ではないということだ。完璧な人など誰もいない。偶像化は失望につながるだけである。

自分に問いかけよう

・わたしには十分な数のセキュアベースがいるだろうか

・わたしがその人からの挑戦を受け入れるほどに信じている人は、何人いるだろうか
・個人の生活と仕事の両方で、セキュアベースとなる人はいるだろうか

目標というセキュアベース

これまでの人生で設定した目標について考えてみよう。なぜその目標を設定したのか。何がその目標達成へのモチベーションとなったのか。そして、どのように取り組んだのか。

セキュアベースとなる目標の多くが、達成には何年をも要するもので、その途中で成功も失敗も経験する。

目標がセキュアベースになっていると、そこから現在や将来の課題に挑むエネルギーと意欲が得られる。加えて、達成した目標を振り返ることで、過去の成果からもエネルギーを引き出せる。やるべきことや決まった日課が多い日々の生活に、目標は意味を与え、それによって安心感をもたらす。また目標は、研究者のダニエル・ピンクが言うところの「モチベーションの三つの要素」、すなわち、目的、熟達、自律性をもたらす。[4]

自分に問いかけよう

・わたしはセキュアベースとなる目標を十分に持っているだろうか
・わたしは目標を達成できるよう、全力を尽くしているだろうか
・わたしは目標を小さなステップに分けて、進歩を実感しているだろうか

他のタイプのセキュアベース

表7・1には、さまざまなタイプのセキュアベースを示した。人と目標のほか、出来事（結婚、卒業、昇進、スポーツの試合など）、経験（学生生活、休暇など）、場所、信念、シンボルなどもセキュアベースとなる。海外に住んだり、旅行したりしている人にとっては、母国がセキュアベースになり得る。山や海やジャングルや農場で育った人は、故郷の風景もセキュアベースになる可能性が高い。宗教も、多くの人にとってのセキュアベースだ。第4章で取り上げたアジム・カミサの場合は信仰が間違いなくセキュアベースとなっている。

モノもセキュアベースになることがある。特別な毛布やぬいぐるみを持っている子どもたち

がいるし、特別なラケットがあるテニスの選手もいるだろう。守られている感覚や自信が得られるアクセサリーを持っている人も多く、それが冒険を促すこともある。こうした品々を、セキュアベースの人物からもらったというケースも多い。

繰り返し行っている行動がセキュアベースになることもある。毎日走ったり、日記を書いたり、瞑想している人は、そのプロセスが安心感を与え、世界に立ち向かうエネルギーと意欲を与える。

なかには、会社のロゴがセキュアベースとなるような愛社精神の強い人もいる。ジョンソン・エンド・ジョンソン（Ｊ＆Ｊ）のある社員は「ケガをするとＪ＆Ｊの血が流れ出る」[5]と言う。残念なことに、現在は彼のように会社と深いつながりを持っている人は、過去に比べてずっと少なくなっている。

自分に問いかけよう

わたしがこれまで働いた会社の中で、ロゴやシンボルやブランドと強い一体感を感じていた会社は何社あっただろうか

表7.1 セキュアベースの例

人	場所	出来事	経験	目標	その他
母 父 兄弟 配偶者 教師 コーチ 上司 権威者 同僚 部下 友人 先祖	国 自宅 自然 都市 村 町 公園 海 山 ジャングル 海岸 オフィス	結婚 葬式 スポーツ 災害 事故 危機 卒業 子どもの誕生 婚約 昇進 休暇	子ども時代 青春時代 学生生活 寮生活 大学時代 親としての経験 結婚生活 家族を持つ 就職する 職業経験	事業目標の達成 昇進する 親になる 家を買う 資格を取る マラソンを完走する 人間関係の改善 病気からの回復	ペット 信念 宗教 イデオロギー シンボル 特別な目的 儀式・習慣 祈り 仕事 趣味 音楽 詩 書籍

セキュアベースを分類し、広げる

自分のセキュアベースを十分に認識するために、表7・2を完成させよう。ここでセキュアベースの定義をおさらいしておく。

守られているという感覚と安心感を与え、思いやりを示すと同時にものごとに挑み、冒険し、リスクをとり、挑戦を求める意欲とエネルギーの源となる人物、場所、あるいは目標や目的

あなたはおそらくセキュアベースを複数持っている。現在のセキュアベースのポートフォリオに「人」と「目標」の両方が入っていることを確認

表7.2　わたしのセキュアベース

人	場所
出来事	経験
信念	目標
シンボル	その他

しよう。なお、セキュアベースはあなたの人生に出現したり、去っていったりするものである。短期的なセキュアベースもあれば、長期的なものもある。たとえば、大学では教授があなたの成功に不可欠だったかもしれないが、いまでは上司が同様の役割を果たしているかもしれない。

次のデービッドのストーリーが示しているように、変化の時期には自然にセキュアベースが失われていく。

医療機器会社のシニア・マネジャーだったデービッドは、ヨーロッパ各地で部門の業績を回復させ、成功を収めてきた。その後、彼は大手多国籍企業に移り、アメリカ事業を担当することになって、生まれ故郷のパリをあとにした。デービッドは、新しい仕事や新しい同僚、部下を知ることに努めた。
しかし、苦しい状態のまま六カ月間が過ぎ、その部門の業績が落ち始めると、デービッドは自信を失い始めた。彼は新しい会社と密接な関係を築けておらず、以前の会社の構造とサポートをとても懐かしがった。また、元の上司にも会いたいと思った。上司はデービッドをビジネススクール卒業直後に採用してくれた人で、仕事では彼を勇気づけてくれた。デービッドの妻も、ヨーロッパではいつもデービッドの相手をしてくれたが、新しい国では子どもたちにつきっきりで、疲れ切っていた。デービッドは孤独を感じ、どこにサポートと励ましを求めればいいのか、わからなかった。

デービッドは、故郷と母国、会社、同僚、上司、そして少なくとも一時的には妻というセキュアベースを失った。彼は新たなセキュアベースを築き、それによって心の目を向けさせて、新しいポジションの可能性を見出すエネルギーを得る必要があった。また、彼の新しいチームのセキュアベースになるためにも、自身のセキュアベースを持つ必要があった。あなたがセキュアベースを失ったときには、新しいセキュアベースを確立する必要がある。

コラム 新しいセキュアベースを見つける

自分のセキュアベースを確認したことで、あなたにとってのセキュアベースがどんな特徴を持つのか、わかってきたのではないだろうか。この知識があると、新しいセキュアベースを見つけるのに役立つ。くれぐれも忘れないでほしいのは、あなた自身にセキュアベースがなければ、あなたが他の人のセキュアベースになることはできないということだ。

新しいセキュアベースを見つけるコツをいくつか紹介しよう。

・あなたの夢を前進させてくれるセキュアベースを選ぼう。たとえば、CEOになりたいのであれば、その夢を実現するには何をする必要があるか知っている人を選ぼう

・セキュアベースになってもらいたい人を見つけたら、あなたの状況を説明し、どのように力を貸してもらいたいかを話そう。自分で決めた目標を実現するために、自分を挑ませてほしいと頼もう

・持っている望みを、セキュアベースとなる目標に変換しよう。変化の中で夢を見失ったら、熟考する時間をとり、新しい夢を見つけよう。「将来実現したいこと」という意味での夢は、強いモチベーションや、喜びや希望の源となる。人生で前に進んでいくためには、絶対的に夢を持つ必要がある

あなたのリーダーシップのルーツ

仕事上の役割は、あなたという人間の氷山の一角でしかない。どんなリーダーにも物語があり、それが今日下す決断に影響を与えている。あなたにも、多くの宝物が隠れている人生の物語がある。同時に、その物語には苦しく辛い経験もあり、そこから貴重な教訓を得てきたはずだ。経験や出来事や思い出が織り成されて、あなたという人をつくっている。これまでの人生で、あなたは学び、観察し、経験し、習慣やパターンを築き上げ、それらを何度も繰り返してきた。

「リーダーシップのルーツ」とも呼ぶべきあなたの人生におけるプラスとマイナスの側面を理解することで、セキュアベースがこれまでどのようにあなたのパフォーマンスを高めてきたか、これからどう高めていくかがより明確になるだろう。同時に、長年かけてあなたが身に付けてきた効果の薄い習慣やパターンを変えれば、あなたのリーダーシップは解放される。そうすれば、もう過去の人質ではなくなるのだ。

学んで身に付けたパターン

リーダーとしての振る舞いは、人生の物語から生じている。筆者らが企業幹部と仕事をして報われるのは、「非情なリーダー」が、その非情さは生まれつきではなく、人生の中に原因があると気づいたときだ。彼らは初めて、その「情け容赦ない」アプローチがあとから身に付いたもので、昔の経験から直接生じている可能性が高いと理解し始める。その時点まで、彼らは自らの内なる声にだまされている。そして、同僚の能力は平均以下であり、エンジニアリング部門（あるいはマーケティング部門、営業部門等々）はお粗末で、人間は信用できないと考えている。彼らは一匹オオカミになっており、自分を守るために大昔に身に付けたパターンを繰り返している。

では、そうしたパターンがどのようにして生じるのかを考えてみよう。人は経験や出会った人を基盤にして、考え方や信念、ものの見方や知識を育てていく。新たな神経科学の研究では、過去の経験が脳に組み込まれることが示された。特定の出来事が、特定の状態と結びつくのである。すると、現在の出来事も過去に経験した状態、たとえば恐怖などを引き起こすきっかけとなる。[6]

たとえば、子ども時代を幸せに過ごし、父や母、祖父母など、世話をしてくれる人が十分に思いやってくれたら、親しい人間関係を持つことのメリットを理解することができる。しかし、理由が何であれ、あまり幸せな子ども時代ではなく、必要な思いやりや関心を得ることができなかったら、人に頼ることはできないと思い込み、自分だけが頼りだと決めつける。そして「一匹オオカミ」になるのである。

そうした他の人々に対する思い込みは、大人になっても継続される。家庭では夫や妻として、親として、職場ではリーダーとして、あるいはフォロワーとして、そのような思い込みを持ったまま過ごすのである。こうしたパターンは、「頭の中の声」として現れ、何かを達成できるか否か、可能か不可能かを告げるのだ。その声がマインドセットに変わり、その人の存在の奥深くに埋め込まれる。

ボウルビィはこうした埋め込まれたパターンを「メンタルモデル」と呼ぶ。彼が強調するのは、習慣やパターンは実際に存在するものの、それらは学んで身に付けたもので、生まれつきではない、ということだ。もし、何かを学んで身に付けたのなら、それを取り除くこともできるはずだ。どれほど深く埋め込まれたパターンでも変えることは可能だ。

人は自分が効果のない行動をとることについて、「これがわたしのやり方だから」とか「いつも、こうしている」「これがわたしの性格だから」などと言い訳をする。こうした言い訳は、単純に真実ではない。もし、自分の行動の理由を、自分がどうすることもできない未知の力や見えない力のせいにしていたら、それは過去の人質になっているということだ。

次に紹介する手紙は、我々のプログラムの参加者が、プログラムの数カ月後に送ってきたものだ。プログラムの中でこの参加者は、子どもの頃ある教師が、彼に繰り返し「お前は頭が悪い」とか「何者にもなれない」などと言ったと話した。こうした言葉が、彼の能力に対する自信のなさにつながった。最初は学習面全般について、やがては、仕事面での可能性について。

プログラムのなかで彼は、この教師の言葉が本当に間違っており、自分の能力に対する自信がいまも限定されていることを認識した。彼はプログラムを通じて、自身の能力と可能性についての思い込みを変え、仕事でも変えると決心するに至った。

今日、わたしは三名の取締役のうちの一人に任命されました。それが実現したのは、自分の頭の中の小さな声（中学校の先生の声）が、「お前は力不足だ」と言うのを抑える方法を学べたからにほかなりません。それをお伝えするために、この手紙を書いています。

わたしがこのポジションに就くよう言われたとき、あの小さな声が再び聞こえそうになりました。でも、わたしはそれを抑えました。そして、その声に向かって、すべて上手くいっている、わたしが任命されたのはわたしの実績と能力のためだと言ったのです。わたしは取締役になれる状態にあり、自信もあります。

リーダーシップ・ライフライン

ここまで述べてきたことは、セキュアベースやリーダーシップとどう関係するのだろうか。それは「リーダーは生まれつきリーダーなのか、あるいは育成されるのか」という問いと関係している。筆者らは、リーダーは育成されると考える。リーダーシップは人生における経験と、意識的な努力が積み重なったものである。セキュアベース・リーダーは自分の過去が及ぼす力を認識し、思い込みやパターンが、リーダーシップに影響することを理解している。あなたの人生の物語が、人や、経験や、出来事にあなたの注意を向けさせ、それらがあなたを形作り、セキュアベースの選択にも影響を与える。

セキュアベース・リーダーは、自らの過去が現在にどう影響しているかを総合的に理解し、その知識を生かして新しい習慣やパターンを身に付け、これまでとは別のやり方で成功しようとする。自分のパターンを認識するには、二つのツールが役に立つ。「リーダーシップ・ライフライン」と「リーダーシップ・ルーツ質問表」だ。これらを使ってこれまでのパターンを認識することで、新たに効果的なパターンを築くことができ、あなたを人質にしている古いパターンから解放されるのである。これらの課題を行うとよりよく自己を認識でき、それを基にリーダーとしてのパフォーマンスも、人生も高めることができる。深く掘り下げれば、人生をも変えることができる。

コラム　ライフラインを語ろう

ライフライン（本書では、これまでの人生や経験などを指す）の課題は、誰か相手を見つけて一緒に取り組もう。自分の経験を誰かに打ち明けると、学びをさらに高めることができる。

配偶者や同僚、友人、家族などに相手になってもらおう。
他人から質問をされると、発見や気づきを得られることがあるだけでなく、話をしている相手についても知ることができ、より深い絆を結ぶ機会ともなる。

四五分から一時間程度の時間を使って、リーダーシップ・ライフラインの作成に取り組もう。

①大きな紙を用意して、図7・1に示したライフラインの座標軸を描く
②あなたの人生を何年かごとに区切り、横軸に印をつける。一〇年ごとに区切る人が多い
③子どもの頃から現在までの、重要な出来事を選ぶ。よかった出来事とわるかった出来事の両方を入れよう。それぞれの出来事を一つずつ付箋に書き、そのときの年齢も記しておくとよい。そして、年代や重要度で整理しておく。一五から二〇くらいの出来事を選ぶと、パターンを見つけられ、作業もしやすいと感じる人が多い
④一つひとつの出来事に点数をつける。よかった経験を「プラス」、わるかった経験を「マイナス」とし、プラス10～マイナス10の範囲で点数化する。点数は、その出来事や経験について、そのときどう感じたかでつける。完全に自分の感覚でつけてよい。たとえば、養子になったことをプラス7とする人もいるだろうし、マイナス10とする人もいるだろう
⑤①で描いた座標軸で、年と点数の交わる部分に、それぞれの出来事を示す。点を描いて、

図7.1　リーダーシップ・ライフライン

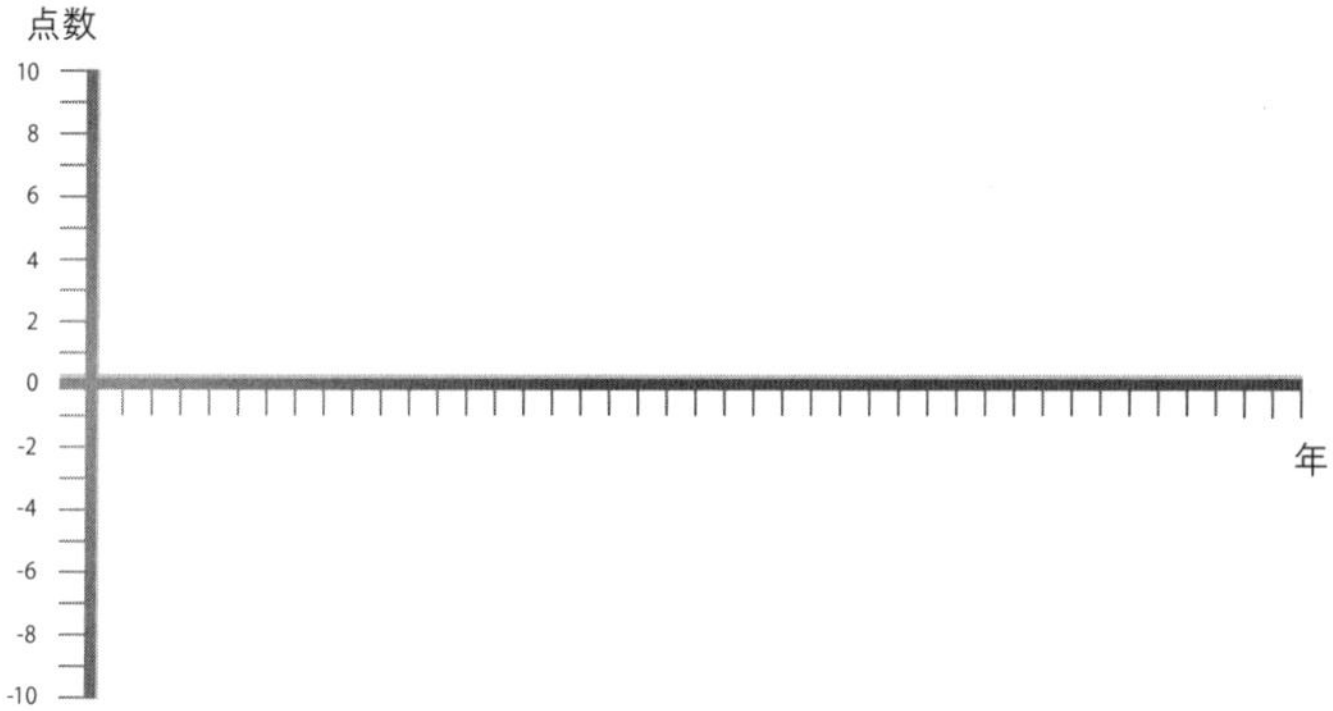

その隣に出来事の名前を書こう

⑥ 点を結んで、あなたのリーダーシップ・ライフラインのグラフを描く

⑦ 次に挙げる問いや、「リーダーシップ・ルーツ質問表」（２７７ページ参照）を用いて、あなたの人生に影響を与えた個人的な出来事、仕事上の出来事について、もっと深く考える

⑧ あなたのライフラインを見て、繰り返されるテーマを探す。たとえば、権威者との衝突は、父親との問題から生じたものではないだろうか。衝突を避ける傾向は、子どもの頃の家庭環境と関連していないだろうか。あなたの野心は、子どもの頃に褒美をもらっていた経験から生じていないだろうか。今日あなたを動機づける要因は、過去の経験と結びついている可能性がある

⑨ この課題のまとめとして、次の質問に対する答えを書こう

・これまでの人生において、何に一番感謝しているか
・何に最も励まされたか
・あなたの夢は何か

〈ステップ⑦で検討する問い〉

セキュアベース

あなたの人生に影響を与えた最も重要な人たち、たとえば、母、父、祖父母、教師、その他の重要な人物について考えよう。

・その人はどのようにあなたに影響を及ぼしたか
・その人とあなたは、どのような点が似ているか
・どのような点が異なるか
・その人はあなたをどのように励まし、何と言ったか
・あなたのリーダーシップにはどんな影響を与えたか
・あなたと他者との絆の結び方に、その人はどう影響したか

喪失と悲しみ

死や人間関係の崩壊、健康上の大きな問題、過去に起きた肉体的、性的、言葉による虐待を、すべて重大な喪失と考えよう（言うならば、人や機会、純真さなどの喪失である）。ほかにも、影響度は低いものの、喪失と言える出来事がある。たとえば、好きな上司の異動、引っ越しや、気に入っていた道具を失ったことなどだ。

・これまでにどんな喪失を経験したか
・それらの喪失を悲しんだか
・喪失のあと、新たなセキュアベースを見つけられたか
・誰をセキュアベースとするべきだったか

衝突

・あなたの人生において、他人との衝突はどのような影響を及ぼしたか
・衝突に対処する方法を誰から学んだか
・どんな衝突の経験があるか。衝突について、人や出来事からどんな考え方を学んだか

ライフラインに表れたパターンの例として、次のストーリーを見てみよう。

フィリップはなかなか人と絆を結べなかった。彼はその原因を、子どもの頃に父が事故で亡くなり、父親なしで育ったからだと、ずっと考えていた。

しかし、ライフラインを見直し、ほかの人とも議論した結果、フィリップは母との関係により大きな影響を受けていたことに気づいた。母は夫の突然の死に打ちのめされ、その悲しみをどうすることもできず、絶望の中でフィリップを寄宿学校に送り込んだのだ。

この母親の行動によって、彼は父親というセキュアベースを失っただけでなく、母親と自分の家というセキュアベースも失った。このときから自分の中にずっと持ち続けていた怒りが、何人もの女性との関係の失敗や、職場での孤立や人との距離感として表れたのだった。

この破壊的なパターンに気が付くと、彼はその威力から自分を解放することができた。また、子どもの頃の自分に対し、セキュアベースの喪失を悲しむことを認め、最終的には母親を許し、ずっと怒りを持ち続けていた自分を許した。現在では、職場でも個人の生活でも、彼は以前よりもうまく絆をつくれるようになっている。

あなたがライフラインに「何を含めなかったか」にも目を向けよう。それらを重要だと考えなかったことが、パターンについて考える参考となるかもしれない。

コラム　リーダーシップ・ルーツ質問表

この質問表は本書の基となった調査のためにつくられたものだが、ライフラインに含めるべき重要な出来事を見つけるのにも役立ち、あなたを成長させたセキュアベースを認識するのにも役立つ。過去のセキュアベースを認識すると、現在および将来のセキュアベースの発見につながり、サポートや挑戦のチャンスを得られるだろう。

それぞれの質問についてよく考え、答えを書き出そう。より大きな効果を得たいなら、親しい同僚や友人、パートナー、セキュアベースに、質問を読み上げてもらおう。

①子どもの頃や一〇代の頃、あなたに自信を持たせ、同時に、あなたの可能性を実現するよう励ました人は誰だったか

②それらの人々の影響が特に大きかった瞬間、いまでもあなたに影響を与えている瞬間は何だったか。そのときのストーリーを思い出そう

③それらの人々は、ほかにどのようにあなたに影響を及ぼしたか

④その人々のなかに、あなたのリーダーシップに影響を及ぼした人はいるだろうか。その場合、誰が、どのように影響を及ぼしたのか

⑤大人になってから仕事で関係した人のなかで、あなたの自信を育て、あなたの可能性を実

現するよう励ました人は誰だったか

⑥ それらの人々の影響が特に大きかった瞬間は何だったか。そのときのストーリーを思い出そう。その人物は何と言ったか、あるいは何をしたか

⑦ 大人になってからの個人としての生活のなかであなたの自信を育て、あなたの可能性を実現するよう励ました人は誰だったか。彼らの影響力をよく理解できるようになったときのストーリーを思い出そう

⑧ ベストを尽くすよう励ましてくれるのは、時によっては人でなく、目標やアイデア、夢や出来事、宗教などの場合がある。人以外のセキュアベースが、あなたのリーダーシップに影響してきただろうか

⑨ あなた自身が誰かの自信を育て、可能性を実現するよう励ましたときのことを考えよう。あなたは何と言ったか、あるいは何をしたか。相手はどう反応したか

⑩ 個人の生活や職業生活で、失敗あるいは喪失、危機が起こったときのことを考えよう。あなたは誰を頼りにしたか、それはなぜか。その人たちのどんな言葉や行動が、そのとき力になったか

⑪ 仕事をするなかで、支えてくれる人が誰もいない、誰も励ましてくれないと感じていた時期はあるだろうか。そうであれば、そのような人がいないことで、どんな影響が生じただろうか

強烈な経験と強烈な結果を覚悟しよう

多くのリーダーは多忙で、プレッシャーの多い生活を送っており、じっくり考える機会や時間などめったにない。しかし、ピーター・ドラッカーは、「効果的な活動のあとには、じっくりと考えよう。じっくり考えると、より効果的な活動ができる」と言っている。

ライフラインの課題は、リーダーがおそらく初めて、自らのリーダーシップのルーツを見出す経験であり、そのことについてじっくり考える機会だろう。その結果、過去の経験の中に、これまで受け入れていなかったことがあると気づくかもしれない。そのプロセスで感情がかき乱され、辛く感じる場合もある。しかし、最終的には気持ちが浄化され、解放された気分になる。

自分の過去を見つめ、そこで見つかることを受け入れるのは勇気がいる。多くの人がこうした経験を、あまり意味がないと言って進んで取り組もうとはしない。彼らが抵抗するのは、そこにあるものに向き合う準備ができていないからだろう。過去と向き合うことへの恐怖が強いと、この自己検証の作業のあとに待っている自信の高まりや解放感を経験できない。過去を振り返り、過去の経験が自分の行動にどう影響しているかを理解しようとする勇気が、決まったパターンから人々を解放する。日々の取り組みとアドバイスによってパターンを変えることができ、やがてはその人自体も変えることができる。

ライフラインの課題を終えた日の夜には、下意識（普段は意識しないが、努力すれば思い出せるもの）の記憶を呼び覚ますことによって、強烈な夢を見るかもしれない。もし、過去に由来するパターンをあなたが変えたいと思っていて、その際にサポートが必要な場合には、セキュアベースに頼むとよいだろう。

なぜライフラインの課題に勇気を出して取り組む価値があるかは、次に紹介するようなサクセスストーリーを聞くとよく理解できるだろう。ある企業幹部のマリオは、子どもの頃に父親から身体的な、また言葉による虐待を受けた。彼はその同じパターンを、職場で弱い者をいじめるという形で繰り返した。ライフラインの課題に取り組むことで、彼はそのパターンと子ども時代とを結び付けることができ、行動を穏やかにすることができた。

「AHPL（アドバンスト・ハイパフォーマンス・リーダーシップ）プログラムの最終日、わたしはコーチのダンカンと、精神分析医の診察を受けることについて話し合いました。彼はわたしの家の近くの精神分析医を紹介してくれました。

わたしは最初の二、三カ月間、週に一回彼のもとを訪ねました。わたしたちは二つの主なポイント、つまり、わたしがとても長いあいだ持ち続けていた『思い込み』を捨て去る突破口を見つけました。わたしはダンカンが言ったことをまだ覚えています。『あなたは何も悪くありません。ただ、いくつか捨てなければならない思い込みがあるだけです』。その通りでした。

　わたしは、冷静で頼りになる人間になるという目標に向けて取り組み始めました。それが突破口の一つでした。わたしが求めていたのは、過去に起きたこと、あるいは起きなかったことの責任はわたしにあるという、長年持ち続けていた思い込みから自由になることでした。わたしの内面での葛藤や緊張感はとても大きく、それがあらゆる種類のストレスや恐怖や攻撃性をつくり出していました。この突破口が、わたしが優れたリーダーになるうえで、またよい父、よい夫になるうえでどれだけ力になったか、想像してもらえることと思います。

　ＡＨＰＬで聞いたある言葉も、わたしにとって意味があることがわかりました。それは『本当の幸せは、自分の過去がもっとよいものだったら、と思う願望をすべて捨てるところから生まれる』というものです。ＡＨＰＬで学んだ言葉は、繰り返し唱えやすいものばかりでした。

　わたしは教授陣やコーチ、そしてわたしの精神分析医と取り組んだ内容に非常に感謝しています。それを行ったからこそ、こうした言葉の意味もわかり、それがどうわたしに関係しているのかも理解できました。

　わたしは現在、一カ月か二カ月に一度、精神分析医と面会し、本当にいろいろなことを話します。その場でじっくりと考えること、彼とともにいること、そして彼のアドバイスを受けることはいつも嬉しいものです」


子ども時代に極端に辛い経験をしたリーダーでなくても、ライフラインの課題に取り組むことで、その人の過去が人生やリーダーシップにどう影響しているか、よりよく理解することができる。

自分自身のセキュアベースになる

これまでの人生でセキュアベースのネットワークをずっと持ち続けていた人なら、その経験を自分の中に取り入れて、自分自身のセキュアベースになることができる。これは、外部のセキュアベースが不要になるということではない。逆に、他のセキュアベースがなければ、自分自身のセキュアベースになることは不可能だ。自分のセキュアベースになるということは、孤立するとか、すべてを自分ひとりでやることではない。むしろ、自分は一人ではないと理解していることであり、他者や自分の中の力を活用するということである。

過去から現在まで、強力なセキュアベース、特に人と目標のセキュアベースを持っていた人ならば、その人の内部には豊かなリソースがあり、人生に何があろうと、対処する力をそこから引き出すことができる。また、そうできる自信も持つことができる。次のストーリーを見てみよう。

二〇〇八年、イギリスに住む六一歳のアレックス・レンキーは、麻酔薬なしで手の手術を受けた。アレックスは自分に催眠術をかけたのだ。整形外科医であるデービッド・ルーウェリンは、その方法をとることに同意した。手術は関節炎を改善するためのもので、アレックスの親指の付け根の骨を一部取り除き、関節を結合することなどが行われた。アレックスは登録催眠術師で、一六歳のときから施術を行っている。

「わたしは三〇秒から一分ほどで催眠状態に入り、そうなったあとは、自分が深くリラックスしているのを感じました。自分の周りで起こっていることはすべて認識しており、人々が話しているのが聞こえ、手術用のこぎりや、のみやハンマーが使われているのもわかりました。ですが、まったく痛みは感じませんでした」[7]

アレックスが、自分自身や自分の能力を信じ、自分のセキュアベースになれたからこそ、この手術を受けることができた。彼は疑念で心を乱されることなく、自分自身を冷静に保ち、目標にフォーカスした。外科医がこの方法を全面的にサポートしたので、この外科医も手術のあいだアレックスのセキュアベースとなった。

自分自身のセキュアベースになると、心が解き放たれ、自分や他人の恐怖感の人質ではないと確認できる。

自分が自分のセキュアベースになっていることは、どうしたらわかるのだろうか。もし、あなたがプラス面にフォーカスし、逆境のなかでも冷静を保ち、他の人々を批判するのを避けているなら、あなたは自身のセキュアベースである可能性が高い。また、自分の内なる批評家、つまり自分を萎縮させてしまう内なる声を抑えることができているなら、そして、自分は日々のストレスやプレッシャーに持ちこたえられると感じているなら、あなたは自分のセキュアベースである。

伝説的なフリークライマーである、キャサリン・デスティベルのストーリーを見てみよう。

キャサリン・デスティベルは、ロープや安全のための装備を一切使わずに、世界の山々や岸壁を登ってきた。集中力を一瞬欠くだけでも、長い距離を滑落し、死につながる危険がある。インタビューで、彼女は次のように話した。「わたしは危険については考えません。ただ、いま行っていることに集中するのです。自分を確実に信じて初めて、そうすることができます」。彼女は自らの成功に重要な要素として、次の五つを挙げる。

- 成功の明確な定義
- 大きな痛みや不快感に耐えられるレジリエンス
- きちんとした準備
- 適切なサポートのネットワーク
- 情熱

いまはビレイするパートナーなしで一人で登っているキャサリンだが、最初は多くのロッククライマーと同様の登り方をしていた。キャサリンの父親もロッククライミングを楽しみ、アウトドア愛好家だった。そして、キャサリンが幼い頃から、父親は第一子である彼女をパリ郊外にあるフォンテーヌブローの森に連れて行った。彼女のアウトドアへの情熱はここで育ったのだ。一三歳になる頃には、キャサリンはロッククライミングを始めていた。

キャサリンのストーリーが示すのは、たくさんの適切な練習と、適切なコーチのおかげで、彼女が恐怖の人質にはならないエキスパートになったということだ。長期的な人と目標のセキュアベースを持つことで、キャサリンはフリークライミングをするときに自分自身のセキュアベースになれた。強力なサポートのネットワークと経験、自信、そして目標が、ビレイヤーの代わりになったのだ。

もし、あなたが子どもの頃にしっかりとしたセキュアベースを持っていたのであれば、あるいは、いま自分の家庭に強固なセキュアベースが存在するのであれば、たとえば、仕事上の新しい挑戦に際して自分自身のセキュアベースになれるかもしれない。あなたのセキュアベースから学んだレジリエンスと自信、そして目標のセキュアベースが組み合わさって、新しいチャンスで伸びていく意欲と安心感がもたらされるのである。

第7章からの学び

・自己認識はセキュアベース・リーダーシップを構成する重要な要素である
・「人」「目標」など、複数のセキュアベースを持つ必要がある
・これまでの人生の延長線上に、現在のリーダーシップがある
・経験によって、習慣やパターンがつくられる
・新しい習慣やパターンを身に付けるには、セキュアベースが力となる
・自分のリーダーシップのルーツを理解すれば、もう過去の人質ではなくなる
・自分のセキュアベースを知り、拡大していくことによって、最終的には自分が自らのセキュアベースになれる

「誰も孤島ではない。誰もが大陸の一部なのだ」

ジョン・ダン（一五七二―一六三一）
イギリスの詩人

第8章◆他者のセキュアベースになる

クロード・ハイニガーは、スイスのローザンヌにある航空学校の教官だった。二〇〇一年一月二九日、彼は一三〇〇時間の飛行経験がある訓練生と飛行機に乗った。

飛行機が離陸したとき、右側の着陸装置の留めピンが抜け落ち、使用できなくなった。すでに上空にいたクロードが達した結論は、正常な着陸装置なしで着陸しなければならないということだった。

最初、自分が操縦桿を握ろうと考えたが、すぐに別の考えが浮かんだ。クロードは訓練生に質問し、彼がどんな気持ちか、またこの緊急事態に操縦を行い、着陸させられるかを判断しようとした。訓練生は自分で操縦することに同意し、それによってクロードは監督の立場で、全体を見渡すことに集中できるようになった。

クロードはこう振り返る。「訓練生が操縦をすべて行い、わたしがサポートに回りました。それは、わたしが彼に情報を提供できたという点で正解でした。それに、わたしたちは二人で効率的に仕事を分担できました。ジェノバ国際空港のメインの滑走路は数時間閉鎖されました。

そこにわたしたちは壊れた着陸装置で着陸し、コンクリートの滑走路を抜け、草地で止まって、その日の訓練を終えました。飛行機にはほとんど損傷はありませんでした」。

クロードは言う。「操縦を訓練生に任せるのは、簡単なことではありませんでした。しかし、あとになって、それがまさに業界の標準的なやり方だったと知りました。問題があるときには、指揮官は先頭に立って飛び込むべきではないのです。全体を見渡せるように一歩下がって、可能な限り任せたほうがいい」。

「訓練生は成長する必要があり、わたしは自分の存在を小さくしていく必要があります。これは言うならば、権限の委譲であり、ノウハウの委譲であり、心構えの委譲なのです」


クロードにとっては自ら操縦桿を握るほうがずっと簡単だったはずだ。クロードのストーリーは、セキュアベース・リーダーシップの概念を完璧に描き出している。クロードは訓練生に、一方ではサポートと安心感を提供し、他方ではリスクをとり学習する機会を与えた。この学びは訓練生のためでもあり、クロード自身のためでもあった。クロードが言ったように、操縦を任せるのは簡単ではない。しかし、これがセキュアベース・リーダーの行動である。安全と安心を提供し、冒険とリスクをとることを促すのだ。

また、クロードの最初の考えが、自分で操縦桿を握ることだった点にも注意しよう。彼は意識的にセキュアベース・リーダーとして振る舞った。

クロードはセキュアベースになることを父から学んだ。父はラオス駐在の宣教師で、クロードとその兄弟はラオスで育った。父はクロードに、さまざまなプロジェクトを経験させた。彼がまだ一四歳だったときには、ジャングルを横断するジープを運転させてくれた。父が自分を信頼し、挑戦させたという記憶はクロードの中に残り、教官となってからのリーダーシップにもよい影響を与えた。

セキュアベース・リーダーとしての「あり方」と「行動」は、意識すれば習得することができる。本章ではその学びを深めるために、さらなる助言を行う。まずは、第２章から第６章までで説明したセキュアベース・リーダーの九つの特性をベースに、自己評価をしよう。この評価によって、どの能力を優先して伸ばしていくべきかがわかる。

続いて、他者とよりよくつながるための三つの手法を紹介する。それは、「安定型愛着スタイル」を伸ばすこと、自分が発信し受け取っている「シグナル」の理解、「深い対話の力」の向上の三つだ。どれもセキュアベース・リーダーシップに欠かせないだけでなく、職場や自宅で他の人たちと関わる際にも重要なものである。

優先して伸ばす能力を決める

セキュアベース・リーダーの「あり方」と「行動」の組み合わせ方は全員が同じではないし、

九つの特性すべてを体現しているリーダーは存在しない。

第2章から第6章までで、あなたは自分自身のセキュアベース・リーダーシップ行動の評価を行ってきたはずだ。その結果を振り返り、図8・1の「特性の輪」を使って、強みと改善すべき分野を見つけよう。それぞれの特性をどのくらいの頻度で発揮しているか評価した点数を、図に描かれた放射線の該当する部分に点で示す。点を結んで、あなたのセキュアベース・リーダーシップの「形」を見て、どの特性にフォーカスするかを決めよう。どの特性を優先して育成するかを決めたら、それぞれの章に戻って（表8・1を参照）ヒントやアドバイスを読んでもらいたい。

自分に問いかけよう

- わたしはどの特性が強みだろうか
- どの特性をさらに向上させられるだろうか
- どの特性を育成したいだろうか
- どの特性を伸ばすとわたしのリーダーシップに最もよい効果があるだろうか
- 九つの特性についてチームメンバーはわたしをどう評価するだろうか

セキュアベース・リーダーになるプロセスは長い旅のようなものだ。もちろん、すぐに習得できるテクニックもある。ちょうど、ビレイヤーがビレイの手順を数分で覚えられるように。しかし、本当に上達するためには、何度も繰り返して、体に覚えさせなければならない。つまり、新しいパターンを身に付けなければならないのだ。脳にはいつでも上書きができる。必要なのは、定期的にやり方を修正することと、メンター、コーチ、セキュアベースに力を貸してもらうことだ。

よくある誤解●リーダーシップは生まれつきのものだ

これは真実ではない。リーダーシップは学んで身に付ける行動だ。その学びは子どもの頃から始まり、ずっと生きているあいだ続いていく。古いパターンを捨て、新しいパターンを築くこともできる。

「安定型愛着スタイル」とは

セキュアベース・リーダーになるためのより深い取り組みの一つに、内面の奥深くに植え付けられた、他者との関わり方のパターンに気づき、場合によっては変えていくというものがある。こうしたパターンは、「愛着スタイル」として表れる。愛着スタイルとは、あなたが他者とつながる方法で、セキュアベース・リーダーの特性を生み出すものでもある。したがって、よりよいセキュアベースになるためには、あなたの愛着スタイルを理解しなければならない。まず、あなたの本来的な愛着スタイルを認識し、続いて、プレッシャーがある場合にそれがどう変わる傾向があるかに気づく必要がある。最終的な目標は、「安定型愛着スタイル」でリーダーシップをとれるようになること、また、そこから外れた場合にどうすれば戻れるかを知ることである。

研究によると、子どもの頃の愛着スタイルが、そのまま大人になっても継続されるという。[2] この分野の代表的な研究者、キム・バーソロミューは、人が心の中に持っている人間関係のモデルには二つの側面があるという。一つは「自分」の側面で、もう一つは「他人」の側面だ。どちらの側面にもプラス、またはマイナスの極がある。「自分」の側面は、自分自身に対する考えや思い込みに関係している（わたしは有能だ、わたしは成功する、わたしはこれができる、など）。「他人」の側面は、他の人たちについての考えや思い込みに関係している（他の人々は

図8.1　セキュアベース・リーダーシップを自己評価する

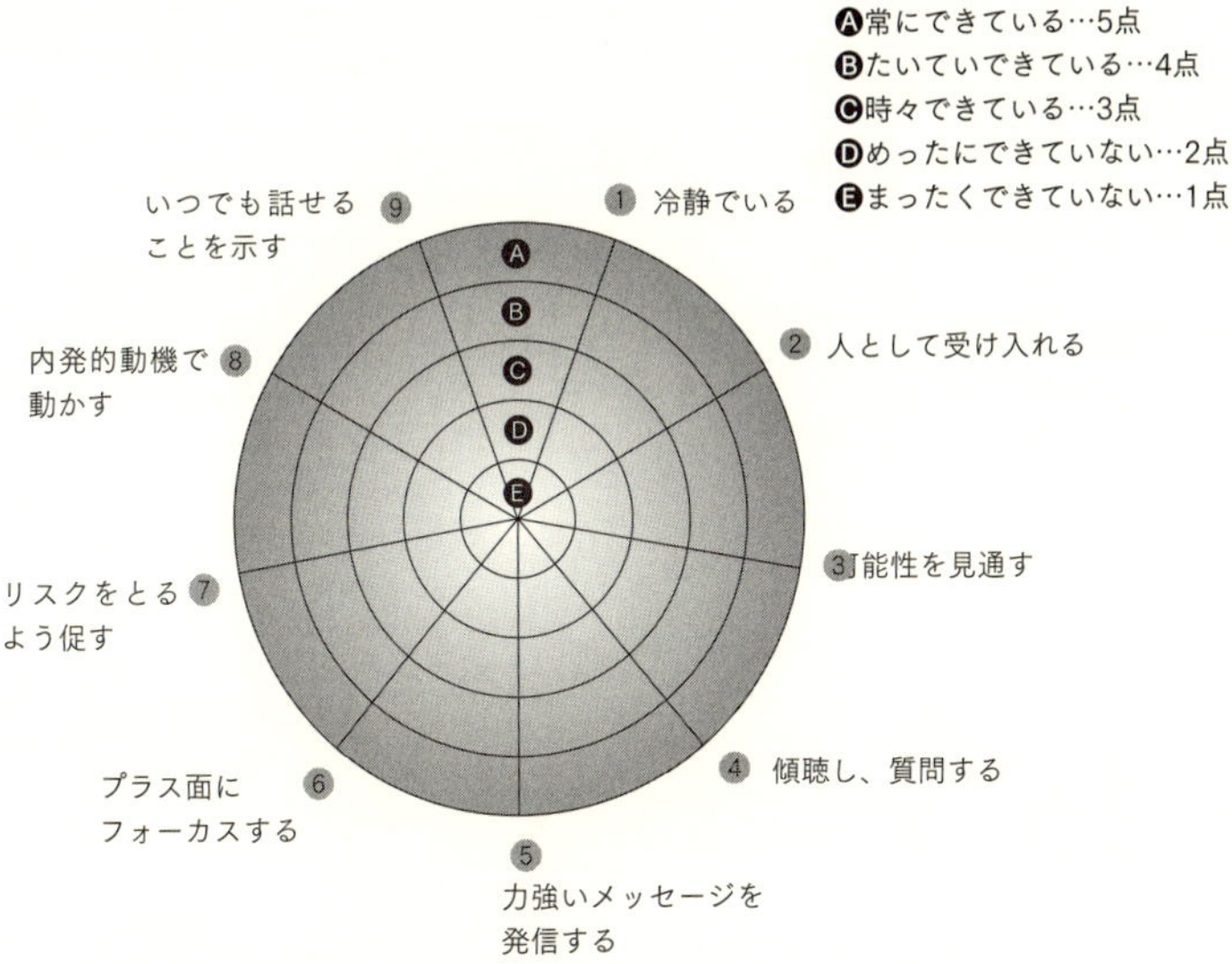

表8.1　各特性について説明されている章

1	冷静でいる	2章
2	人として受け入れる	3章
3	可能性を見通す	3章
4	傾聴し、質問する	4章
5	力強いメッセージを発信する	4章
6	プラス面にフォーカスする	5章
7	リスクをとるよう促す	5章
8	内発的動機で動かす	6章
9	いつでも話せることを示す	6章

信頼できる、他の人たちはわたしを助けてくれる、他の人々は頼りになる、など）。ある状況下でのあなたの愛着スタイルは、自分についてどう感じるかと、他者についてどう感じるかが交わる部分である。

図8・2はバーソロミューの研究を参考に作成したもので、セキュアベース・リーダーシップを実践する中で、愛着理論がどう機能するかを示している。我々はエリック・バーンの交流分析のコンセプトも加え、あなた自身の評価に活用できるようにした。また、いつ、どのように異なるスタイルに移動するかを理解できるようにもした。スタイル間の移動は、外部の状況とあなたの内なるパターンに左右される。[3]

次ページ以降に、四つの愛着スタイルでよく見られる感情や思考、行動をリストにして記した。このリストを読み、自分のスタイルについて考えるときには、次の問いかけをしよう。

子どもの頃、わたしの周囲にいた人たちの主なスタイルはどれだっただろうか

あなたの両親が主にとっていたスタイルを、あなたも繰り返している可能性が高い。しかし、長年かけて習得したパターンがどれもそうであるように、そのスタイルも、もしあまり機能していないのであれば変えることができる。反対に、自己を見直さず、意識的に取り組むことがなければ、リーダーシップ・スタイルは自身の過去に左右される。

図8.2　愛着スタイルの四類型

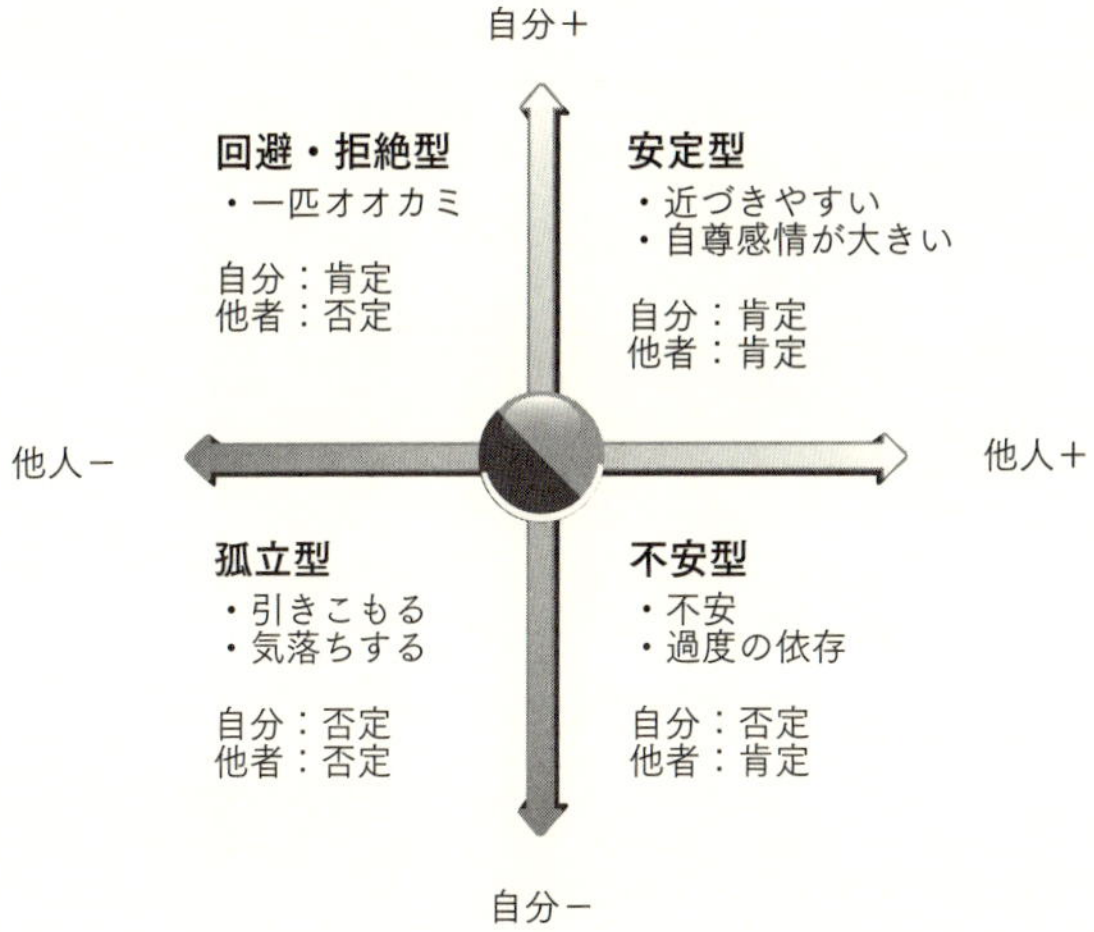

バーソロミュー（1991年）とバーン（1961年）の論文を参考に作成

プレッシャーやストレスが大きいとき、わたしはどのスタイルをとる傾向があるだろうか

どのような状況のときに、どのスタイルをとっているかに注目しよう。最も重要なのは、プレッシャーがあるときに、どのような行動をとる傾向があるかだ。ふだんは安定型の愛着スタイルでも、プレッシャーがあると別のスタイルに移行するかもしれない。後述のリストに調子のよい日と調子のわるい日の行動や気分を記したのも、そのためである。

わたしは自分の主なスタイル以外の行動をとることがあるだろうか

この感情や思考、行動のリストを読

むときには、誰もが時には、さまざまなスタイルの要素を見せるということを覚えておいてほしい。たとえば、安定型愛着スタイルの人でも、時には他のスタイルに含まれている行動を見せることがある。

1　安定型愛着スタイル――「勝利を目指す」

リーダーとしてのあなたは、**調子のよい日**には

・タスクや行動、仕事を完成させることに集中している
・一緒に仕事をしている人に目を向けており、思いやり、挑ませて、支え、ストレッチさせている
・チームとともに、チーム全体で結果を出そうとしている

リーダーとしてのあなたは、**調子のわるい日**には

・何がうまくいき、何がうまくいかなかったかを完全に認識している
・苛立っているか疲れているが、そんな感情を持つことを許している
・態度は自分で選ぶものだということを認識しており、自分のセキュアベースの一人に力を借りようとする

もし、これらの項目のすべて、あるいは大半に当てはまるなら、あなたはおそらく安定型の愛着スタイルだろう。

安定型愛着スタイルは「勝利を目指す」リーダーシップのアプローチにリンクしており、サポートと安心と安全、自信を与え、一方で、リスクをとること、冒険、創造力、学びを可能にする。冒頭のストーリーで紹介した航空学校教官のクロードは、冷静さを保ち、操縦を訓練生に任せたとき、安定型愛着スタイルで行動していたと考えられる。

このスタイルのとき、あなたは次のような状態である。

・自信を持って、他者との衝突に対応できる
・弱さを他者に見せることができ、必要なときには助けを求めることを恐れない
・過剰に身構えず、ものごとを個人的に捉えすぎない
・納得できる議論を示されたときには、見方を変えられる
・他の人が言うことに耳を傾け、それについてよく考える
・自分に厳しい課題を課すが、自分や他人に対して過剰な期待は抱かない
・困難な局面でも冷静でいる
・おそらくは高いコミュニケーション能力を持っており、自分について他の人に話すのを嫌が

らない

・しなやかなマインドセット（第5章参照）を持っており、好奇心旺盛で、心を開いており、進んで学ぼうとする

・健全なレベルの自信と、強い自尊感情を持っている

あなたがすでにこれらの行動をとっている場合、ストレスの下でもこのスタイルを維持し、いつでも他者のセキュアベースでいられるように、以下の方法で能力を伸ばすことを考えよう。

・自己認識を高め続ける
・情動を制御し、「勝利を目指す」マインドセットに取り組む
・他者のロールモデルとなり、自分の周囲にもロールモデルを持つ
・自分のセキュアベースを相談相手やロールモデルとして活用する

2　回避型・拒否型愛着スタイル――「支配を目指す」

リーダーとしてのあなたは、**調子のよい日**には

・タスクや行動、仕事を完成させることに非常に集中している

・モチベーションがあり、独立独歩で、自律的である
・結果を出すことができる

リーダーとしてのあなたは、**調子のわるい日**には
・「わたしのようにやりなさい」という先導的なスタイルをとる
・高圧的で、人を操作するような行動をとる
・プレッシャーがあると、他の人たちから離れる

もし、これらの項目のすべて、あるいは大半に当てはまるなら、あなたは回避型・拒否型の「一匹オオカミ」かもしれない。

組織のトップにいる人には、かなりの期間このスタイルをとっている人も多い。これは「支配を目指す」リーダーシップ・アプローチに通じるスタイルだ。

子どもの頃に主にこのスタイルだったならば、あなたは「自分」はプラスで「他人」はマイナスのモデルを持っている。リーダーとしてのあなたは、次のような状態である。

・他人を信じるより、自分でやったほうがよいと信じている
・心の目を他者の失敗に向けるが、自分の失敗はあまり認識しない場合が多い

・合理的で事務的だと見られており、「冷たい奴」と呼ばれている可能性がある
・周囲の世界を裁断しがちで、ものごとを白か黒、正しいか間違っているか、よいかわるいかに分ける傾向がある
・孤立を維持し、人間関係において距離を保とうとする
・親しい友人は一人か二人だけで、その関係も深い忠誠心か、守ってもらっている感覚を基盤としている
・「わたしのやり方に従えないなら出ていけ!」というアプローチをとる
・自立しており、自分の面倒は完全に自分で見られると考えている
・適度な感情すら他人の前では見せようとせず、弱さも見せようとしない
・皮肉屋で、自分の情報を公開することに対して過度に身構える

このタイプの人はセキュアベースを持っていない可能性が高い。なぜなら、他人は信じられないと思っているからだ。

こうした行動や状態が自分に当てはまると感じるならば、次の行動を実施することを検討しよう。

・過去からの古いパターンが、自分のリーダーシップを阻害していることを認識する

・「他者」について否定的なマインドセットを持っているので、意図的に他者のよい点を見るようにする。権限を委譲して、自分がコントロールしなければという思いを捨てる。他の人たちがあなたとは違うやり方でプロジェクトを行うのを受け入れ、そのやり方でも「十分である」と認める
・情緒的な余裕を増やして、仕事を完成させたいというニーズとバランスさせる。他者に自分から近づいていき、絆を結ぶ。フォロワーに日々の出来事や仕事、夢などについてたずねる
・一緒に取り組めるメンターかコーチ、セキュアベースを見つける
・毎日、「絆を結ぶ、絆を結ぶ、絆を結ぶ」と唱える

3　不安型愛着スタイル──「負けないことを目指す」

リーダーとしてのあなたは、**調子のよい日**には
・よく相談に乗り、民主的で、親和動因的（親しく和やかにしようとする心の動き）リーダーシップ・スタイルをとる
・メンバーを思いやり、彼らのために十分に時間をとる
・異なる見方ややり方を探る

リーダーであるあなたは、**調子のわるい日**には

・自分のパフォーマンスについて過度に心配になる
・一般的なフィードバック以上に、自分は大丈夫だと保証してもらう必要がある
・自分への疑いに苦しめられ、意思決定をするのに苦労する

これらの項目のすべて、あるいは大半に当てはまるなら、あなたは不安型の愛着スタイルで、「負けないことを目指す」リーダーシップ・アプローチをとっているかもしれない。リスクや喪失を避け、他の人々とはつながりながら、安全策をとっているのではないだろうか。子どもの頃に主にこのスタイルだったならば、あなたは「自分」はマイナスで「他人」はプラスのモデルを持っている。リーダーとしてのあなたは、次のような状態である。

・人間関係を重視しすぎ、他者の言葉や行動に過度に敏感な傾向がある
・批判されると、自分が個人的に攻撃されたと受け止める
・外からの評価を求め、他者の言葉に大きく依存する
・他の人たちとの関係があまりに負担となり、疲れ切ったり燃え尽きたりしやすい。
・自信がなく、他の人たちのアドバイスやサポートに頼る
・感情的に打ちのめされることが頻繁にある

・メンバーに手を貸しすぎ、起こるべくして起こった結果からも過度に守ってしまう
・他のリーダーよりも、事業とメンバーのことを気に掛ける
・自分が心配しすぎ不安定なために、他者を苛立たせ、その人たちが離れていくことすらある
・問題と人を切り離せない。この傾向が表れるのは、人に多くを求めすぎたと感じるとき、あるいはよくない知らせを伝えるとき、メンバーが自分をもう好きでないと恐れるときなどだ

こうした状態が自分に当てはまると感じるならば、次の行動を実施することを検討しよう。

・自分のリーダーシップは、過去の人間関係、特に子ども時代に影響されていることを認識する。従属的な立場から成長してきたということに気づこう
・自分以外の複数の人たちに意見を聞いていることに気づいたら、自分自身の判断と意思決定に戻る必要がある。他者の声を聞くのと同様に、自分の内なる声に耳を傾け、尊重しよう
・自分を客観的に観察し、不安がっていることや、他の人たちにサポートを求めすぎていることに気づく
・自分を信じ、自分の判断を信じることを覚える。サポートしてくれるセキュアベースを探す
・毎日、「決定し、行動する。決定し、行動する」と唱えよう

4　孤立型愛着スタイル——「回避を目指す」

リーダーとしてのあなたは、**調子のよい日**には

・じっくりと考える時間を持つ
・結果が心配でも、目標を達成したいと思う
・受け入れてほしいと深く願う

リーダーとしてのあなたは、**調子のわるい日**には

・プレッシャーを受けると身動きがとれなくなる
・自分のリーダーとしての権限を放棄する
・他者を責める

これらの項目のすべて、あるいは大半に当てはまるなら、あなたは孤立型の愛着スタイルで「回避を目指す」リーダーシップ・アプローチをとっている可能性がある。

あなたは矛盾する感情を抱え、その感情が生じているのは、自分では制御不能だと感じられるストレスの多い外部環境のためかもしれない。自分が人質であるように感じられ、自分を守るために感情的に引きこもっている。

子どもの頃に主にこのスタイルだったならば、あなたは「自分」はマイナスで「他人」もマイナスのモデルを持っている。リーダーとしてのあなたは、次のような状態である。

・自分の人生を自分でコントロールできないと感じる
・親密な関係を持ちたいと思うが、同時に拒否されるのが怖くて、それを避ける
・他の人々はあなたが嫌いで、あなたに関心がないと思っており、そのため、その人たちとの接触を避ける
・失敗と成功の両方を恐れる。成功したら何を失うか。失敗したら、自分を敗者と見る人たちに対して、どんな顔をすればいいかと心配する
・深い絆をつくるには自分を開示しなければならないと恐れて、セキュアベースを持つことを避けてきた
・他の人たちをなかなか信じられず、他の人たちがどんな動機で行動しているのか訝る
・嫉妬の感情を持ち、別離の不安を感じる
・衝突や関与を避ける。他者とつながらず、関与しなければ、拒否されないし失敗もしないと考える
・社交的な場面で過度に内気になり、「ちゃんとしなければ」と不安になる
・自信がなく、自尊感情も低い。恐怖感のために自分を無力に感じ、自分が人生の傍観者であ

ると感じるほどになる。つまり、積極的に人生に参加するのではなく、サイドラインから観察しているのである。自分自身の人生というショウを見ている観客のようになっているかもしれない

こうした状態が自分に当てはまると感じるならば、次の点を実施することを検討しよう。

・あなたのリーダーシップは自分の過去に大きく影響されており、以前の人間関係から生じた痛みに影響されている可能性があると認識する。そうした人間関係の影響を探ってみよう
・プレッシャーを受けると自信を失い、同時に人からも遠ざかる傾向があるが、これは敗北の組み合わせだ。現状から逃げようとするのではなく、「いま」に目を向けて、その場に居続けるよう努力しよう。過去に関連する恐怖と、現実を区別しよう
・あなた自身や他の人たちではなく、問題にフォーカスする
・他の人たちがあなたを思いやり、サポートし、あなたを成長させるためにストレッチさせることを受け入れよう
・毎日「絆をつくり、行動する。絆をつくり、行動する」と唱える

自分の愛着スタイルをよりよく理解し、他のスタイルについてもよりよく理解することで、

自分の傾向に敏感になれる。そのうえで、安定型愛着スタイルに向かう傾向をできるだけ強め、他のスタイルに向かう傾向を弱めるようにする。そのためには、習慣的な反応のパターンを意識して変える必要がある。同時に、自分は人間であり、時には調子のよくない日もあると知っておくことも大切だ。

自分のシグナルを認識し、他者のシグナルを解読する

他者とつながるには、彼らが送っているシグナルに気づく必要がある。シグナルは言語または非言語のメッセージで、その人が言っていることを裏付けたり、否定したりする。シグナルは、最も基礎的なレベルでは、その人が誰かに近づいてくるのか、離れていくのかを示す[4]。また、その人の動機を伝え、何を考え感じているのかを伝える。

なかには、手で示される「ストップ」あるいは「来て」のサインのように、非常に明らかなシグナルもある。しかし、たいていのシグナルはかすかなものだ。また、(何かを祝う拍手のように)意識的なものもあれば、(不安であることを示すまばたきのように)無意識のものもある。誰もが無意識のうちに、常にシグナルを送っている。誰かの前でシグナルを出さないことは不可能なのだ。

第5章で述べたように、あなたが出すシグナルはあなたの状態を伝える。だから、冷静でい

ることはセキュアベース・リーダーの基本となる。無意識の行動を通じて送られるシグナルを抑えることは困難なので、なかなか自分の不安は隠せない。しかし、自分の感情をコントロールする方法を学ぶことによって、冷静を「演じる」ことはできるし、冷静が自分の状態となる。昔ながらの「信じればその通りになる」というやり方は、ある程度は活用できる。

大きな問題となるのは、自分が送っているシグナルに気づかないときだ。気づいていれば、そのシグナルを制御することができる。あなたが冷静なら、他の人たちのミラーニューロン（第3章参照）がその冷静さを感じ取る。反対に、あなたが不安で、非常に動揺していたり、パニックになったりしていると、周囲の人たちも自動的にまったく同様の状態になるかもしれない。[5]

ここで救われるのは、あなたが関わっている相手もシグナルを出しているということだ。あなたが相手の意識的、無意識的なシグナルを正確に読めたら、その人の状態やモチベーションについて判断できるようになる。そうしたら、思いやっていいという強力な合図を受け取ることができ、またどのくらい挑ませて、冒険させ、挑戦させるべきかわかるようになる。

四種類のシグナル

図8・3は人間の主なシグナルの発信源を示したものだ。シグナルは、人と人との間での言

語的、非言語的なやりとりの一部で、次の四つの発信源から発せられる。

・体
・感情
・思考
・精神

また、この図はシグナルの作用の仕方も示している。この四つの種類のシグナルは言葉と混じり合う。言葉は人がメッセージを伝え、解釈するのに使われ、そして互いに話し合い、対話をし（後述する「深い対話の力を高める」の項を参照）、交渉するのにも使われる。[6] 相手はその言葉やシグナルを解釈し、それへの反応としてシグナルを送り、それをもう一方が解釈する、というやりとりが繰り返される。

B＝体（Body）

シグナルは、体を通じて外の世界で表される。「ボディランゲージ」には、ジェスチャーや姿勢、表情や声のトーンなどが含まれる。これらには意識的なものも、無意識的なものもあり、肯定的なもの（笑顔）も、否定的なもの（しかめ面）もある。顔だけでも二七の筋肉があり、感情や意図に反応して収縮したり、弛緩したりする。ボディランゲージには、腕を組む、脚を組む、あくびをするなど、わかりやすいものもあるが、瞳孔の大きさの変化や、小さな手の動きなど、もっと微妙なものもある。

E＝感情（Emotions）

心理学者のポール・エクマンによると、基本的な感情は、「怒り、恐れ、喜び、悲しみ、嫌悪、驚き」である。[7] これらの感情は体を動かし、体がシグナルを送る。幸せであろうと、悲しかろうと、感情の状態やどう感じているかは、あなたの身体の活力に反映される。人間は、考える生き物であると同時に、感じる生き物でもある。一つの状況に対して、中立的に感じることはまずない。中立的に振る舞うことはするかもしれないが、心の中では常にあれこれ感じているのである。わたしたちは自分の感情、つまり誰かや何かに対してどう感じるかを、シグナルを通して伝達するのである。

M＝思考（Mind）

図8.3　やり取りとシグナル

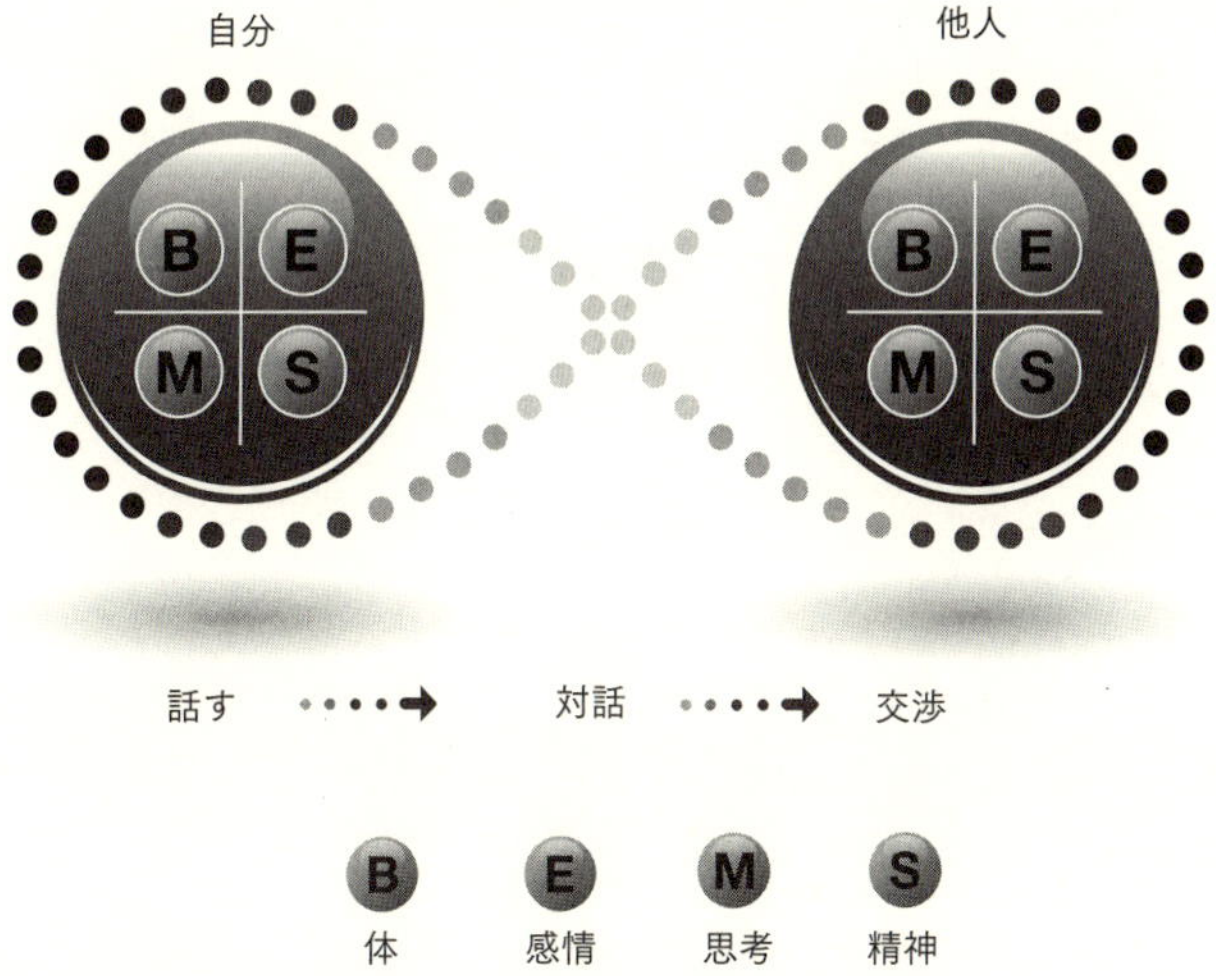

頭の中で起こっていることについて、人はシグナルを送る。あなたが考えることはシグナルとなり、たいていは（常にではないが）あなたが使う言葉を通じたシグナルとなる。たとえば、あなたが部屋を出たいと考えたとする。すると、「もう行きます」という言葉が発せられ、体はドアのほうを向く。この組み合わせが一貫したメッセージとなる。反対に、「まだここにいます」と言いながら体がドアのほうに向いていたら、矛盾したメッセージとなり、それを相手が意識的に、あるいは無意識的に読み取る。

思考と心の奥深くにある思いには強い関連がある。相手に対しての思いは、あなたが送るシグナルに影響を与える。

あなたが心の目で何に注意を向けているかが、そのシグナルで明らかになる。最終的には、頭の中の意図は体を通じて外に表される。

S＝精神（Spirit）

「精神」は他のすべてのシグナルの背後にある意図を指す。つまり、目的、動機（行動の理由）、最終目的などである。行動は意図的だったのか、あるいは偶然だったのかなどを伝える。もし、この精神からのメッセージがよいものと判断できれば、人はその行動によい意図を感じ、わるいものと判断されれば、その行動によくない意図を感じる。よい意図なのかどうかを判断するのは、受け手側だ。根っこにある動機は、ボディランゲージで表現されることもある。

時に、人はボディランゲージや言葉をコントロールし、自分のなかにあるものとは異なるメッセージを伝えようとする。研究によると、メッセージに一貫性がなく、また感情に基づいたメッセージである場合、メッセージの解釈における言葉の影響度は全体のわずか七％だ。声のトーンが三八％、ボディランゲージが五五％である。[8] 気づかぬうちに、わたしたちは誰もがボディランゲージのエキスパートになっており、周囲にいる人たちからのシグナルを捉えている。

加えて、ミラーニューロンの仕組みにより、行動だけでなく、意図も他の人たちに反映される。[9] リーダーが腕を組み、脚も組んで、「誰か質問はありますか」とたずねたら、それは言葉とはまったく異なるシグナル(君たちの質問は受け付けない)を送っていることになる。誰も何も質問しなかったとしても、それは驚くべきことではない。

プロファイラーになる

練習を積めば、シグナルを読んで、相手の狙いや動機を理解できるようになる。そうなると、そのシグナルにどう反応すべきかについて、有力な情報が得られることになる。

意図を確かめるために観察する

シグナルにより、その人が言葉通りの意図を持っているかがわかる。言葉が他のシグナルと一貫しているか、あるいは矛盾しているかを、手がかりを集めて判断しよう。特に、言葉の勢いや強さに注意する。目は動機を伝えることが多く、嘘をついている人は相手の目を見られない。もし誰かがあなたの目をまっすぐに見て、「この仕事は正午までに終わらせます」と言ったら、その人が本気で言葉通りにするつもりだと理解できるだろう。一方で、あなたの目を見ずに言ったとしたら、もう少し質問をして、意図を確認したほうがいいかもしれない。

意味を理解するために耳を傾ける

人は言葉の選択を通じて動機を伝える。次の二組の質問を比べてみよう。

質問1
「わたしが置いておいたレポートをもう読みましたか」
「わたしが置いておいたレポートを、あなたは読まなかったと考えていいですね」

質問2
「どうして会議に遅れたのですか」
「どうしてわたしの会議には毎回遅刻するのですか」

両方とも、二番目の質問のほうは相手を非難する動機を伝えている。用いられる言葉から、その人が本当はどう考えているかがわかる場合が多い。時には、その人の奥深くにある懸念や恐れが明らかになる。

感情を理解するために観察する

人の感情は、意識的、無意識的なボディランゲージで表され、そこから動機も推察できる。

表8・2には、一般的な感情のシグナルを挙げた。

セキュアベース・リーダーは、プラスの感情だけでなく、マイナスの感情のシグナルもうまく捉える必要がある。怒りや悲しみ、失望などを感じたら、その人がどんな苛立ちや喪失を抱えているのかを考えよう。そして、より深く絆を結ぶために、関心や心配、思いやりなどを伝える。そうすれば、相手も安全な環境の中で、マイナスの感情を吐露できると感じられるかもしれない。感情が解放されたら、リーダーはその人の心の目をよりプラスのほうに向けさせられるだろう。

「深い対話の力」を高める

シグナルを感じ、解釈し、反応することに続くのが、対話の能力である。対話のスキルは比較的簡単に伸ばすことができ、大きな成果をもたらす。対話は、絆の形成と他者の心の目を動かすことの両方において不可欠なものである。また、相互理解や目の前のタスクに取り組むときには、対話によって互いに影響を及ぼし合う。

真の対話では、互いの言葉を理解し合うので、一体感が生まれる。深い対話とは、一緒に考え、話すことによって、より大きな真実を求めることである。深い対話では、誰か一人の考えだけが真実だということはない。

表8.2　感情のシグナル

感情	シグナル
喜び	笑顔、熱いジェスチャー、目の輝き、感謝の表現
驚き	下がったあご、開いた口、上がった眉毛、大きく開かれた目、驚いた声
恐れ	身体が縮んだ状態、守りのポジションに置かれた手、震え、後退、大きく開かれた目、顔や手足が青ざめる
怒り	過剰な皮肉、短気、興奮、顔の紅潮、歯を食いしばる、拳を握る、胸を膨らます、筋肉を緊張させる
悲しみ	泣く、下を向く、瞼が下がる、眉を寄せる、体が縮んだ状態
嫌悪	顔の紅潮、意欲のなさ、体が縮んだ状態、受け身な行動、受動攻撃的（感情を直接的には表現せず、相手を困らせるような行動などで攻撃する）な行動

深い対話は傾聴と質問と話すことが強く組み合わさったものだ。他者とともに探索していくことであり、熟考する方法の一つである。深い対話を行うには、批判は避け、発見を目指す。

自分の言葉が、望んだ通りのインパクトを与えられない場合は、その言葉が誤解されている可能性がある。たとえば、「（相手が）課題に挑む力があると信じている」と言おうとしたのに、相手には、「無理難題を押し付けている」と思われる。そういう場合は、深い対話の力に欠けているのかもしれない。もっと正確に言うならば、「対話障壁」を築いているのかもしれない。

対話を妨げる要因

わたしたちは毎日、十分に意識しないままに、深い対話を妨げる対話障壁を築いている。たとえば、受け答えの仕方がいつも決まったものになっていて、有効な対話を妨げることがある。主な対話障壁は、価値低減、消極性、再定義、過剰説明の四つだ。

価値低減

「価値低減」の対話障壁は、相手を何らかの方法で過小評価したり、軽んじたり、けなしたりすることだ。「そうですね。でも……」という言い方は、その前の発言の価値を低減する。「わかってないですね」「あなたには理解できないでしょうが」などのフレーズや、「わたしには、そんなことはできません」「わたしだったら絶対に……しません」も、相手の価値を下げる対話障壁だ。

口癖となっている答え方には、無意識のうちに、あるいは一部無意識のうちに相手の価値を下げるものがある。価値低減の反対は、自分や他者や状況を「十分に認める」ことだ。

> **自分に問いかけよう**
>
> ・わたしはいつ、どのように価値低減の対話障壁を使っているだろうか。
>
> ・わたしの周囲の人たちは、どのように価値低減の対話障壁で対話をブロックしているだろうか

消極性

対話に加わらず、自分の中に閉じこもっていたり、反応を示さないのは、「消極性」の対話障壁だ。ある種の恐れの反応から生じている場合が多く、他者と関わり合うことよりも、自分を守ることにフォーカスしている。

自分が対話に加わっていないことに気づいたら、「わたしは何を恐れているのか」と自分に問いかけよう。また、チームの中に消極的な人がいたら、その人たちが安心して発言できる場所や環境をつくり、そうすることで、彼らが意見を言えるよう励まそう。消極性の反対は、「意見や考えを表明する」である。

自分に問いかけよう

・対話において、わたしはいつ、どのように消極的だろうか
・わたしの周囲の人たちは、どのように消極性を示しているだろうか

再定義

議論や対話の焦点を変えて、自分が議論をコントロールしようとしたり、自分にとって不都

合なことを避けようとしたりする場合、それは「再定義」だ。あるいは、「再定義」の対話障壁を用いて、相手と深く関わるのを避けているのかもしれない。自分の意見を言うのは、リスクがあると感じられる場合がある。再定義するとき、あなたは自分を守ろうとしており、自分に対する認識を維持しようとしている。

たとえば、「あなたの仕事の質について、どう思っていますか」という直接的な質問を受けたとき、「チームはわたしの仕事に満足しています」と答えたら、それは再定義していることになる。答えてはいるが、それは元の質問ではなく別の質問に対する答えだ。自分自身の仕事についての意見を言わずにすむ質問に答えたのである。再定義の反対は、「質問に率直に答え、感じたことや考えたことを言う」である。

自分に問いかけよう

・わたしは質問に直接的に答えているだろうか（わたしはこの質問に、直接的に「はい」か「いいえ」で答えただろうか）
・どのくらい頻繁に、わたしは質問を再定義しているだろうか
・わたし以外で、質問に直接答えない人をわたしは知っているだろうか

過剰説明

直接的で、明確で、シンプルな話をするのではなく、あまりにも細かな部分まで話すのは「過剰説明」だ。緊張する状況や、居心地の悪い状況では、過剰説明に陥ることがある。あまりに話しすぎると、他の人が話す余地がなくなり、言いたいことを言えなくなる。また、細かすぎる情報の中で、議論の焦点が見失われる。

深い対話を促進するには、〝四文ルール〟を設けてみてはどうだろう。つまり、言いたいことを誰もが四つ以下の文章で言うと定めるのだ。このアプローチによって、対話は直接的で無駄がないものになる。過剰説明の反対は、「言いたいことを簡潔に、はっきりと、思いやりのある言い方で言う」である。

自分に問いかけよう

・わたしは喋りすぎるだろうか（この質問に、シンプルな「はい」または「いいえ」以上の答えをしなければ、と思っただろうか）
・わたしが話している詳細な内容は、意味があるものだろうか
・わたし以外で、話しすぎる人はいるだろうか。その癖は他の人々にどんな影響を与

えているだろうか

自分がこれらの障壁を対話の中でどのように使っているかを認識し、それが自分のチームや家族の深い対話をどう妨げているかに気づこう。それらを取り除けば対話の質は向上し、絆を結ぶのに不可欠な感情的なつながりを育てることができる。

深い対話のための実践的なスキル

プレゼンテーションを事前に準備するように、対話の前に次の点についてあらかじめ考えておくことで、深い対話の準備ができる。

・わたしの**状態**はどうか
・わたしが成し遂げたい**結果**は何か
・どんな**選択肢**を提供するか
・どんな**譲歩**ができるか
・そして、どんな**質問**をするか。これが最も重要だこれらの点は、対話スキルの「ＳＯＣＣＱ」モデルにつながるものだ。ＳＯＣＣＱは、状態(State)、結果(Outcome)、選択肢(Choice)、譲歩(Concession)、質問(Question)の頭文字だ。このモデルはロールプレイで特に役立つ。

コラム　ロールプレイ

難しい対話を控えているなら、ロールプレイをして準備をし、成功の可能性を高めよう。先に、エキスパートは意識的に多くの練習を繰り返して、その結果エキスパートになると述べた。脳はリハーサル(練習)と本番に同じように反応する。正しく練習すれば、その練習がよい結果につながる。

自分が何を言うかを準備する(併せて、対話障壁をどのように避けるかを準備する)のに加えて、相手の役割も演じて練習してみよう。相手の立場に立ち、相手の感情的な状態を経験することで、共感を高めて、その人の立場をよりよく理解できる。

状態

最初の対話スキルは自分の状態を知ることだ。どんな気分か。不安を感じているか、あるいは積極的か。それとも、冷静で落ち着いているか。

前述したように、自分の状態や意図のシグナルは相手に届く。そのシグナルにより、同様の反応が相手側にも起こる。もし、あなたが対話に不安を感じていたら、相手もその気持ちを感じて、不安になったり身構えたりする。

どんな対話でも成功のカギとなるのは、対話を始める前に、可能な限り自分を冷静で落ち着いた状態にすることだ。そして、自分の状態をチェックし続ける。苛立ちや不安や、怒りを感じ始めているのに気づいたら、間を取って深呼吸をするか、立ち上がって少し歩き、状態を変えよう。沈黙が生じるのは何ら悪いことではない。非生産的な状態であることを見せるよりも、沈黙のほうがずっとよい結果につながる。

結果

次のスキルは、理想的な結果について、対話を始める前に、あるいは長い対話を継続する前に、明確にしておくことだ。何を実現したいかがわかっていれば、その結果に向けて、対話をよりよく進めていくことができる。もし、どんな結果を求めているかわからなければ、会話の中ですぐに身動きが取れなくなる。

ただし、対話に入ったら、新しい情報が出てきた場合に備えて、柔軟であることも大切だ。その時点で、理想とする結果を変更しても構わない。

選択肢

対話に入ったら、いつでも可能な場合には相手に選択肢を与えよう。何をすべきか命じてはいけない。そうすると、意欲ではなく服従が生まれ、相手はあなたが依頼したことだけを行う。一方で、選択肢を与えると意欲が生まれる。なぜなら、何を行うかを自分で選んだからだ。

子どもを相手にした場合の、よくある例を示そう。

朝、あなたは子どもに着替えるように言う。すると子どもは「いやだ」と言う。あなたは、「早く着替えなさい！」と繰り返し、子どもは、やはり「いやだ」と言う。緊張感は高まり、互いの声は大きくなるが、結果は変わらない——両方にフラストレーションがたまって、子どもはパジャマのままだ。

その代わりに、子どもにこう言ってみたらどうだろう。「着替えるのは、朝ごはんの前がいい？　あとがいい？」「赤いシャツを着たい？　それとも青いシャツを着たい？」「自分で着替えたい？　それとも、手伝ってもらいたい？」

大人の場合もこれと同じだ。人は選択肢を与えられると、たいていは選ぶ。しかし、何をすべきか命じられるのは、嫌がる場合が多い。困難な状況下でも、選択肢の提供は強力なツールとなる。第1章の冒頭でサムとジョージのストーリーを紹介した。ジョージはサムに、手錠をかけるのは体の前がいいか、後ろがいいかたずねた。どちらにしても手錠はかけるのだが、選択肢を与えることで相手を尊重し、意欲を創造できるのだ。

譲歩

このスキルが、おそらく最も難しい。それは、言葉を用いて譲歩をすることだ。譲歩をするときには、普遍的な「交換の法則」が発揮される。あなたが何かを与え、その見返りに何かをもらうのだ。しかし、対話の最中に、相手方のかすかな譲歩に気づくためには注意して耳を傾け、冷静でいなければならない。そして、その譲歩に対して「報いる」必要がある。

たとえば、あなたが厳しい指摘をして相手がそれを認めたとき、あなたは次のテーマに移る前に、相手が認めたことを感謝する。「ありがとう」や「感謝します」などの言葉は、緊張した雰囲気を和らげる譲歩の言葉だ。もし、あなたが最初に言葉で譲歩をしたら、相手もそれに続いて譲歩をする可能性が高い。このテクニックは、あなたの譲歩のスキルを向上させるだけでなく、積極的に聞くスキルも高める。ともに、深い対話には欠かせないスキルだ。

質問

五つ目の対話スキルは、適切な質問を適切なときにすることだ。これが全体の中で最も強力である。航空学校教官のクロードが訓練生に指示をしたとき、質問から始めたことを思い出してほしい。質問には、「はい」「いいえ」で答えられるものと、そうでない自由回答形式の質問がある。対話は、より大きな真実を求めるための、二人の間でのやりとりだ。このやりとりを独白ではなく対話にするために、最も強力なツールとなるのが自由回答形式の質問である。まずは自分が言いたいことをはっきりと、だが相手を尊重する言い方で言い、続いて質問をする。

例を挙げよう。「今週は製造品質が低下していて気がかりです。原材料コストは増加し、生産量は下がっていますね。何が起こっていると思うか、意見を聞かせてくれますか」。

「たしか約束では、ゲームをやれるのは宿題が終わって、犬を散歩に連れて行って、ベッドを整えたあとだったよね。わたしはそう覚えているけれど、君は約束をどんなふうに覚えているの？」

やりとりのたびに質問をしよう。この方法をとれば両者が対話に参加し続け、難しい状況では、緊張感と感情の高まりを和らげられる。質問をしたら、相手の答えを待とう。沈黙を言葉で埋めようとしてはいけない。あくまで、相手が答えるのを辛抱強く待つのだ。

深い対話の力を見損なってはならない。五つのスキルを練習し、対話の障壁を避けることで、セキュアベースとしての行動と特性を実現することができる。

自由回答形式の質問を増やすなど、新しいことに挑戦するのは、最初は気恥ずかしい感じがするかもしれない。しかし、練習すればするほど、新しい行動はより簡単かつ自然になっていく。いつ質問をするべきか、いつセキュアベース・リーダーの特性の一つを前面に出すべきか、そうしたニュアンスも身に付いてくる。技術を習得しているプレイヤーも、どのくらいロープに緩みを持たせるか、いつ言葉をかけてコーチすべきか、クライマーに具体的に何と言うかなどを本当に身に付けるには、何年もの経験が必要だ。相手のシグナルを読んで、その意図とニーズを知り、何をすべきかを判断するのである。

九つの特性のうち何が強みかを評価し、愛着スタイルについて検討し、自分や他者が送るシグナルにより敏感になり、さらに対話のスキルを伸ばすことで、あなたは他者とより深くつながる方法を身に付けられる。そして、それによってセキュアベース・リーダーシップへの道を大きく進むことができるのである。

もう待つ必要はない。今日から始めよう。

第８章からの学び

・九つの特性のうち、何が自分の強みかを明確にすると、セキュアベース・リーダーとして向上するために、どこを改善するべきか判断できる

・通常の状況での自分の愛着スタイルと、プレッシャーの下での愛着スタイルを知ることは、セキュアベース・リーダーになるうえで有用である

・子どもの頃の愛着スタイルが何であったにせよ、練習によって、安定型の愛着スタイルをより多く用いられるようになる
・自分が送っているシグナルと、他者から受け取っているシグナルの両方に気づき、そうしたシグナルを読むことを学べば、より有能なリーダーになれる。
・シグナルには体、感情、思考、精神が関わる
・自分と他者との対話を妨げる「対話障壁」をなくすことによって、仕事や家庭でよりよい影響を及ぼせるようになる
・対話力を向上させるために、選択肢の提供、譲歩、的を絞った質問の仕方を練習する

「リーダーになるまでは、成功とは自分を成長させることだ。リーダーになったら、成功とは自分以外の人たちを成長させることだ」

ジャック・ウェルチ（一九三五―）
ゼネラル・エレクトリック元会長、CEO

第9章◆「安全基地」としての組織

インベステック・アセット・マネジメントのCEO、ヘンドリック・デュトアは、同社が創立から一五年間、非常に順調に成長してきたことはわかっていた。一方で、グローバルに成長を続けていくには、さらに努力する必要があることも理解していた。

同社はクライアントのために、一貫した強い投資パフォーマンスを実現することを非常に重視してきた。その点では間違いなく成功していたが、経営陣は同社が人材をあまり幅広く育成できていないことを認識していた。若い人材は、同社の職場環境があまりに厳しく、十分なサポートもないと感じていて、離職率も高かった。

経営陣は同社を、誇りをもって「ライオンの住処」と言い表していた。セキュアベース・リーダーシップの言葉で言えば、同社は「支配を目指す」会社だった。人間関係や感情的な絆を時に犠牲にしながら、大きな結果を出してきたのだ。このアプローチで短期的な成果は挙げられたものの、ヘンドリックは、長期的にはもっと強力な人材育成の仕組みが必要だと感じていた。

この問題の解決のため、本書筆者の一人であるダンカンがコンサルタントとして招かれた。彼は同社がセキュアベース・リーダーシップの二つの側面を両方とも尊重できるよう、「成果と人間関係」という考え方を紹介した。[1]すると、ヘンドリックは、セキュアベース・リーダーシップの概念を社内に深く浸透させるために、包括的なリーダーシップ・トレーニング・プログラムに投資することを決め、社内のチームリーダー全員が参加することになった。

ヘンドリックは言う。

「わたしはそれまで、こうした種類の活動、特にリーダーシップ・トレーニングには非常に懐疑的でした。優秀な人は自然にトップまで上がってきて、その意志と成果によって他の人をしのいでいくと考えていました。しかし、グローバル企業として真にその能力を発揮するには、もっと体系的な人材育成が必要だと思うに至ったのです」

トレーニングではセキュアベース・リーダーシップの概念を紹介し、喪失や別離、悲しみを理解することの重要性を強調し、対話のスキルを伸ばすことの大切さについても教えた。ダンカンは「ライオンの住処」のたとえを生かして、ライオンも子どもの面倒は見ると話した。こうして、同社は大切な「パフォーマンス」志向を維持しながら、人間関係の絆の側面を取り入れていった。

トレーニングが終了すると、インベステックは人間関係の構築と維持を、年間評価プロセスに組み込んだ。人間関係でよい結果を示さなかった人は、その点をはっきりと指摘され、今後何が期待されるかを告げられた。金銭面での報酬も併せて導入された。こうして同社は人間関係をより明確に尊重する強い文化を築いていった。また、よりよい人材育成のために必要な、人材開発と支援の仕組みも築いた。

セキュアベースになるというアイデアは、組織の頂点に立つヘンドリックから始まったが、彼自身もセキュアベース・リーダーシップを具現化していた。彼は、サポートと挑戦を桁外れのやり方で組み合わせていた。部下に対して厳しく、容赦なく、滅多なことでは満足せず、高い目標を与えていたが、常に全従業員の幸せを考えていることを伝えていた。

現在、同社にはパフォーマンスと成果を実現しようとする雰囲気とともに、家族的で思いやりのある雰囲気が共存している。同社はいまでも、社員がより高いところを目指すよう背中を押す文化ではあるが、彼らは同時にサポートされているとも感じている。社員の意欲は、史上最も高い水準になっている。

インベステックは非常に競争の激しいアセット・マネジメント業界で成功を続け、二〇一一年には創立二〇周年を祝った。同社はその年、ヨーロッパの最優秀アセット・マネジメント企業に選ばれ、ヘンドリックはヨーロッパ投資業界の最優秀CEOに選ばれた。[2]

インベステック・アセット・マネジメントでは、人材育成のプログラムとして始まったことが、最後には企業の文化まで変えた。さらには、同社自体が社員とクライアントにとってのセキュアベースになったともいえる。

企業がセキュアベースになるとはどういう意味だろうか。前述したように、守られている感覚と安心感を与え、冒険とリスクと挑戦を求めるエネルギーと意欲の源を提供するのであれば、組織もセキュアベースになれる。企業がインベステックのように、安心とストレッチを組み合わせて提供するならば、社員やそのメリットを感じる外部のステークホルダーにとって、その会社はセキュアベースとなる。

セキュアベース・リーダーとしての究極の成功は、周囲の数人にだけ影響を与えるのでなく、組織の文化にまで影響を与えることである。組織のすべての「パズルのピース」、すなわち、ビジョン、ミッション、価値観、戦略に加えて、方針や手続き、人事制度などの構造的な要素も含めて、すべてが安心とストレッチを提供するという精神の下でまとまれば、その会社は社員のセキュアベースとなる。そして、もちろんセキュアベース・リーダーが、パズルのピースを正しい場所に置く役割を果たす。

会社をセキュアベースに変えれば、やがてその文化も変わる。読者の中には、組織変革の難しさを経験している人も多いだろう。組織変革は成功するよりも失敗するほうが多いといわれ、研究者らはその証拠として、企業の買収・合併の九〇%が、目標を達成できないことを指摘する。[3]

では、セキュアベース・リーダーシップのコンセプトを変革のプロセスに適用したらどうだろうか。具体的には、次の点を実施する。

・どんな変革も喪失を伴い、従業員はその喪失を悲しむ必要があることを忘れない。変革の計画に、第4章で示したステップを組み込めるよう、時間とエネルギーを確保する

・最終目標だけでなく、変革の途中での学びにも目を向ける。どんな失敗も学びの機会となる。失敗を理解することで状況に適応でき、将来も変えられる

・自分では動かせないパズルのピースについて心配するのではなく、自分で変えられる部分から取り組む。組織のトップに立っているのでなければ、あなたが影響を及ぼせる範囲内で変革を始める

・優れた成果を目指し、完璧は目指さない。IMDの教授であるピーター・キリングとトム・マルナイトが著書[4]で推奨する「勝たねばならない戦い」に臨もうとするときには、セキュアベース・リーダーシップの確立をその中に含める。自社をできるだけ長いあいだセキュアベースとすることを目標としよう

・大きな課題を小さなステップに分割する。変革に体系的に取り組み、日々変化を起こして、成功の可能性を最大化しよう

これらのポイントは、システム思考のエキスパートであるピーター・センゲから着想を得た。

センゲの画期的な研究成果である「学習する組織」（コラム参照）は、セキュアベースとしての組織の役割を裏付けるものだ。センゲは著書でこう述べる。「基本的にはすべての組織は、そのメンバーの考え方と関わり合い方の結果としてできあがるものである」[5]。

組織をセキュアベースに変えたいのであれば、従業員のマインドセットを変える必要がある。これを成功させるには、次の分野に力を集中するとよい。

・セキュアベース・リーダーシップに組織のあらゆるレベルで取り組む
・セキュアベース・リーダーシップの概念を人事プロセスに組み込む
・目標、ビジョン、ミッション、その他の「望ましい結果」を明確にする

コラム　学習する組織

「ハーバード・ビジネス・レビュー」誌は、ピーター・センゲの一九九〇年の著書『学習する組織』を、「史上最も重要な経営書の一冊」と評価した。同書でセンゲは「学習する組織」の概念を知らしめた。わたしたちの研究結果では、セキュアベース・リーダーシップが組織学習の強力な基盤となることが示されている。センゲは学習する組織を次のように表現する。

「人々が絶えず心から望んでいる結果を生み出す能力を拡大させる組織であり、新しい発展的な思考パターンが育まれる組織、ともに抱く志が解放される組織、ともに学習する方法を人々が継続的に学んでいる組織である」[6]

この定義によると、センゲの学習する組織には五つの「ディシプリン」がある。

①システム思考　全体を考え、全体の中にある部分どうしの関係を考えること
②自己マスタリー　自身で学習と成長に生涯取り組むという強い決意
③メンタルモデル　個人や組織が抱く固定観念やマインドセットを認識すること
④共有ビジョン　将来像を描き、共有すること
⑤チーム学習　ともに学ぶこと。これは個々人と組織にとって、莫大な効果がある

センゲの議論は、リスクをとる能力を示唆するものである。リスクをとることとは挑ませることであり、挑ませることの基盤として欠かせないのが思いやることだ。

そして、センゲの学習する組織の概念が含有しているのが、対話の重要性である。彼は、よい対話が学習を自由にし、個人とチームの可能性を解き放って、課題に対するクリエイティブで意味のある解決策を発見する可能性を生み出すという。

この五つのディシプリンと対話の重視は、明らかにセキュアベース・リーダーシップの九つ

の特性に通じるものである。セキュアベース・リーダーシップに欠かせない学習や自己認識、個人としての成長、絆、心の目、深い対話に取り組めば、それはそのまま学習する組織を築くことにもつながる。フォロワーが偉大な成果を挙げるよう励まし、意欲を持たせる組織である。

組織のあらゆるレベルで取り組む

組織をセキュアベースに変革するプロセスは、まずはできる限り多くのリーダーが、セキュアベースの概念を自身の手法や姿勢に取り入れるよう勧めることから開始する。もし、あなたが他のリーダーには影響を及ぼせないのであれば、本書の第7章と8章でわたしたちが提案したことから始めよう。

ＩＭＤ教授のギンカ・トーゲルによると、組織変革プログラムの成功は、上級幹部がどの程度深く関わるかに直接的に左右される。組織変革が最も強力に進むのは、上級幹部のほとんどが個々人として変革の過程に関わり、特に幹部チームがともに変革を進めるときだ。「変革に関わる」とは、単にキックオフミーティングと報告会議に顔を出すということではない。リーダー本人が直接トレーニングに関わって、自分の経験や課題を話し、自分自身も変わろうとすることだ。次のストーリーのようにトップの人たちが個人的にプロセスに関わると、他のリーダーたちもより高いレベルで変革に関わるようになる。さらに、自分のチームでも同様の取り組みを進め始める。

フィンランドの石油会社、ネステ・オイルのために行われたＩＭＤのリーダーシップ・プログラムで、ＣＥＯのマッティ・リエボネンは全プログラムに参加すると言った。他のマネジャー全員と同じように、最初から最後まで参加することを希望したのだ。この意欲は、マッティが変革に真剣であることを示し、同時に、自ら行わないことを社員にはやらせないという決意を示すものだった。マッティは同社のマネジャーたちにとって強力なリーダーシップのモデルとなり、プログラムの過程で大きな尊敬を集めた。

リーダーはモデルとして大きな役割を果たす。リーダーの行動は、彼らが影響を及ぼす範囲にメッセージとなって伝わる。人はリーダーの行動や、言葉さえも見習う。より多くのリーダーをセキュアベースにできれば、より多くの人が自らセキュアベースになろうとする。そして、会社自体がセキュアベースになる可能性も高まる。

他のリーダーも巻き込む

エグゼクティブ教育プログラムの参加者がセキュアベースの概念に刺激を受けると、社内の同僚を参加させたいと思うようになる。

ＩＭＤの「ハイパフォーマンス・リーダーシップ・プログラム」に参加したあるリーダーは、その内容を自社に持ち帰り、取締役会で活用して大きな成功を収めた。

オランダ開発機構（ＳＮＶ）の取締役会は、セキュアベースのコンセプトを取り入れて、世界各地のチームでセッションを行った。

このプロセスで、参加者は本書に書かれている思考課題をすべて実施し、ライフラインの作成も行った。ライフラインの作成をチームで一緒に行うことで、各人の自己認識が高まっただけでなく、チームの強化にも間違いなく貢献した。参加者は、お互いのライフラインを聞いたあとは、チームメイトを人としてずっと深く理解できるようになった。また、その過程でより直接的で話しにくい内容についての会話もすることができ、それがより深い信頼と共感へとつながっていった。

ＳＮＶのケースが示すのは、一緒に働いている人を人間としてより深く知ることが、どれだけ効果があるかということだ。ただし、このプロセスには進行役となるファシリテーターが必要で、準備と発表に十分な時間をとる必要がある。同様のことをあなたの会社でも行おうとするのであれば、専門家がプロセスを管理し、必要な時間を確保するようにしてほしい。

自分に問いかけよう

・どのようにして、わたしは同僚をセキュアベース・リーダーになるよう巻き込めるだろうか。
・わたしは近くで一緒に働いている同僚のことを、どのくらい知っているだろうか。

コラム セキュアベース・リーダーシップを同僚に紹介する

企業幹部らに時々質問されるのは、本書に書かれているような内容を、自社やチームに持ち帰って取り組んでみても大丈夫か、ということだ。彼らが心配しているのは、同僚個人の人生や、リーダーとしての履歴をたずねることが、プライバシーの侵害にあたるのではないかということだ。また、セキュアベース・リーダーになるために必要な作業が、職場で行うには個人的で感情的すぎるかもしれないとも懸念する。

課題への取り組み方が、あまりにも個人がさらけ出されるやり方だったり、提供した情報がその人の意思に反して使われたりするのであれば、こうした懸念も妥当なものとなる。実施する際には、次のガイドラインを守って、その一線を越えないことだ。

・自分もそのプロセスに参加し、グループとともにすべての課題に取り組む
・ファシリテーターを活用して、自分が先生となるのではなく、参加者になれるようにする
・十分な時間を確保する。その時間を使って、信頼感の構築、相互理解、課題の実施、満足のいく発表とまとめを行う
・グループ内で個人の秘密を守る契約を作成する
・課題を行う目的と理由を全員に知らしめる。全員の心の目をメリットとプラスの結果に向けさせる
・何を打ち明けるかは、その人に選んでもらう。決して無理強いしない

他者を巻き込めないときにどうリーダーシップをとるか

では、幹部の参加が十分に得られない場合は、どうしたらいいだろうか。その場合は、自分のチームや自分が影響を及ぼせる範囲を変革することに集中する。組織のごく一部でも、セキュアベースに変えることを目標にしよう。

組織変革を起こせるような立場ではないと感じるときは、本当は変化を起こせるのに、ただ

責任を取らない言い訳をしているだけではないかと、自分に問うてみよう。前述したように、どんな大きな課題も、小さく分割して取り組むことができるはずだ。

人事プロセスに組み込む

組織をセキュアベースに変えるためのプロセスで、次に検討すべき領域は、人事のプロセスである。セキュアベース・リーダーシップの中核となっている考え方は、すべての人事プロセスに組み込むことができる。

職務記述書と採用

思いやることと挑ませることの両方の要素を、どうすれば職務記述書に入れられるかを検討しよう。たとえば、業務に関する要素を入れる一方で、九つのセキュアベース・リーダーシップの特性や、そのなかで最もあなたの組織に合うものを一つでも入れられるだろうか。

また、採用面接の質問として、候補者のセキュアベース・リーダーとしての経験を話してもらうことを考えてみよう。次のような質問をすれば、どんなに若手のポジションでも、人間関係と成果をどうバランスさせているかを話すことができる。

・誰かに対して、その人が不可能だと考えていることを行うよう、励ましたことがありますか
・チームに結果を求めながら、同時に意欲をもって取り組むようにするにはどうしますか
・人の名前を聞いて覚えるために、どんなテクニックを使っていますか
・毎日（あるいは毎週）どのくらいの時間、同僚と仕事以外の話をしますか

加えて、候補者自身のセキュアベースについても、忘れずに質問しよう。

・あなたが人生で最も影響を受けた人物は誰ですか
・あなたが可能だと思っていた以上のことを実現するよう、あなたを挑戦させた先生やコーチのことを話してください
・あなたが可能だと思っていた以上のことを達成できたのはいつですか。それを支えてくれたのは誰、あるいは何ですか

候補者の面接を行うときには、あなたが企業文化を体現していることを忘れてはならない。業務プロセスや成果だけについて話したら、人間はあまり重視されないというシグナルを送ることになる。反対に、候補者に難しい質問で挑むことがなければ、あなたの組織が高いレベル

を求めていることが示せない。

コンピテンシー・モデル

コンピテンシー・モデルは、標準化された方法で社員を項目ごとに評価できることから、企業でよく使われるようになっている。コンピテンシー・モデルは、高業績を生み出す要素を示し、その要素ごとに評価を行うものだ。セキュアベース・リーダーシップの特性はコンピテンシー・モデルとして開発したものではないが、自社組織に期待する具体的なコンピテンシーの強力なフレームワークとなる。もし、あなたの組織ですでにコンピテンシー・モデルが使われているのなら、それらを九つの特性と比較してみよう。既存のアプローチに、セキュアベースとリーダーシップとの明らかなギャップや矛盾がないかを調べるのだ。

個々人の目標

リーダーシップの思いやりの側面は、職務記述書でも、個々人の目標でも驚くほど軽視されている。目標では、数字やターゲットなどはとても明確に示されているのに、人間関係に関する業績については不明確な場合が多いのだ。時々、「主要なステークホルダーとのコミュニケーションを向上させる」といった曖昧な記述を目にする程度である。目標を書く際には、思いやることと挑ませることの両面に明確にフォーカスしよう。そうすれば、セキュアベース・リーダーシップをよりよく組織に取り入れられる。表9・1に目標例を挙げた。

業績評価面談

職務記述書、コンピテンシー、目標を用いて、確実な業績評価面談を実施しよう。面談ではこの三つのツールに照らして、セキュアベース・リーダーシップの要素を評価することが重要だ。求められたことを実行したと認められれば、その人はその行動を継続し、改善する可能性も高まる。

フォロワーに対して課題を設定したセキュアベース・リーダーは、フォロワーがそれを実現したか、少なくとも実現するよう努力したか説明を求めよう。説明を求めなければ、リーダーはそのことに関心がない、あるいはその課題をフォロワーが達成できるとは思っていないというシグナルを送ることになる。業績評価面談は、フォロワーに説明を求めるまたとない機会であり、組織がその目標に対して真剣であることを示す場でもある。

公式の評価のプロセスに、変革の取り組みがあまり組み込まれていないことには驚かされる。企業は変革に莫大な資金を使うのに、実際の業績評価面談では、昨年と同じ成功指標を使うの

表9.1 思いやりと挑戦の目標

思いやりの目標	挑戦の目標
チームメンバーの行動の背後にある理由を考える	チームメンバーの願いや望みを理解する
チームメンバーの内発的動機を理解する	チームメンバーの望みを実現させるため、挑戦ができる機会を探す
仕事や家庭でチームメンバーが問題を抱えていたら、声をかけ、具体的なサポートをする	チームメンバーに対し、期待以上の成果を挙げるよう絶えず挑戦させる
チームメンバーが自分の仕事を完遂するのに必要な、トレーニングと能力開発の機会を提供する	チームメンバーが持っている強みと可能性に、常にフォーカスさせる
チームメンバーが新しく難しい仕事を抱えているときには、励まし助言する	チームメンバーのパフォーマンスに対して、厳しく直接的なフィードバックを与える
よくない状況から前に進む能力を自ら示し、チームメンバーに新たにやり直すチャンスを与える	ストレスや不安を感じても、チームメンバーに自分で問題の解決策を見つけさせる
変革の人間的な側面を意識していることを絶えず示す	それが適切なときには、チームメンバーに断固として「ノー」と言い、その理由を説明する
常に明確であり、素早く対応するために、チームメンバーとのコミュニケーションとフィードバックを繰り返し行う	重要な仕事をチームメンバーに任せようとする意志を示す

である。自社の業績評価面談のプロセスを点検して、それがセキュアベース・リーダーシップの各側面をサポートしているのか、否定しているのかを調べよう。この点が非常に重要であることを強調しておきたい。

なお、高業績の核となるのは内発的動機だが、報酬面も非常に重要だ。「あめ」として使うのか「鞭」として使うのかにかかわらず、インセンティブの構造は違いを生み出す。セキュアベース・リーダーについても、報酬と関連づけた目標の達成度合いを評価できる。インベステックなどの企業は、公式かつ公正なプロセスで、セキュアベース・リーダーのパフォーマンスを評価する方法を見つけている。

人材開発

人材開発の制度は、セキュアベース・リーダーシップの概念を組み込むうえで素晴らしい場所である。そこで期待値を設定し、社員がそれに到達するよう投資ができるからだ。

人材開発は、「スキルや行動を向上させられる可能性を個々人の中に見出すこと」が中心となる。また、すべての人の能力を開発し、各人が何をしたいかに加えて、何を学ぶ必要があるかを検討する。セキュアベース・リーダーは、すべてのメンバーが「大きな可能性」を持っていると信じている。

コラム　九つの特性を目標に落とし込む

セキュアベース・リーダーシップをさらに自社内に取り入れるためには、次の表に示すような九つの特性それぞれについての目標を設定し、行動変革を促すことを検討する。

これらの目標の中から一度に二つまでを与えて、挑戦を課すだけでなく、サポートも忘れないようにする。第２章から第６章までで紹介した「特性を伸ばすためのヒント」も提供し、個々人で取り組めるようにする。

よくある誤解●人材開発はポテンシャルが高い人のためのものだ

これは真実ではない。リーダーが個々人の中に可能性を見出し、その人を信じると伝えると、その人物はより高いところまで伸び、より大きな成功を遂げる可能性が高い。

人は一人では最高の業績を達成できない。高いパフォーマンスを挙げる人には、コーチや教

特性	目標の例
1　冷静でいる	プレッシャーの下でも冷静に対応し、自分や他者に対して効果的なストレス管理を行う。
2　人として受け入れる	たとえ、短期的な業績が期待に沿うものでなくても、チームメンバーの人としての価値を大切にすることを示す。
3　可能性を見通す	チームメンバーが新たにどのような役割と責任を担っていけるか、絶えず検討する。
4　傾聴し、質問する	何をすべきかを言うよりも、質問をより多く発するようにする。
5　力強いメッセージを発信する	よく考えた、簡潔なコミュニケーションを、チームメンバーと行う。
6　プラス面にフォーカスする	困難なときでも、チャンスや可能性、メリットにフォーカスする。
7　リスクをとるよう促す	チームメンバーに、既存の仕事の範囲を超えた新たな挑戦を行うチャンスを提供する。
8　内発的動機で動かす	学び、成長し、可能性を実現したいという人々の欲求に基づいて、動機づけを行う。
9　いつでも話せることを示す	チームメンバーが必要とするときには、すぐ答え、近づきやすくするなどし、いつでも話せることを示す。

師、メンター、友人、上司など、支えてくれる人がいる。もし、あなたの組織が従業員全員を育てれば、最高の可能性を実現する人々を最大数持つという収穫を得ることができる。

自社の人材の見方について考える際には、組織開発の専門家であった大学教授のハーブ・シェパードの次の言葉を思い出そう。「わたしたち人間は、いくつもの奇跡的な可能性を持った、人生を愛するエネルギーの塊として生まれてくる」。

あなたは「いくつもの奇跡的な可能性」、人々の独自の「才能」を見つけるチャンスを持っているのである。

コラム 大西洋を泳いで渡れるか

筆者らが講師を務めるプログラムで参加者によくたずねるのは次のような問いだ。「あなたは大西洋を泳いで渡れると思いますか」。めったに手を挙げる人はいない。続いて、ベン・ルコントの話をする。ルコントは、亡くなった父親に敬意を表すため、また恋人にプロポーズするために、七四日間かけて五九八〇キロを泳いだ。その話はインターネットでも読むことができる。

ベンの偉業を紹介したあと、今度はわかりやすく尋ねる。「大西洋を泳いで渡りたいかを聞いているのではありません。ただ、渡ることは可能かを聞いているだけです」。今度は多くの手が挙がる。

組織の人材に対する見方を変えようと努力することによって、あなたの影響力が広がる。もし、社員には限界があり、すでに頂点まで達してしまったと見ているならば、それは従業員を見放したということだ。あなたやあなたの組織は、セキュアベース・リーダーシップを発揮していない。

そうではなく、あなたや他のリーダーが立ち上がって、フォロワーの可能性を引き出すコーチ、つまりセキュアベース・リーダーになれば、次のようなことを行える。

人として受け入れる

否定的な見方で判断されるのではなく、歓迎され、受け入れられ、評価されたと感じると、人は自分を表現することができる。

可能性を見通す

普通、人は自分の可能性や組織にどんな貢献ができるかを見通すことができない。セキュアベース・リーダーは、フォロワーの未開拓の可能性を絶えず開拓しようとする。このアプローチをとる人が十分にいれば、あなたの組織は従業員の驚くほどの可能性をその数だけ解き放つのである。

リスクをとる機会を提供する

組織はそのメンバーに、一万時間の練習（第2章参照）の機会を提供する必要がある。自分の可能性を認識できるよう、リーダーとしての責任、プロジェクトやストレッチした課題などを与えるのである。

このアプローチをとるということは、ポテンシャルの高い人材向けのプログラムを展開するべきではない、ということではない。人材を育てる方法と、各人に投資する資源の量はイコールではない。重要なことは、「すべての人が驚くほどの可能性を持っている」という前提を組織で共有して初めて、その組織はセキュアベースになるということだ。そうなれば、従業員は能力を示してそれを伸ばし、自分でも自己開発に投資しようとする。人材開発は相互的なプロセスで、従業員と雇用者側が互いの利益のために貢献し、投資することが期待されるものである。企業側は社員に投資することが期待され、社員の側は自己開発に責任を持つことが期待される。

自分に問いかけよう

・わたしの会社の人材に対するアプローチはどのようなものだろうか
・わたしの会社は社員を、限界がある存在と見ているだろうか。あるいは無限の可能性を持つ存在と見ているだろうか
・人材開発はポテンシャルの高い少数の人のためのものだろうか。あるいは、全員のためのものだろうか
・わたしの会社は、人材開発の見返りとして、何を期待しているだろうか

コラム　国家レベルで人材を開発する

このストーリーは、ある組織が人材開発全体のアプローチにおいて、人間性と寛大さと熱意を示した好例である。

カザナ・ナショナルはマレーシアの国営投資会社で、タン・スリ・アズマンが社長を務める。この独立組織はマレーシア政府と組んで、大規模な人材開発とリーダーシップのプロジェクト

に取り組んだ。その際に、組織全体でセキュアベース・リーダーシップを展開したのである。プロジェクトでは、二〇の異なる政府関連組織が、人材を互いに奪い合うのではなく、ともに人材を開発し共有することとした。タン・スリ・アズマンによると、「人材の孤島をいくつもつくるのではなく、いわば人材の群島を一つつくろうとした」という。そのために、さまざまな組織をこの共同の取り組みに参加するよう説得し、効果的に人材を他の組織と共有した。もちろん、これは簡単なことではなかった。CEOらは信頼関係を築き、その仕組みについてのルールの作成に共同で取り組まなければならなかった。また、最も優秀な最高の人材を共有すると約束する必要もあった。

彼らが合意した共通の目標は、マレーシアのために人材を育成するということだった。当時カザナ・ナショナルの人的資源管理担当バイスプレジデントだったモハメド・カメル・ハジ・ナワウィは次のように話す。「それはマレーシアという国の人材を開発し、そのビジョンを表明するということでした。二〇人のCEOがともに話し合ったことは、わたしたちの人材における大きな分岐点となりました。わたしたちはもう人材に関して自己中心的でいる余裕はありません。もし、大きな人材の集まりをつくれたら、たとえ何人かを失ったとしても、国のために働く人材を豊富に抱えているので問題とはなりません。わたしたちはこの国のために、大きな人材の集団をつくる必要があるのです」。

彼らはまた、人材を開発する最善の方法は経験を通じた学習であり、そのような機会を提供するには、人材を流動させるとよいという点でも合意した。タン・スリは言う。「学びの多くは、経験による学習から得られます。ストレッチした課題を与えられ、困難な状況に飛び込み、自分のよく知る領域から出るのです。セキュアベースがあれば、より多くの学びが得られます。こうした経験はその人を大きく変えるものです」。

影響を及ぼせる範囲で動く

もし、あなたが大規模な多国籍企業で働いているのであれば、こうした人事システム変革のプロセスは、あなたの影響力の及ぶ範囲にはないかもしれない。そうした場合、全社の人事部門を乗っ取れとは言わない。そうではなく、既存のシステムの中で動き、セキュアベース・リーダーシップのコンセプトをあなたのチームのメンバーや、仕事の仕方やチームの文化に適用しよう。たとえば、次のような方法が考えられる。

・あなたが作成する職務記述書に、九つの特性のすべて、あるいは一部を含める
・メンバー個々人の目標に、特性を一つかそれ以上伸ばすための項目を含める
・あなたがフィードバックやコーチングを行う場合に、セキュアベース・リーダーシップ行動を含める

・予算において、セキュアベース・リーダーシップ行動に報いるための報酬を設けること提案する

目標、ビジョン、ミッション

組織をセキュアベースに変えるために検討すべき三つ目の分野は、目標、ビジョン、ミッションだ。人は他の人々と絆を結ぶ必要があり、目標とも絆を結ぶ必要がある。組織の目標とビジョン、ミッションは、すべての従業員、そして他のステークホルダーにも、思いやりと挑戦の感覚をもたらすことができる。[7]

組織が発表する声明と、そのセキュアベースとしての役割

人は短期の年間目標とも絆を結べるし、長期的なビジョンや組織のミッションとも絆をつくることができる。これらの言葉はよく使われるものの定義はさまざまなので、これらをまとめて「目指す成果を表す声明」と呼ぼう。それらの声明がどんな名前だったとしても、それが「勝利を目指す（たくさん思いやり、たくさん挑ませる）」限り、組織を従業員のためのセキュアベースにする意図が表れている。しかし多くの場合、「目指す成果を表す声明」は、たとえ

ば次に挙げた例のように、目標の成果の部分にフォーカスしている。

・一〇・一〇・一〇――二〇一〇年までに一〇の地域で一〇％の成長を遂げる
・五〇〇五――五〇％の成長を二〇〇五年までに達成する
・選定した分野すべてにおいて、ナンバーワンになる

こうした声明は望ましい結果を明らかにするものの、セキュアベース・リーダーシップの思いやる部分を明確には含んでいない。「目指す成果を表す声明」として最もよいのは、挑戦とともに思いやりも含んでいることである。

例として、二〇〇二年にテトラパックが開発したビジョンについてのストーリーを見てみよう。

テトラパックが二〇〇二年に新しいビジョンを作成する際、スーザンはそのチームに加わった。そこでつくられたビジョンは、現在でも使われている。

それ以前のビジョンは、同社が属している業界についての説明のようだった。「液状食品加工とパッケージングでトップの企業となり、その地位を維持する」。社内から、もっと同社の精神と情熱を反映したビジョンが欲しいとの声が上がり、ＣＥＯのニック・シュライバーは新

しいビジョンを作成するための小規模なプロジェクト・チームを編成した。

チームは、集中して共同作業を進め、社内の何百人をも巻き込んで、ビジョンを構成する要素を定義していった。その結果生まれたのは、同社の誰もが一体感を持ち、記憶し、誇りに思うビジョンで、同時に何年も生き永らえるビジョンだった。「わたしたちは食品の安全性を支え、世界のどこにあっても人々が安心して利用できるよう取り組みます（We commit to making food safe and available, everywhere）」[8]。

「わたしたち（we）」という言葉を使うことにより、このビジョンは二万人を超える社員全員を包含し、その中で個々人の可能性を生かし、非常に困難な挑戦において思いやりの精神を持つことを表明するものとなった。

ミッション・ステートメントは短期の目標を記した言葉よりも、思いやりに関する内容が含まれる傾向にある。なぜなら、ミッションはより長期を見据えたもので、より幅広いステークホルダーを視野に入れているからだ。

たとえば、次のようなものがある。

パタゴニア

「最高の製品を作り、環境に与える不必要な悪影響を最小限に抑える。そして、ビジネスを手段として環境危機に警鐘を鳴らし、解決に向けて実行する」

フェアモント・ミネラルズ

「わたしたち、フェアモント・ミネラルズ・グループは、団結してすべての期待を上回るよう努め、経済的、社会的、環境的責任を果たす」

ホールフーズ・グローセリー・ストアズ

「すべての食品、すべての人々、地球すべて」

スターバックス

「人々の心を豊かで活力あるものにするために——ひとりのお客様、一杯のコーヒー、そしてひとつのコミュニティから」

「目指す成果を表す声明」に社員を巻き込む

多くの企業がこうした立派な声明を掲げている。しかし、組織をセキュアベースにするには、ビジョンやミッション・ステートメントを掲げているだけでは十分ではない。その言葉が心からのもので、社員の日々の生活の一部となり、共感を得るものでなければならない。では、どうすれば、社員と声明との関わりがそのように深くなるのだろうか。

最も重要なのは、上級幹部が直接的かつ個人的に関わることだ。リーダーのこうした声明への賛同が口先だけのものであれば、その声明は無視される。しかし、リーダーが日々声明に言及し、意思決定の手引きとして積極的に活用するならば、声明は真に有用なものとなる。

声明を社員に浸透させるのは継続的なプロセスで、プレゼンテーションやメール送信、集会、ビデオ上映などを一度行うだけでは不十分だ。組織がセキュアベースになるくらいにその声明と一体化するには、繰り返しと粘り強さが必要だ。実際、ある企業幹部はこの繰り返しの必要性が、彼が多国籍企業のCEOになるうえで、最大の学びだったと言う。

「わたしは日々、重要なメッセージを繰り返すことの必要性を肌で感じました。メッセージがすでに届いていると思ったときでも、それで十分ということはないと何度も気づかされるのです。特に、ビジョン、ミッション、価値観などの重要なメッセージについてはそうでした」

人事プロセスに、声明に基づいた精神や望ましい行動を盛り込むのを忘れないようにしたい。このステップにより可視化が進み、説明責任も高まる。そして、リーダーが実現したいと言ったことに、リーダーは真剣であると示すことになる。

成果を祝う

誰かが個人の目標やストレッチ目標を達成すると、セキュアベース・リーダーはそれを祝う。同様に、組織もその成果を祝うべきだ。特に、非常に長期的なビジョンとミッションに関しては、最後まで待たずに、その途中で小さな成功を祝う時間をとろう。何か目標を達成したときに、経営陣がただ次のストレッチ目標を宣言するだけでは、彼らは「支配を目指す」先導型のリーダーシップ・スタイルをとっていることになる。

ビジョンとミッションがたとえ簡単なものではなかったとしても、それが実現可能だと社員が信じたときに、より強力で説得力のあるものになる。途中で成果を示すことで、経営陣はそれが実現可能であるという感覚を社員に持たせる。これによって、「わたしには目標がある。わたしは目標を達成する。わたしには次の目標がある」という、プラスの自己強化が行われるようになり、社員が組織自体をセキュアベースと見るようになる。

ソヌ・シブダサニとエバ・シブダサニは、高級ホテルグループのシックスセンシズ・リゾート・スパを創業した。主にモルディブと東アジアにホテルを展開するシックスセンシズは、「コンデナスト・トラベラー」などの雑誌で、世界の中でも非常に魅力的なホテルを運営している企業として、一貫して評価されている。

シックスセンシズで最も印象的なのは、スタッフの誠実さだ。ソヌとエバが個人として、セキュアベースになっているのは間違いない。創業者が率いる企業によく見られるように、彼らの性格とスタイルが企業文化に反映されている。彼らはその企業文化を懸命に育ててきたのだ。

スタッフに深く愛されているソヌとエバは、思いやりがあり支えになってくれる人物として見られているが、同時にミッションとサービス提供に全力を尽くすことに関しては、非常に厳しい。彼らはスタッフへの権限委譲も行う。たとえば、すべてのスタッフは「リカバリー」のための個人予算を持っている。避けられないミスをしたとき、その顧客にサービスしているスタッフが、自分の判断で無料の飲み物や他の埋め合わせを提供するなどして、すぐに状況を改善できるようにするためだ。このシステムは、現場スタッフへの信頼を示すものであり、同時に、サービス提供の体系的な問題を察知する機能としても役立つ。このシステムを通じて、スタッフは素晴らしい体験を顧客に提供するより大きな責任を果たすことになり、たとえものごとがうまく進まなかった場合でも、その責任を果たすのである。

顧客としてシックスセンシズを訪れると、スタッフの意欲を直接感じることができる。それはまるで、全員が直接的な権限を持ち、責任を持っているような感じで、年長のスタッフと若手のスタッフの区別もない。その結果、顧客はスタッフ全員にもてなされているような気分になる。

ソヌとエバは彼ら自身もセキュアベース・リーダーだ。彼らはセキュアベース・リーダーシップのコンセプトを、自らがロールモデルとなり、期待値を設定し、特定のプロセスを導入することによって、企業文化に織り込んだ。彼らは、スタッフと顧客にとってセキュアベースとなるような組織をつくった。そうすることで、非常に競争が激しく動きも速い業界の中で、高いレベルの業績を挙げ、素晴らしい結果を出すチームを築き上げたのだ。

あなたが自分のチームや組織をセキュアベースに変えると、あなたの影響力は直接に関わっている人以外にも広く及ぶようになる。全体の「意欲」を高め、「イノベーション」のための環境をつくり出すのである。

意欲

人々が互いに絆で結ばれ、組織とも結ばれていて、その人々のネットワークで組織が成り立っているとき、人々の意欲はしっかりと根付き、長く続くものになる。そのため、その組織の人々は困難の中でもよりレジリエントになる。彼らはセキュアベースである組織との絆を保ちたいので、業績が低かったり、辞めたりする可能性も低くなる。

組織が、従業員の可能性を本気で信じると表明すると、彼らは個人の目標だけでなく、組織のミッションを実現しようと力を発揮する。彼らは、何でも可能であると考え、組織のビジョンを自分の目標と見なすのである。

イノベーション

イノベーションの源は、好奇心、オープンであること、強い関心、学習、創造力、チームワーク、コラボレーション、パターン認識、心理的な安全、実験、そしてその実験における失敗の許容などである。セキュアベースは、それが人でも組織でも、これらの材料をすべて創造する。

イノベーションは技術ではない。イノベーションはアイデアであり、アイデアは人から生まれる。組織は人間関係にフォーカスすることによって、イノベーションのために必要なサポートと安心を提供し、必要な失敗を犯したときにもサポートされていると感じられるようにする。加えて、組織の目標と可能性によって、全員がイノベーションにつきものの変化のメリットにフォーカスする。リスクとコストにはフォーカスをしない。

筆者らはこれまでに、セキュアベース・リーダーシップにぴったり沿った文化と哲学を創造できた組織をいくつか見てきた。それらの組織では、シニアリーダーから若手の社員まで、大半の人が思いやりと挑むことの両方を日々の行動に生かしていた。それはさまざまな形で表現され、セキュアベース・リーダーシップという言葉を直接は使っていないことがほとんどだった。それでも、組織が思いやることと挑むことの両方に力を注ぐとき、つまり挑戦とサポートの両方を大切にし「勝利を目指す」とき、その組織は最高のセキュアベース・リーダーシップを体現している。そうした組織は、安全と意欲とエネルギーを提供する、セキュアベースへの転換を果たしたのだ。

第9章からの学び

・組織が人間関係と結果の両方を大切にするとき、その組織は従業員にとってのセキュアベースとなり得る
・それを気配りと思いやりをもって行えば、セキュアベース・リーダーシップの考え方をチームや組織に導入することができる
・組織をセキュアベースに変えようとするのであれば、次の三つの分野にフォーカスする必要がある

―リーダーの積極的な関わり
―人事プロセス
―目標、ビジョン、ミッション
・こうした努力の結果誕生するのが、思いやり、挑ませる文化の中で、皆がともに「勝利を目指す」チームや組織だ

「恐れではなく愛で結束していると、会社はより強くなる」

ハーブ・ケレハー（一九三一―）
サウスウエスト航空の共同創業者、名誉会長、元ＣＥＯ

第10章◆人間の顔をした組織をつくる

アルベルト・ボルマーはベネズエラのビジネスマンで、サンタ・テレサ・ラム酒醸造所という家族経営の企業を運営していた。

二〇〇〇年二月、新たな憲法を制定したばかりのウゴ・チャベス大統領が、個人として土地や不動産を所有している地主を声高に非難し、自らの支持者に対して、そうした地主の土地を占拠するよう促し始めた。すると、五〇〇世帯近くが、アルベルトの一万八三〇〇エーカー（約七四平方キロメートル）の農園の一部に移住してきた。

彼らに出ていくよう求めたり、警察を呼んだりしても意味はなかった。なぜなら、当時は大統領自身がそうした行動を勧めていたからだ。その代わりに、アルベルトは一風変わった提案をした。「……いいだろう。あなた方はわたしの土地を侵略した。では、わたしはあなた方の心を侵略しよう」。アルベルトはこう説明する。「暴力に訴えたり、過剰に反応したりしたら、非常に不利になります。しかも、数の上では大きく負けていました」。

侵略してきた家族の代表者と交渉したのち、アルベルトは州政府に接触した。州政府がチャベスの計画を背後で支えていたからだ。アルベルトは一〇〇世帯に対して、土地と住宅開発計画を提供することを申し出た。だが、その条件として、州政府が住宅建設の資金を提供し、侵略者たちが住宅建設に合意することを求めた。また、アルベルトは州に対して、他の家族のための家も見つけるよう依頼した。アルベルトは言う。「わたしは納得できる合意に達したいと思いました。そのためには、両者がともに合意できるポイントが必要でした。この場合、それは〝立派な家〟でした。彼らがそれに「ノー」と言うはずはありませんでしたが、それほど簡単なことでもありませんでした」。

そうして建設されたコミュニティは、ロイヤル・ウェイ地区として知られるようになった。最初にアルベルトの土地に入ってきた一人、ユミラ・アキノは言う。「わたしたちは家を求めて戦いました。そしてありがたいことに、子どもたちにも残せるような家を手に入れられたのです」。加えて、アルベルトは醸造所での職業訓練プログラムも、侵略してきた家族に無料で提供した。

この合意からは、予想しなかった結果も生じた。数年後、侵略世帯のリーダーが、アルベルトに、息子の名付け親になってほしいと頼んだのだ。その何年かのちに、その男性は醸造所の財団に雇われ、トレーニングを受けてコミュニティ・プロジェクト・マネジャーとなった。

二〇〇三年には、アルベルトはまた別の事件に遭遇した。地元のギャング団のメンバー数人が警備員の銃を盗み、警備員を殺しかけたのだ。醸造所の保安担当のスタッフが彼らを取り押さえた。

そこにアルベルトが割って入った。そして、保安担当者に手錠を外すよう指示し、その若者たちと話をして、次の選択肢を提供した。「地元の警察に引き渡されるか、農園に住んで醸造所で無給で働き、食事を無料でもらい、仕事の訓練を受けるか」。

少年たちは後者の選択肢を選んだ。やがて彼らは、優秀な働き手となった。アルベルトはこう振り返る。「大きな志をもって考える必要がありました。『この若者たちが実りのある人生を送るためには、彼らが直面している現実をどう変えればいいだろうか』と。それは施しを与えるのではなく、持続可能なものを与えるということでした」。

やがてアルベルトはギャング団のリーダーから、「このプログラムを拡大してほしい」と頼まれた。そして、二二人という驚くほどの数のギャング団のメンバーがやって来た。

この非公式なプログラムは、プロジェクト・アルカトラズとして発展していった。このプロジェクトでは、まずギャング団のメンバーを見つけ、彼らをリクルートして、その若者たちとコミュニティの双方にメリットがあるような活動に、彼らのエネルギーを向けさせる。プロジェクト・アルカトラズのミッションは、「暴力を使わずに犯罪を絶滅する」という大きな志を持ったものだ。アルベルトは言う。「わたしたちが行っているトレーニングの一つに、ラグビーがあります。これを行っているのは、ベネズエラでラグビーが特に人気があるからではなく、ラグビーで正しい価値観が学べるからです。ラグビーは相手の体に接触するスポーツですが、それを紳士的な態度で行います」。

参加者はさまざまな技術を学ぶ。住宅を建設したり、高級コーヒーの生産に携わったりする。プロジェクトから、五人の認定ラグビーコーチが誕生し、彼らは新たに五〇〇人を超えるメンバーをリクルートした。警備員になった者も多く、うち二人はプロのボディガードとして大臣を警護している。プログラムの期間は三カ月で、ほかには心理学のセッションや地域奉仕活動、市民としての価値観を学ぶトレーニングなどが行われる。こうしたプログラムを通じて、参加者はプロジェクトのモットーを吸収していく。それは「暴力は暴力を生み、信頼は信頼を育む」というものだ。

「若者たちがプロジェクト・アルカトラズに参加するのは、わたしやわたしの同僚のジーミンをロールモデルとして見るからです。わたしたちの後に続きたいと願うからです。わたしたちは筋金入りのギャング団のリーダーに、こう言っています。『君のリーダーシップをもっと役に立つものに生かそう。暴力は、君が弱いということを表すだけだ。暴力をよい行いに変えよう。それこそ、本当の度胸がなければできないことだ』」

侵略してきた人たちに対して、力で攻めるほうが、アルベルトにとっては楽だったかもしれない。また、地元の若者の無謀な振る舞いには、報復で応じるほうが簡単だったかもしれない。しかし、アルベルトは、多くの人が考えるような方法はとらずに、イノベーティブで「非常識」とさえ言われかねない方法を選んだ。

アルベルトは他のセキュアベース・リーダーと同様に、両親から影響を受けたと言う。

「母はいつもわたしたちに、アイバンホーやロビンフッドなど、英雄の物語を読んで聞かせました。とても刺激を受けました。母や父がいつも言っていたのは、『自分の任務を果たす』ということです。父はよくこんな言葉も言っていました。『この国に起こることは、よいことでも、わるいことでも、すべて自分の責任だ』。この言葉が、わたしの人生において、常に指針となっています」

アルベルトは一家の祖先の影響についても述べる。

「わたしたちの祖先は、どんな困難にも長期的な視点をもって対処し、すべての厳しい状況を克服することができたのです」

アルベルトのストーリーからわかるのは、リーダーはその祖先をも支えにして、他の人たちの人生に大きな影響を与え、組織や社会にまでも影響を与えるということだ。アルベルトは、強い絆をつくって協働する一方で、挑戦を課して「勝利を目指す」リーダーシップを発揮した。

明らかに、アルベルトはセキュアベース・リーダーシップを完全に実現していた。

そのなかで最も印象的なのは、アルベルトが遭遇した事件に対応する際に、関わった人たちの人間性に目を向けたことだ。彼の頭の中では、侵略者は「解決すべき問題」ではなく「人間」だった。ギャング団のメンバーは、「処罰されるべき犯罪者」ではなく、「可能性に満ちた若者」だった。この点で、彼はアメリカの証券会社、チャールズ・シュワブCEOのウォルター・ベッティンガーが語った次の言葉を体現している。「リーダーは、必ず人間のよい部分に注目しなければならない」。

またアルベルトは、前述した二つの状況で、彼の土地で起こったことと社会のニーズとを結び付けた。彼は意思決定をする際に、自分や自分の会社よりも、ずっと大きな視点を持ったのだ。ひと言で言うならば、アルベルトはセキュアベース・リーダーシップを次のレベルにまで高めた。つまり、彼のリーダーシップと彼の会社の「人間性を高めた」のだ。あなたにも、彼と同じことをする大きなチャンスがある。

筆者らのプログラムでセキュアベース・リーダーシップを学んだシニアリーダーたちに、プログラムを振り返ってもらうと、「(再び)人間らしく感じる」ようになったと言う人が多い。あるいは「再び自分の人間性に触れた」と言う人もいる。どういうわけか、長年の会社生活の中で、彼らの人間としての部分が隠れてしまっていたのだ。わたしたちのプログラムが提供する、支え、挑ませる環境の中で、彼らは自分の夢や希望、感情、解決されていない悲しみや、家族との関係を十分に味わうことができた。そして彼らは、「生き返った感じがした」「人生が変わったようだ」「失っていた自分を取り戻した」などと語ったのである。

「生き返った感じがする」という表現は、組織の人間性を高めるというわたしたちのミッションを代弁している。わたしたちは、できるだけ多くの人に、生きている実感を職場で味わってほしいと思っている。

言うまでもなく、わたしたちは動きの速い、常に変化している世界に生きており、世界には危険や混乱があふれている。ニュースやメールの受信箱からも、そうした世界が毎日垣間見えることだろう。VUCA（不安定・不確実・複雑・曖昧）は、そのような状態を表す頭文字だ。あなたもおそらくVUCAの世界に生きており、その世界については詳しいはずだ。

わたしたちは、二一世紀におけるビジネスの厳しい現実を認識している。また、組織は生き残り、成長するために変わる必要があることも知っている。わたしたちが懸念しているのは、その変化が導入される方法である。職場の「非人間化」が、市場や競争や経済の状況と並行しながら、あるいはそれらへの対応として生じている。どこを見ても、効率や生存がよりフォーカスされ、人間へのフォーカスは小さくなっている。VUCAにおいて人間が負担するコストは莫大で、それにもっと注意を向ける必要がある。

わたしたちの研究と経験の結果、セキュアベース・リーダーシップがいままさに必要であることが示されている。VUCAの世界を渡っていくには、セキュアベース・リーダーシップが非常に適しているのだ。セキュアベース・リーダーシップは、安全とリスク、信頼と冒険、そして思いやることと同時に、挑ませることを提供する。今日の激しく変動する世界で生きる組織にとって、これらは欠かせないものだ。

組織を人間性豊かにすることは、そのスタート地点によっては、困難な取り組みとなるかもしれない。まずは、自身のリーダーシップの人間性を高めることから始めよう。あなたがモデルとなり、先例となることによって、他者に直接的、間接的に影響を与えるのである。

人間性の高いリーダーシップ

組織の人間性を高める取り組みは、まずはそれを行うリーダーが、自分の人間性に注意を向け、そして他者に対して自分自身をオープンにすることから始める。本書をここまで読んできて、自分自身に問い、さまざまな課題に取り組んだことで、あなたはそのプロセスをもう開始している。

夢と希望を大きく持つ

自身の人間性に触れ、より生きている実感を持つには、自分の希望や夢、情熱や喜び、信念や決意、仕事や人生に対する熱意を大きく持つことだ。本書では、リーダーが他者のためのセキュアベースになることによって、他者にこうしたプラスの力を持たせるよう勧めてきた。自分自身にも同じことをしよう。

これらの力を抑えこむ原因として最も一般的なのが、未解決の喪失と悲しみだ。それについての取り組みの重要性は、どんなに強調してもしきれないほどだ。もし、この人間性の課題に難しさを感じたら、第7章で紹介したライフラインの課題に特に注意を向けて取り組んでほしい。これまでの人生のセキュアベースを探索すれば、あなたが本来持っている喜びに、直接的に触れることができるはずだ。

弱さを見せる

感情を見せることは強さの証しである。涙は小さな勇気のしるしだ。自分の弱さを見せることを恐れてはいけない。弱さの中に人間性があり、人間性の中に強さがある。

リーダーがフォロワーに心を開くと、フォロワーもリーダーに心を開く。筆者らはその状況をこれまでに何度も見てきた。リーダーが感情を見せると、より人間として近づきやすくなり、人々はリーダーと絆を結びたくなるのである。

自分自身のより深い部分を見せることで、リーダーは自分と他者をつなぐものを提供し、人間関係が変化する。以前はリーダーと距離を置いていた人たちが、進んで協力し、絆を結ぼうとする。それでも、その人たちがリーダーの決定に同意しないことはあるかもしれないが、リーダーはよい意図を持っており、最善を尽くしているということは理解されるだろう。

周りの人々の力を高める

真に持続的な高業績を実現できるのは、意識して自分の周囲の人々の可能性と能力を高めたときだ。これをセキュアベース・リーダーシップの言葉で言うと、「強い絆を結び、同時に挑戦とチャンスに目を向けるマインドセットを維持する」ということである。心の目は常に「勝利を目指す」ことに向いている。

人間性の高い働き方

組織構造がフラットになり、知識経済が優勢になる中では、過去からのシステムである命令と統制や、トップダウンの経営、終身雇用、出世競争などは、日に日に滅びつつある。企業が社員にどう仕事をさせるか、もっと正確に言うならば、リーダーがどう仕事をさせるかが、社員の人間らしい生活に影響する。昔ながらの仕事の与え方を変え、新しいものも見直すことで、人間性の高い組織になる。

週七日、二四時間体制から脱する

あなたの組織は、夜や早朝や週末に、仕事以外の生活を十分に送れる、休息の時間を提供しているだろうか。リーダーであるあなた自身は、仕事から解放される休息の時間を十分にとっているだろうか。特に緊急ではない要件なのに、自分のチームや組織に昼夜を問わずメールを送ったり電話したりして、騒ぎ立てていないだろうか。

最近の神経科学の研究によると、人はメールチェックの依存症になる傾向があるという。メールをチェックするたびに、少量のドーパミン（快感や多幸感をもたらす神経伝達物質）が分泌され、それによって喜びが感じられるのである。

脳は定期的に休息をとったほうが、効率的かつ効果的に働く。メール依存症から脱し、チームのメンバーやフォロワーにも同じようにすることを勧めよう。自分が発しているシグナルに注意しよう。

コラム 成功のための四つのD

高い目標について話すことと、それを本当に行動に移すことはまったく別の問題だ。実際に大きな成果を挙げるには、志を持つだけでなく、努力と規律が必要になる。そこで、このコラムと次のコラムでは、人間性の高い組織をつくると誓うときに、実際に役に立つ提案をしたいと思う。

最初に、成功のための四つのD（欲望＝Desire 規律＝Discipline 決意＝Determination 育成＝Development）について考えよう。次の質問を自分に問い、目標達成に向けて自分がどれだけ真剣かを考えよう。

・本当に目標を実現したいという**欲望**、すなわち、燃えるような意欲とフォーカスを持っているか

・成功するために必要な**規律**を進んで適用できるか。やり方を変えるために、何を犠牲にできるか。日々、どんなステップを進めていくか

・最初に障害にぶつかっても、続ける**決意**があるだろうか。途中で失敗や後退があったら、どのように対処するか

・あなたを継続的に**育成**し、挑戦させてくれる人は誰だろうか。また、途中でどのように成功

を祝い、進捗を測るのか

自分に問いかけよう
わたしは夜や週末などには、自分の人間性を回復し、他の人たちもそうできるように、電話やコンピューターのスイッチを切っておけるだろうか

人間関係を築く時間をとる

あなたが率いる組織が工場の生産現場でも、幹部会議でも、メンバーが互いに知り合い、自分について話し、絆を結ぶ時間をとれるよう、仕事の時間を組んでいるだろうか。あるいは、人間関係を築く時間などないほど、容赦ないペースで仕事が進んでいるのだろうか。

あなたや他のリーダーが設定する仕事のペースは、リーダーが大切にしていることに関して、強いシグナルを送る。大切なのは人なのか、あるいはその人たちが行うべき仕事なのか。あなたが自分の影響力を及ぼせる範囲で、絆をつくる時間をとろう。

バーチャルチームの人間への負担を知る

テクノロジーの進歩により、バーチャルな働き方の選択肢が増え、組織はどんどん細分化され、プロジェクト・ベースになりつつある。人は企業に結び付くのではなく、仕事や同僚と結び付いていく。「在宅勤務」や「フレックスタイム」など、とても人間的に聞こえるプログラムも、職場のコミュニティをさらに細分化していく。こうしたトレンドは、プラスの面は多々あるものの、仕事における人と人との絆づくりを難しくしている。

その解決策は目の前にあるのかもしれない。ジェネレーションY（一九八〇年代から九〇年代に生まれた世代）の社員たちだ。この世代はインターネットの時代に育った。アシュリッジ・ビジネススクールと、リーダーシップ・マネジメント研究所が最近行った調査では、ジェネレーションYの世代には、数多くの興味深い特徴があるという。彼らは次のものを求める。

- 自由と独立
- 従来的な意味でのマネジャーではなく、コーチや友人のような上司との関係
- ワークライフバランス

この研究では、ジェネレーションYとの付き合い方について、次の点を推奨している。これらのポイントは、人間性の高い組織をつくるためにも役立つと考えられる

・ジェネレーションYの社員に見られる特徴を、取り除くべき欠陥とは考えず、人間の本来的ニーズの表れであると考える

・コミュニケーションを重視する。個々の従業員が持つ期待や志、そしてそれらと仕事をどう結び付けていくかについて、定期的にオープンに語り合う。責任を持たせながら、できるだけ自主性に任せ権限委譲を行う

・統制と命令ではなく、コーチングのようなリーダーシップ・スタイルを用いる[1]

現実問題への人間的な対応

現実問題についての意思決定において、リーダーは多くの複雑性に直面する。意思決定において人間を考慮に入れ、その人たちの人間性を守る解決策を実施すれば、組織の人間性を高めるうえで大きく前進できる。反対に、危機が起こった際に人間とそのニーズを無視すれば、組織が人間性を高める可能性を奪うことになる。

コラム 行動計画をつくる

セキュアベース・リーダーになろうというあなたの思いを、少しの時間を使って目標と行動計画に変換してみよう。

先に述べたように、大きな目標は小さなステップに分けるとよい。たとえば、マラソンを走ろうと決めたとき、ただ突然に四二キロを走るのではなく、短い距離を走ることから始めて、何週間も何カ月もかけて距離を延ばしていくのである。同じ手法がどんな目標にも使え、セキュアベース・リーダーになることにも使える。最終目標に加えて、毎日行える小さなステップについても考えよう。

目標への道のりを歩み始めるにあたっては、次の三つのステップを参考にしてほしい。

自分の三大目標を書き、行動を決める

次の点について考えよう。

・それらの目標は、わたしにとってどのくらい意味があるか。誰がわたしの目標の影響を受けるか。その人たちは、わたしが目標を達成したらどう反応するか

・目標はどのくらい魅力的で、どのくらい困難か

・進捗と成果をどうやって測るか。目標達成をどう祝うか
・誰に目標を伝えるべきか
・それぞれの行動と目標の実現は、どのくらいの時間軸で考えるか

目標設定時のヒント
・目標をSMART（具体的＝Specific　測定可能＝Measurable　実施可能＝Actionable　現実的＝Realistic　期限が設定された＝Time-stamped）にする
・未来の目標を現在形で書く。脳は未来ではなく、現在の状況をもとに行動を起こす

目標と行動を信頼できる誰かに話す
目標を達成するまで、どのように進捗をモニターするかを説明する。

フィードバックを受け、学び、成長するに従って目標を修正する

レイオフへの人間的な対応

「レイオフ」や「規模の適正化」「組織再編」など、非常に破壊的で非人間的な一つの行為に

さまざまな名前がつけられている。多くのリーダーが、レイオフを法律的な行為として扱い、人に影響を与える行為として扱わない。人間的な側面は、直接に関わるラインのマネジャーではなく、人事部門だけが担当するケースが増えている。誠実な対話と個々人にあわせた計画ではなく、厳しく管理されたプロセスと、中央で決められたスケジュールで、レイオフが進められていく。

最近アメリカでは次のような事例があった。ある人が息子の死のあと仕事に復帰すると、復帰したその日にレイオフされた。それだけでは不十分だと言わんばかりに、その伝え方もひどかった。会話は何一つなく、ただピンクの紙切れが机の上に置かれていたのだ。いったい人間性はどこに行ったのだろうか。

人は、レイオフされたという事実よりも、その非人間的なやり方に傷付けられる。そして、非人間的な扱いを受けたと感じると、裁判などの手段に訴える。

しかし、レイオフにはそうでないやり方もある。次のロジャーのストーリーを見てみよう。

ヨーロッパの大手多国籍企業が、アメリカの工場で大規模なレイオフを実施すると発表した。そのとき、経営陣の一員であったロジャーは、スイスから飛行機でアメリカに向かった。そして、従業員にレイオフを決めた理由を説明し、同社が成功し利益を挙げるためにはそれが必要だったことを話した。

従業員は仕事を失うことについては明らかに不満に思っていた。しかし、ロジャーがスイスから飛んできて従業員の前で説明を行った、その勇気と礼儀には感謝した。ロジャーがそうするほどに工場の従業員を尊重したため、従業員の尊厳が守られたのだ。

コラム 苦情、ハラスメント、暴力

組織には苦情とハラスメントに対応する委員会が必要だ。委員会は従業員を保護し、彼らのセキュアベースとなる。しかし、筆者らの経験によると、セキュアベース・リーダーシップが組織中に広がると、従業員はこうした委員会を使わなくなる傾向がある。

リーダーが対話を行い、丁寧に、思いやりのある、人間的な方法で問題解決にあたる人物であれば、委員会に話が持ち込まれる前に、その問題に対処する。個人的かつ直接的な方法で問題に対応すれば、絆を維持することができ、問題を抱えた従業員も支えられていると感じる。無視されたとか、見下された、疎外されたなどと感じることはない。

反対に、組織やラインのマネジャーが問題を無視したり避けたりすると、当事者の感情はエスカレートする。傷付いた人々は、どんどん孤立し、見捨てられたように感じ、その結果、攻撃的な、時には暴力的な行動をとるかもしれない。従業員が職場で極端な暴力行為を行った例は枚挙にいとまがないが、こうした行動の前には必ずと言っていいほど、その人を軽んじる行為や、喪失や悲しみなどがある。社会心理学者のハンス・トッホは、暴力的な行為には三つの段階があるという。

① まず、その人物が誰かに軽蔑されたと感じ、そして、他者を軽蔑して見るようになる
② 軽蔑の感情に基づいて行動する
③ 相手側が防御的に対応する[2]

セキュアベース・リーダーが冷静で共感的な態度をとり、他者を尊重するマインドセットを保てば、この第一段階で問題を発生させずにすむ。セキュアベース・リーダーシップに関わる人的スキルの育成に投資している企業は、組織の人間性を高められ、職場でも苦情やハラスメント、攻撃的な行為などを減らすことができるのである。

買収への人間的な対応

企業の買収・合併も、人々の仕事を奪い、自尊感情を傷付ける場合がある。企業は買収・合併でひどい対応をすることもあれば、次に紹介するグレンのストーリーのように、「勝利を目指す」アプローチで、関係する全員の人間性を尊重することもできる。このストーリーは、深

刻な財政問題の解決に人間的に対処するために、組織は何ができるかを教えてくれる。

わたしがヨーロッパの商業開発の責任者として勤めている大手多国籍企業は、合併のあと戦略を見直し、その結果、合併された営業部隊のかなりの部分が不要になりました。しかし、レイオフを実施したら大きな騒ぎになる可能性がありました。というのも、わたしの会社には長期雇用の文化があったからです。解決方法の一つは、不要な事業を相手方の会社に売却することでした。

CEOと財務部長は、そのような取引はできないだろうと懐疑的でした。三カ月間かけて三回の交渉が行われましたが、どれも不調に終わり、もう何も解決策は残っていないように思われました。すると、わたしの上司が交渉を担当するチームを率いてみないかと、わたしに提案したのです。彼は常にわたしを信頼し、新しい領域に踏み出すよう背中を押してくれます。たとえば、新しいビジネスモデルの開発などを任せられたことなどがありました。

わたしはあらゆる困難を尻目に、心の目をプラスの解決方法を探すことに向けました。また、上司がわたしとチームを信じていてくれることを支えに、その業界ではかつて試されたことのないディールを考え出しました。そのディールは長年尽くしてくれた従業員に対して、正しいことを行うものでした。具体的に言うと、統合された営業部隊のメンバーに三年間仕事を保証し、これまでと同じ事業領域で同じ年次と福利厚生を提供し、三つの新製品を立ち上げるチャンスを提供するというものでした。これは新しい会社にとってもメリットのある取引でした。すでに完成された、経験豊かなヨーロッパの営業組織を手に入れられたのですから。

約一〇〇〇人の従業員が、このディールの恩恵を受けました。わたしは非常に誇りに思っています。なかなか困難な道のりでした。なぜなら、わたしたちは経営チームを説得すると同時に、関係する各国の労働者評議会と労働組合も説得しなければならなかったからです。

わたしにとって最高の瞬間となったのは、ドイツのわたしたちの部門のゼネラルマネジャーがこの変更を従業員に知らせたときです。二五〇人が立ち上がって拍手喝采したのです。彼らは会社が彼らのために正しいことをし、仕事も続けられるとわかったのです。

次のセキュアベース・リーダーのストーリーも見てみよう。

筆者らの書籍プロジェクト・チームのマリーが、イギリスを拠点とする金融機関、ノーザンロックの支店を訪れた。するとその店長が、同社をヴァージン・マネーが買収したときに、リチャード・ブランソンがどんな対応をしたかを話してくれた。

ブランソンはノーザンロックの従業員一人ひとりに宛てて、サインのコピーを添えて手紙を送ったという。さらに、ブランソンはバイクに乗って、ヴァージンが買収する支店すべてを訪問し、直接スタッフに会ったという。彼はノーザンロックの従業員に、三年間は仕事を保証すると請け負った。

ブランソンの行動は、従業員を落ち着かせて意欲を持たせた。それだけでなく、波及効果ももたらして、何千人もの顧客やステークホルダーにも影響を与えた。ブランソンは彼独特のスタイルで従業員を思いやることで、彼自身とヴァージンという組織の人間性を示したのだ。

自分に問いかけよう

わたしは自身のリーダーシップに関して、どのように人間性を高めることができるだろうか

人間中心のミッション

今日最も希望が感じられる変化の一つは、組織のミッションや目的で、社会や環境への責任に言及する企業が増えていることだ。ミッションが幅広い社会的な責任に言及しているとき、

従業員の間にお互いへの強い親近感とつながりが生ずることがあり、それは顧客にまで広がることもある。

こうしたミッションは、人々が組織を媒介として世界によい影響を与えるよう促している。このチャンスを提供することで、組織は従業員の人間性の核となる部分に接近する。すなわち、世界をよりよくするために貢献したいという、純粋な欲求である。次のストーリーでは、ゼネラルマネジャーがコミュニケーション・マネジャーに、その人間性を発揮する機会を提供した。

イギリスを基盤とする乳製品関連メーカーのボラックでマネジング・ディレクターを務めるジェームズ・ネビルは、ものごとを大きな視点で考える。彼の一家が所有するこの会社は、いくつかの指標で見れば小さな会社かもしれないが、さまざまな事業で成功しており、それによって乳製品のサプライチェーンのすべてのステップに関わっている。ジェームズは言う。「我が社は農場で生産されたミルクを仕入れて、製品を製造し、同じ農場に製品を売っている、そして国際的な食品メーカーにも売っている、おそらく唯一の会社です」。

二〇一〇年には、この影響力のあるポジションを念頭に、ジェームズは新たなビジョンを作成した。それは、「イギリスの乳製品業界の持続可能性を高め、それをリードする」というものだ。「乳製品生産における環境へのインパクトを減少できるチャンスは、現実に存在します。しかし、イギリスの栄養面でのニーズや、農村や経済のニーズも現実に存在するのです。わたしたちは業界が環境面で持続可能になるのを助けるだけでなく、ビジネスの面でも持続可能になるよう、力を貸したいのです。活力のある酪農家が事業に失敗するということは、農村世界が崩壊しやすくなっているということです。わたしは影響力のあるボラックのポジションを使って、業界の未来を確実なものにしたいのです」。

一年以上の調査と計画ののち、ボラックは「乳製品二〇二〇連合」の創設メンバーとなり、その一員としてミッションを追求することを決めた。連合では、乳製品のサプライチェーンに関わるステークホルダーがこれまでになかった形で集まり、持続可能な乳製品業界とはどんな姿かを定義し、持続可能な世界のためにどんな貢献ができるかについて合意した。

ジェームズは、コミュニケーション・マネジャーのアンディ・リチャードソンに、ストレッチした課題を与えた。乳製品二〇二〇でボラックの代表を務めるだけでなく、乳製品二〇二〇全体のコミュニケーションをコーディネートするという責任を与えたのだ。アンディは言う。

「山ほど仕事があります。ですが、信じられないようなチャンスもあります。わたしたちの業界に貢献できるだけでなく、国にも貢献できるのです。それも、わたしが自分ひとりでは決してできないようなレベルで、貢献できるのです。乳製品二〇二〇の仕事では、わたしは政府の大臣にも会いましたし、業界のリーダーにも会いました。わたしは自分がここまでやってきたことを非常に誇りに思います。また、ジェームズがそのリーダーシップで、ボラックと業界のためにやってきたこと、そして、わたしたちの業界が現在向かっている方向についても、誇らしく思っています」

ジェームズのような力のあるセキュアベース・リーダーは、自身の部署や部門や会社よりも、時には業界よりも広い視点を持っている。その多くが社会的な目標を持ち、その目標が社員だけでなく他のステークホルダーをも鼓舞する。本書で取り上げたセキュアベース・リーダーを思い起こしてほしい。

こうした傾向は、セキュアベース・リーダーの心の目から自然に生じてくるものだと筆者らは考える。彼らの心の目は不可能をも可能にするほどに、プラス面と可能性に向けられている。ビレイヤーが地上にいて、岩面に接近しているクライマーよりも広い範囲の岩面を見渡せるように、セキュアベース・リーダーもフォロワーに対して、フォロワーが見える以上のところに手を伸ばすよう、チャンスを与える。たとえば、ビレイヤーは「右手の六〇センチ先、二時の方向にホールドがある」などと言う。また、クライマーが全体像を描けるよう、「あと三メートルで頂上だ！」などの言葉もかける。同様に、セキュアベース・リーダーは、フォロワーが広く社会に貢献していることを伝えるのである。

ロバート・スワンOBE（大英帝国勲章第四等勲爵士）は極地探検家で、自らを「愚かにも、南極と北極の両方に歩いて行った初めての人物」と称している。

ロバートは生涯を、リサイクルや再生エネルギー、持続可能性を通じた南極大陸の保護に捧げており、気候変動による影響と戦おうとしている。南極の保護を人々に呼び掛ける「ミッション2041」にも情熱を燃やし、自らのメッセージを世界中の企業や政府に届けている。手つかずの自然が残っている地球上最後の土地である南極は、ロバートによると「二〇四一年までは掘削や採掘を禁止する条約により守られている。いまの若者が下す決断が、地球全体のエコシステムと地球上の生命の未来に影響を与える」という。ロバートは企業と緊密に協力して、持続可能な南極調査を組織している。

南極の保全に全力を傾けるロバートは、みんなにこう訴える。

「広い視野で考えましょう。人生は一度きりです。環境的に持続可能な発想を持ちましょう」

組織の人間性を高めれば、その事業がどのように社会に貢献できるかを認識するチャンスが生まれる。多くの企業にとって、社会との関わりをチャンスと捉えることは、事業の役割についての思い込みを変えることである。それは、未来の世代とつながることであり、またわたしたちが彼らに引き継ぐものや資源とつながることである。さらには、地球の破壊は人類の生存を脅かすと認識し、地球とつながることでもある。そして、少ないもので満足し、不要なものはいくらでもあると認識し、経済学者のダイアン・コイルが「もう十分の経済[3]」と呼ぶものにフォーカスすることでもある。

社会的責任は、絆のサイクルと心の目の二つの側面から考えることができる。絆のサイクルの側面では、社会的責任は、より幅広いステークホルダーとより深く思いやりのある関係を築くことと考えられる。幅広いステークホルダーとは、たとえば、自然環境やサプライチェーン全体、企業が事業を行う地域社会などだ。こうしたグループと絆を結ぶことは、単なる「自利（自分の利益）」の観点から、広い意味での「利他」の観点に移行することだ。個人と絆を結ぶときと同様に、ステークホルダーと絆を結ぶときも、好奇心を持ち、異なる価値観や見方を受け入れ、深い対話を行う必要がある。幅広いグループとの関係を向上させることができたら、あなたの組織の人間性もさらに高まるだろう。

心の目の側面では、社会的責任の中に可能性を見ることが重要だ。すべての変化にメリットがある。リーダーの役割は、チームや組織の心の目をそのメリットに向けさせることだ。社会的責任の場合では、メリットは単なる株主価値を大きく超えていく。より幅広いステークホルダーの懸念を考慮することで、組織に創造的かつ意欲的な人間性の側面を加えることができる。

自分に問いかけよう

どのようにして、わたしは自分の組織の人間性を高めることができるだろうか

永続的なリーダーシップ

今日、世界では急速な変化が依然として続いている。短期的には、組織の適応性と生き残ろうとする本能によって、多くの企業が成功するだろう。その成功の要因は、いまよりもっと効率的になり、柔軟になり、かつ適応性を高めていくことである。

だが、そのためにどんなコストが生じるだろうか。特に、組織の中にいる人間にとって、どんなコストが生じるのだろうか。筆者らが懸念するのは、組織が効率的になり、無駄を削り、適応性を高めていくことによって、組織の人間的な側面が無視され、最小化されていくのではないか、ということだ。「生き残るためには、やらなきゃならないことは、やらなきゃならない」というマインドセットが組織の中に根付いていくと、人間は敗者となる。

では、こうした状況に対して、あなたは何ができるだろうか。

あなたは、思いやり、挑ませることができる。セキュアベース・リーダーとして行動し、「勝利を目指す」アプローチをとることを選んだなら、生き残りと偉大なリーダーシップの両方を追求し、課題に対処することができる。あなたは、プレッシャーがあるからといって、絆を壊すことはしない。人員を減らすのがいちばん簡単だからといって、そうすることはない。そうではなく、常に自分にこう問いかけるのだ。「どうすれば事業で成功し、なおかつ、人間的な側面も成功させることができるだろうか」。
「勝利を目指す」アプローチを堅持することは簡単ではない。そのアプローチをとっても、従業員やステークホルダーの生活にマイナスの影響を与えるような、難しい決定をしなければならない場合もある。
「勝利を目指す」アプローチを堅持することは、あなたの思いや信念とつながっている。また、あなたのリーダーシップ、そして人生への基本的なアプローチとも通じている。もしあなたが、「人間は最小化すべきコストだ」と考えているのなら、あなたの組織は生き残るかもしれないが、繁栄はしないだろう。反対に、あなたが「人間は価値があり、善の源であり、金銭的な意味ではなくその本質において真の資産である」と考えているのなら、あなたはまったく別の観点から意思決定をするだろう。

あなたの態度において、状態において、そしてその本質において、あなたはセキュアベースとして行動している。そのポジションにいれば、難しい決定も理解され、高いレベルで受け入れられ、感謝されるだろう。あなたは結果を出し、さらに組織の中の人々の貢献と価値を高めるのである。

人は目覚めている時間の多くを職場で過ごす。一つひとつの組織は、人が前進し、豊かになり、成長する場所になれる。反対に、人が軽んじられる場所にもなり得る。その分かれ目となるのがリーダーシップだ。リーダーシップの中でも、最も重要なのがセキュアベース・リーダーシップだ。あなたのようなセキュアベース・リーダーが、この変化する世界で何が可能なのかを示すのである。

わたしたちは、セキュアベース・リーダーシップを通じて、組織の人間性を高めるというミッションに心血を注いでいる。あなたがセキュアベース・リーダーになるための道のりを歩むなら、まずはあなた自身の人間性を高め、続いて他者の人間性を、そして最後には組織の人間性を高めてほしい。

「敷かれた道を進むより、道なきところに自ら道を築いて進め」

ラルフ・ウォルドー・エマーソン（一八〇三—一八八二）
アメリカ人エッセイスト、講演者、詩人

＝＝＝＝＝＝＝＝＝＝＝＝＝＝＝＝＝＝＝＝＝＝＝＝＝＝＝＝
本書の基となった調査についての詳細は以下のサイトでご欄になれます。
https://presidentstore.jp/item/002296.html
＝＝＝＝＝＝＝＝＝＝＝＝＝＝＝＝＝＝＝＝＝＝＝＝＝＝＝＝

Dalgleish and Mick Power (Sussex, UK: Wiley, 1999), 45–60.

8 Albert Mehrabian, *Silent Messages: Implicit Communication of Emotions and Attitudes*, First Edition. (Belmont, CA: Wadsworth: 1971).

9 Marco Iacoboni, *Mirroring People: The New Science of How We Connect with Others* (New York: Farrar, Straus & Giroux, 2008).【邦訳：マルコ・イアコボーニ著、塩原通緒訳『ミラーニューロンの発見』（早川書房、2011年）】

第9章

1 「成果と人間関係」という表現は、本書でここまで用いてきた言葉とは異なるが、インベステックのためにこの言葉を代わりに用いたものだ。「成果」は挑戦を表し、「人間関係」は絆と安全を表す。

2 この2つの賞は、ヨーロッパのアセット・マネジメント業界人を読者とする事業戦略誌「ファンズ・ヨーロッパ」によって授与された。「ヨーロッパ・アセット・マネジメント人材」賞は、リーダーシップ能力とパフォーマンス、イノベーション、企業の社会的責任への取り組みで顕著な成果を挙げた人物に授与されている。

3 The Hay Group, "Dangerous Liaisons, Mergers and Acquisitions: The Integration Game," 2007, http://www.instituteforgovernment.org.uk/pdfs/white_paper_haygroup_dangerous_liaisons.pdf.（2012年1月12日にアクセス）

4 Peter Killing, Tom Malnight, and Tracey Keys, *Must-Win Battles: How to Win Them, Again and Again* (Upper Saddle River, NJ: Wharton School Publishing, 2006).

5 Peter Senge, *The Fifth Discipline: The Art & Practice of the Learning Organization* (London: Random House, 1990), 48.【邦訳：ピーター・M・センゲ著、枝廣淳子、小田理一郎、中小路佳代子訳『学習する組織』（英治出版、2011年、増補改訂版）】

6 Peter Senge, *The Fifth Discipline*, 3.

7 組織はその従業員のセキュアベースになれるだけでなく、他のステークホルダーのセキュアベースにもなれる。第4章で紹介したスイス航空のストーリーを思い出してみよう。ただし、本章では従業員のためのセキュアベースになることに議論を絞る。

8 英文のビジョンにはピリオドが書かれていない。テトラパックは故意にピリオドをつけないことで、このビジョンには終わりがないことを表現した。

第10章

1 Institute of Leadership & Management and Ashridge Business School, " Great expectations: Managing Generation Y Institute of Leadership & Management and Ashridge Business School," 2011, http://www.ashridge.org.uk/website/content.nsf/FileLibrary/5B2533B47A6D6F3B802578D30050CDA8/$file/G458_ILM_GEN_REP_FINAL.pdf.（2012年1月12日にアクセス）

2 Hans Toch, *Violent Men: An Inquiry into the Psychology of Violence* (Chicago: Aldine, 1969), 180.

3 Diane Coyle, The Economics of Enough: How to Run the Economy as If the Future Matters (Princeton, NJ : Princeton University Press, 2011).

第8章

1 「特性の輪」を使うと、セキュアベース・リーダーとしての強みを手軽に自己評価することができる。より詳しく、部下や同僚、上司の視点から見たあなたの姿を知るには、360度評価を用いるとよい。詳しくは、duncancoombe@caretodare.com に連絡してほしい。

2 長年のあいだに、多くの研究者が愛着スタイルの考え方を修正し、発展させてきたが、最初にボウルビィとエインスワースが開発した考え方がいまでも支持されている。次の文献を参照のこと。Mario Mikulincer and Phillip Shaver, *Attachment in Adulthood: Structure, Dynamics and Change* (New York: The Guilford Press, 2007), 25–28.

3 Kim Bartholomew and Leonard M. Horowitz, "Attachment Styles Among Young Adults: A Test of a Four-Category Model," *Journal of Personality and Social Psychology* 61 (1991): 226–244.

4 Karen Horney, *Neurosis and Human Growth* (New York: W.W. Norton & Co., 1950).

5 Daniel Goleman, *Social Intelligence: The New Science of Human Relationships* (Hutchinson: London, 2006), 40–43. 【邦訳：ダニエル・ゴールマン著、土屋 京子訳『生き方の知能指数』（日本経済新聞社、2007年）】

6 この4種類の強力なシグナル（体、感情、思考、精神）の影響と重要性については、本書筆者の一人であるジョージの著書『*Hostage at the Table*』で詳しく説明されている。ジョージによると、これら4つのシグナルすべてを組み合わせると、その人は「その存在全体」（同書126ページ）でコミュニケーションし、「相手とともに熱い対話に入り込んで、学びと意味を共有する（同127ページ）」。そのような対話では、「『唯一の真実』は存在しない。見解や解釈、主観的な立場が存在する」。この相互探索の場では、強力な交渉も行われ得る。交渉は、シグナルをうまく感じ取り、解釈して、それを踏まえて行うとうまくいく。実際、4種類のシグナルを感じて解釈することは、同書で示された交渉の10のステップのうち、6つに内在している（同152ページ）。以下にその交渉のステップを示し、6つのステップを太字で示した。

1 絆をつくる。
2 問題を人から切り離す。
3 自分が必要とするもの、欲しいもの、関心を見出す。
4 相手が必要とするもの、欲しいもの、関心を見出す。
5 焦点を絞った対話を行う。
6 目標を立て、共通の目標を見つける。
7 他の選択肢を探し、提案を行い、譲歩をする。
8 互いに利益が得られるよう話し合う。
9 合意に達する。
10 肯定的な雰囲気で関係を終了する、あるいは継続する。

詳しくは、ジョージ・コーリーザー著『*Hostage at the Table : How Leaders Can Overcome Conflict, Infl uence Others, and Raise Performan ce*』(San Francisco, CA: Jossey-Bass, 2006) の第6章と7章を参照のこと。

7 Paul Ekman, "Basic Emotions," in *Handbook of Cognition and Emotion*, eds. Tim

Riverhead Books, 2009), 23.【邦訳：ダニエル・ピンク著、大前研一訳『モチベーション3.0』（講談社、2010年）】

6 Martin Dewhurst, Matthew Guthridge, and Elizabeth Mohr, " Motivating People: Getting Beyond Money," *McKinsey Quarterly* November 2009, http://www.mckinseyquarterly.com/Motivating_people_Getting_beyond_money_2460.（2012年1月12日にアクセス）

7 Roderick Gilkey and Clint Kilts, "Cognitive Fitness," *Harvard Business Review*, November 2007.

8 Richard M. Ryan and Jerome Stiller, "The Social Contexts of Internalization: Parent and Teacher Influences on Autonomy, Motivation and Learning," in *Advances in motivation and achievement*, Vol. 7, eds. Paul R. Pintrich and Martin L. Maehr (Greenwich, CT: JAI Press, 1991), 115 – 149.

9 Mary Ainsworth, Mary C. Blehar , Everett Waters, and Sally Wall, *Patterns of Attachment: A Psychological Study of the Strange Situation* (Hillsdale, NJ : Erlbaum, 1978).

第7章

1 Paul Rusesabagina with Tom Zoellner, *An Ordinary Man: An Autobiography* (New York: Penguin, 2007), xvii.【邦訳：ポール・ルセサバギナ著、堀川志野舞訳『ホテル・ルワンダの男』（ヴィレッジブックス、2009年）】

2 Jack Wood and Gianpiero Petriglieri, "Getting the Most Out of Your Leadership Program," *Perspectives For Managers /IMD* 113 (2004).

3 自分の子どもはセキュアベースとするべきではない。子どもは世話をする役割を押し付けられるのではなく、冒険する自由と守られている感覚を持つ必要があるので、親が子どもをセキュアベースとするとよくない影響が及ぶ。子どもをその立場に立たせると、あまりに大きなストレスや責任を負わせることになる。子どもがセキュアベースになれるのは､親が年老いて役割が変わったときだけだ。そのときには慈愛の精神で､成長した子どもが親のセキュアベースになれるかもしれない。そういう意味では、家族や親戚はもちろんセキュアベースになり得る。

4 Daniel Pink, *Drive: The Surprising Truth About What Motivates Us* (New York: Riverhead Books, 2009).【邦訳：ダニエル・ピンク著、大前研一訳『モチベーション3.0』（講談社、2010年）】

5 John Kador, *Great Engagements: The Once and Future Johnson & Johnson* (New Brunswick, NJ: Johnson & Johnson, 2004), 146.

6 Charles S. Jacobs, *Management Rewired: Why Feedback doesn't Work and Other Surprising Lessons from the latest Brain Science* (New York: Penguin, 2009).

7 "Surgery Under Hypnosis a Pain-Free Event," Medical Procedure News, April 20, 2008, http://www.news-medical.net/news/2008/04/20/37534.aspx, accessed January 12, 2012.

9 Craig Hassed, "Meditation as a Tool for Happiness," Presentation at "Happiness and its Causes" conference 2006, http://www.themeditationroom.com.au/Documents/Meditation_as_a_tool_for_happiness.pdf.（2012年1月12日にアクセス）

10 Jean-François Manzoni and Jean-Louis Barsoux, *The Set-Up-To-Fail Syndrome: Overcoming the Undertow of Expectations* (Boston: Harvard Business School Press, 2002).【邦訳：ジャン＝フランソワ・マンゾーニ、ジャン＝ルイ・バルスー著、平野誠一訳『良い上司ほど部下をダメにする』（講談社、2005年）】

11 Tali Sharot, *The Optimism Bias: A Tour of the Irrationally Positive Brain* (New York: Pantheon Books, 2011), 56–58.【邦訳：ターリ・シャーロット著、斉藤隆央訳『脳は楽観的に考える』（柏書房、2013年）】

12 Art Gardner, *Why Winners Win* (Gretna, LA: Pelican Publishing Company, 1981).

13 傷口に硝酸銀棒をあてるテクニックが、1970年代から治療法として用いられていた。

14 Andrew Grove, *Only the Paranoid Survive: How to Exploit the Crisis Points That Challenge Every Company* (New York: Crown Business, 1999).【邦訳：アンドリュー・S・グローブ著、小澤隆生、佐々木かをり訳『パラノイアだけが生き残る』（日経BP社、2017年）】

15 Micha Popper and Ofra Mayseless, "The Building Blocks of Leader Development: A Psychological Conceptual Framework," *Leadership & Organization Development Journal* 28/7 (2007): 664–684.

16 Bill George , *Authentic Leadership: Rediscovering the Secrets to Creating Lasting Value* (San Francisco: Jossey-Bass, 2003).

17 Lawrence A. Bossidy, Noel M. Tichy, and Ram Charan, " CEO as Coach: An Interview with AlliedSignal' s Lawrence A. Bossidy," *Harvard Business Review*, June 2000.

18 Jacqueline Byrd and Paul Lockwood Brown, *The Innovation Equation: Building Creativity and Risk-Taking in Your Organization* (San Francisco: Jossey -Bass/Pfeiffer, 2003).

第6章

1 CBS, "Kennedy Jr. On His Dad" (Funeral Mass), http://www.youtube.com/watch?v = a_bbl5DkUQY.（2012年1月12日にアクセス）

2 Mihaly Csikszentmihalyi, *Flow: The Psychology of Optimal Experience* (New York: Harper & Row, 1990).【邦訳：M・チクセントミハイ著、今村浩明訳『フロー体験 喜びの現象学』（世界思想社、1996年）】

3 Daniel Goleman, "Leadership That Gets Results, " *Harvard Business Review*, March 2000.【邦訳：「EQリーダーシップ」（ダイヤモンド・ハーバード・ビジネス・レビュー2000年9月号）】

4 Richard Ryan and Edward Deci, "Intrinsic and Extrinsic Motivations: Classic Definitions and New Directions," *Contemporary Educational Psychology* 25 (2000): 54–67.

5 Daniel Pink, *Drive: The Surprising Truth About What Motivates Us* (New York:

Power of Emotional Intelligence, Boston: Harvard Business Review Press, 2002.【邦訳：ダニエル・ゴールマン、リチャード・ボヤツィス、アニー・マッキー著、土屋京子訳『EQリーダーシップ』（日本経済新聞社、2002年）】)、および、スリバストバらによる「アプリシエイティブ・リーダーシップ」(Suresh Srivastva and David L. Cooperrider, *Appreciative Leadership and Management*, San Francisco: Jossey - Bass, 1999) にも通じている。

13 参考になる資料としては、次のものがある。① Ingrid Bens , *Facilitating with Ease!: Core Skills for Facilitators, Team Leaders and Members, Managers, Consultants, and Trainers, with CD, New and Revised Edition* (San Francisco: Jossey-Bass, 2005), ② Mark Goulston, *Just Listen: Discover the Secret to Getting Through to Absolutely Anyone* (New York: American Management Organization, 2010), ③ Madelyn Burley-Allen, *Listening: The Forgotten Skill: A Self-Teaching Guide* (Chichester: Wiley, 1995).

第5章

1 Randy Pausch and Jeffrey Zaslow, *The Last Lecture* (New York: Hyperion, 2008).【邦訳：ランディ・パウシュ、ジェフリー・ザスロー著、矢羽野薫訳『最後の授業』（SBクリエイティブ、2003年）ほか】。以下のウェブサイトも参照のこと。http://www.thelastlecture.com.（2012年1月12日にアクセス）

2 子ども向けの物語シリーズ「クマのプーさん」に登場するキャラクター。ティガーはぬいぐるみのトラで、イーヨーはロバだ。ティガーは活発でとても活動的、おしゃべりでめったに落ち込んだり悲しんだりしない。イーヨーはもっとゆっくりで、疲れをにじませ、ほとんどしゃべらず、人生の暗い面ばかりを見る。

3 Elizabeth J. Carter and Kevin A. Pelphrey, "Friend or Foe? Brain Systems Involved in the Perception of Dynamic Signals of Menacing and Friendly Social Approaches," *Journal Social Neuroscience* 3 (2008): 151–163.

4 Carol S. Dweck, *Self-Theories: Their Roots in Motivation, Personality and Development. Essays in Sociol Psychology* (Philadelphia, PA: Taylor & Francis, 2000).

5 Roy Baumeister, *Willpower: Rediscovering the Greatest Human Strength* (New York: Penguin Press, 2011).【邦訳：ロイ・バウマイスター、ジョン・ティアニー著、渡会圭子訳『意志力の科学』（インターシフト、2013年）】

6 Yuichi Shoda, Walter Mischel, and Philip K. Peake, " Predicting Adolescent Cognitive and Self-Regulatory Competencies from Preschool Delay of Gratification," *Developmental Psychology* 26 (6) (1990):978 – 986.

7 Kerry Patterson, Joseph Grenny, David Maxfield, Ron McMillan, and Al Switzler. *Influencer: The Power To Change Anything* (New York: McGraw - Hill, 2008), 116.【邦訳：ケリー・パターソン、ジョセフ・グレニー、デヴィッド・マクスフィールド、ロン・マクミラン、アル・スウィツラー著、本多佳苗、千田彰訳『自分を見違えるほど変える技術』（CCCメディアハウス、2012年）】

8 Peter Meyers and Shann Nix, *As We Speak: How to Make Your point and Have It Stick* (New York: Atria Books , 2011), 155.

Annual Costs of Grief in America' s Workplace," 2003, http://grief.net/Articles/The_Grief_Index_2003.pdf.（2012年1月12日にアクセス）

3 そのうちの一人、ダニエル・カーネマンはこう述べている。「喪失は利益よりも大きく見える。プラスの期待とマイナスの期待、プラスの経験とマイナスの経験は非対称であり、それには進化の歴史が関わっている。チャンスよりも脅威を緊急性が高いものとして扱った生命体は、生存と繁殖の可能性が高まったのである」。Daniel Kahneman, Thinking, Fast and Slow (New York: Farrar, Straus and Giroux, 2011), 282.【邦訳：ダニエル・カーネマン著、村井章子訳『ファスト＆スロー』（早川書房、2012年）】

4 BBC News, "Inseparable Twin Friars Die Hours Apart, age 92, 3 June 2011," http://www.bbc.co.uk/news/world-us-canada-13651149.（2012年1月12日にアクセス）

5 James Lynch, *The Broken Heart: The Medical Consequences of Loneliness* (New York: Basic Books, 1977).

6 Elizabeth J. Carter and Kevin A. Pelphrey, "Friend or foe? Brain Systems Involved in the Perception of Dynamic Signals of Menacing and Friendly Social Approaches," *Journal of Social Neuroscience* 3 (2008): 151 – 163.

7 David Rock, "SCARF: A Brain-Based Model for Collaborating with and Influencing Others," *NeuroLeadership Journal*, 1(2008). http://www.davidrock.net/files/NLJ_SCARFUS.pdf, accessed January 12, 2012.（2012年1月12日にアクセス）

8 Matthew D. Lieberman and Naomi I. Eisenberger, "The Pains and Pleasures of Social Life," *NeuroLeadership Journal* 1(2008).

9 Elizabeth Kübler-Ross and David Kessler, On Grief and Grieving: Finding the Meaning of Grief through the Five Stages of Loss (New York: Scribner, 2006).【邦訳：エリザベス・キューブラー・ロス、デーヴィッド・ケスラー著、上野圭一訳『永遠の別れ』（日本教文社、2007年）】

10 "Grief Index: The Hidden Annual Costs of Grief in America' s Workplace," 2003.

11 Matthew D. Lieberman, "Why Symbolic Processing of Affect Can Disrupt Negative Affect: Social Cognitive and Affective Neuroscience Investigations," in *Social Neuroscience: Toward Understanding the Underpinnings of the Social Mind*, eds. Alexandre B. Todorov, Susan T. Fiske, and Deborah Prentice (Oxford: Oxford University Press, 2011), 188–207.

12 たとえば、見解の主張よりも質問を多くするチームのほうが、業績がよいという研究がある (Marcial Losada and Emily Heaphy, "The role of positivity and connectivity in the performance of business teams: A nonlinear dynamics model, " *American Behavioral Scientist* 47 (2004): 740–765). また、傾聴と質問を優先することは、グリーンリーフによる「サーバント・リーダーシップ」にも通じる (Robert K. Greenleaf, *Servant Leadership: A Journey into the Nature of Legitimate Power and Greatness*, New York: Boston: Paulist Press, 2002.【邦訳：ロバート・K・グリーンリーフ著、ラリー・C・スピアーズ編集、金井壽宏監修、金井真弓訳『サーバント・リーダーシップ』（英治出版、2008年）】)。ゴールマンらによるコーチング型のリーダーシップ (Daniel Goleman, Annie McKee and Richard E. Boyatzis, *Primal Leadership: Realizing the*

第3章

1 Bill Fischer and Andy Boynton, *The Idea Hunter: How to Find the Best Ideas and Make Them Happen* (San Francisco: Jossey-Bass, 2011), 25. 【邦訳：アンディ・ボイントン、ビル・フィッシャー、ウィリアム・ボール著、土方奈美訳『アイデア・ハンター』（日本経済新聞社、2012年）】

2 Duane P. Schultz and Sydney Ellen Schultz, *Theories of Personality*, Ninth Edition (Belmont, CA: Wadsworth Publishing, 2008), 166.

3 Joseph Chilton Pearce, *Magical Child: Rediscovering Nature' s Plan for Our Children* (New York: Dutton, 1977), 72.【邦訳：ジョセフ・チルトン・ピアス著、高橋ゆり子、菅靖彦訳『マジカル・チャイルド育児法』（日本教文社、1984年）】

4 Nova Science Now, "Mirror Neurons," online video directed by Julia Cort, http://www.youtube.com/watch?v=XzMqPYfeA-s (Part 1); http://www.youtube.com/watch?v=xmEsGQ3JmKg (Part 2).（2012年1月12日にアクセス）

5 Vilayanur S. Ramachandran, *The Tell-Tale Brain: A Neuroscientist' s Quest for What Makes Us Human. A Brief Tour of Human Consciousness* (New York: W. W. Norton & Co, 2011), 134–135.

6 Daniel Goleman, *Primal Leadership: Realizing the Power of Emotional Intelligence* (Boston: Harvard Business Review Press, 2002), 327–332.【邦訳：ダニエル・ゴールマン、リチャード・ボヤツィス、アニー・マッキー著、土屋京子訳『EQリーダーシップ』（日本経済新聞社、2002年）】

7 Dennis Reina and Michelle L. Reina, *Trust and Betrayal in the Workplace: Building Effective Relationships in Your Organization*, revised and expanded, 2nd edition (San Francisco: Berrett Koehler, 2006).

8 Gallup Study, "Poll Reveals Germans Are Just Working to Live," January 21, 2004, http://www.dw-world.de/dw/article/0,1094681,00.html.（2012年1月12日にアクセス）

9 John H. Fleming and Jim Apslund, *Human Sigma: Managing the Employee-Customer Encounter* (New York: Gallup Press, 2007), 151–170.

10 Carl R. Rogers, *A Way of Being*, 116.

11 Indra Nooyi, "The Best Advice I Ever Got," CNN Money, http:// money.cnn.com/galleries/2008/fortune/0804/gallery.bestadvice.fortune/7.html.（2012年1月12日にアクセス）

12 Marianne Williamson, *Return to Love: Reflections on the Principles of a Course in Miracles* (New York: Harper Collins, 1992), 165.【邦訳：マリアン・ウィリアムソン著、大内博訳『愛への帰還』（太陽出版、1998年）】

13 Joel Raphaelson, ed. *The Unpublished David Ogilvy* (New York: Crown, 1986).

第4章

1 Michael Lee Stallard, The Heart of Starbucks' CEO, www.michaelleestallard.com/howard-schultzs-broken-heart.（2012年3月30日にアクセス）

2 The Grief Recovery Institute Educational Foundation, "Grief Index: The Hidden

thing' pales in comparison to instilling trust, compassion, stability, and hope. A GMJ Q & A with Tom Rath and Barry Conchie, authors of Strengths Based Leadership," *The Gallup Management Journal* August 2009.

第2章

1 Oren Harari, *The Powell Principles: 24 Lessons from Colin Powell, a Battle-Proven Leader* (New York: McGraw-Hill, 2004), 1.

2 Daniel Goleman, *Emotional Intelligence: Why It Can Matter More than IQ* (New York: Bantam, 1995), 15–32.【邦訳：ダニエル・ゴールマン著、土屋京子訳『EQ こころの知能指数』（講談社、1996年）】

3 Carl R. Rogers, *A Way of Being* (Boston: Houghton Mifflin Company, 1980), 116. 【邦訳：カール・R・ロジャーズ著、畠瀬直子訳『人間尊重の心理学』（新版：創元社、2007年）】

4 Jim Collins, Good to Great: Why Some Companies Make the Leap. . . and Others Don' t (London: Random House, 2001), 197–204. 【邦訳：ジム・コリンズ著、山岡洋一訳『ビジョナリー・カンパニー2－飛躍の法則』（日経BP社、2001年）】

5 Daniel Pink, *Drive: The Surprising Truth About What Motivates Us* (New York: Riverhead Books, 2009), 23. 【邦訳：ダニエル・ピンク著、大前研一訳『モチベーション3.0』（講談社、2010年）】

6 Eric Berne, *Transactional Analysis in Psychotherapy* (New York: Grove Press, 1961), 13.

7 Paul Ekman, *Emotions Revealed* (London: Orion Books, 2004), 51 – 52.【邦訳：ポール・エクマン著、菅靖彦訳『顔は口ほどに嘘をつく』（河出書房新社、2006年）】

8 Craig Hassed, "Mindfulness, Well-Being and Performance," *Neuroleadership Journal* 1 (2008): 1–7.

9 S. I. Dworkin, S. Mirkis, and J. E. Smith, "Response-Dependent Versus Response-Independent Presentation of Cocaine: Differences in the Lethal Effects of the Drug," *Psychopharmacology* 117/3 (1995): 262–266.

10 Robert M. Sapolsky, "Stressed-Out Memories. A Little Stress Sharpens Memory. But After Prolonged Stress, the Mental Picture Isn't Pretty," *Scientific American Mind*, September–October 2011.

11 Ernesto Rossi, *The Psychobiology of Gene Expression: Neuroscience and Neurogenesis in Therapeutic Hypnosis and the Healing Arts* (New York: W. W. Norton Professional Books, 2002).

12 Craig Hassed, *Know Thyself: Stress Relief Program* (Melbourne: Michelle Anderson Publishing, 2002).

13 Anders K. Ericsson, Michael J. Prietula, and Edward T. Cokely, "The Making of an Expert, " *Harvard Business Review*, July–August 2007.【邦訳：「一流人材のつくり方」（ダイヤモンド・ハーバード・ビジネス・レビュー2008年3月号）】

14 Benjamin Bloom, *Developing Talent in Young People* (New York: Ballantine, 1985).

原注

まえがき

1 Richard Branson, *Losing my Virginity. How I Survived, Had Fun, and Made a Fortune Doing Business My Way* (London: Ebury Press, 2009).【邦訳：リチャード・ブランソン著、植山周一郎訳『ヴァージン—僕は世界を変えていく』（ティビーエス・ブリタニカ、1998年ほか）】

2 Richard Branson, *Screw Business as Usual* (New York: Penguin, 2011). ここに引用したコメントは、ヴァージングループのウェブサイト http://www.virgin.com から。

第1章

1 「安心（comfort）」という言葉は、英語でも他の言語でも意味がはっきりしない言葉であるかもしれない。本書でいう「安心」は、リーダーが存在することで、心が穏やかになる効果を指している。

2 John Bowlby, *A Secure Base: Clinical Applications of Attachment Therapy* (London: Tavistock/Routledge, 1988), 11. 【邦訳：ジョン・ボウルビィ著、二木武訳『母と子のアタッチメント　心の安全基地』（医歯薬出版、1993年）】

3 J. W. Anderson, "Attachment Behavior Out of Doors," in *Ethological Studies of Child Behavior*, ed. N. Blurton Jones (Cambridge: Cambridge University Press, 1972), 199–215.

4 John Bowlby, *A Secure Base*, 11.

5 筆者らは、マイナスの影響を及ぼすセキュアベースの存在も認識している。それは安心感を与え、冒険を勧め、リスクをとることを促すものの、よくない結果や他者を傷付けることを目的とするものだ。過去のリーダーの中にも、大勢の人々を説得して行動を起こさせ、その人々のためにはならないことや、他の人々にとってよくないことをさせた人々がいた。たとえば、1978年にガイアナのジョージタウンで、ジム・ジョーンズはフォロワーに対して自殺するよう説得し、結果的に909人が亡くなった。この本では、人生においてプラスとなる事柄を実現するために影響を及ぼすセキュアベースに焦点を絞る。

6 Warren Bennis, "Learning to Lead," *Executive Excellence* 13 (1996): 7.

7 Micha Popper and Ofra Mayseless, "Back to Basics: Applying a Parenting Perspective to Transformational Leadership," *The Leadership Quarterly* 14 (2003): 48.

8 Micha Popper and Ofra Mayseless, "Back to basics," 50.

9 Time Specials, "The Top 10 Everything of 2011, Top 10 Nonfiction Books, 2. Steve Jobs by Walter Isaacson," by Lev Grossman, http://www.time.com/time/specials/packages/article/0,28804,2101344_2101108_2101118,00.html #ixzz1jERQAHFQ.（2012年1月12日にアクセス）.

10 "Gallup on Engagement and Trust. What Followers Want From Leaders. The 'vision

IMDについて

International Institute for Management Development

スイス・ローザンヌに本拠を置くビジネススクール。経営幹部育成と企業変革支援に特化し、同領域では世界トップクラスの評価を得ている。本書はIMDがスイスやシンガポールで開催するHigh Performance Leadership、日本でPwCコンサルティングと共催するYour Leadership Journeyなどの経営幹部育成プログラムの思想的基盤を成すものである。

訳者について

東方 雅美 Masami Toho

慶應義塾大学法学部卒業。米バブソン大学経営大学院修士課程修了(MBA)。出版社や経営大学院の出版部門での勤務を経て独立。訳書に『チャイナ・エコノミー』(白桃書房)、『ハッキングマーケティング』(翔泳社)、『「衝動」に支配される世界』(ダイヤモンド社)、『シリアル・イノベーター』(プレジデント社)、『世界一大きな問題のシンプルな解き方』(英治出版)など。

著者について

ジョージ・コーリーザー George Kohlrieser

スイスにある世界有数のビジネススクール、IMD の教授（リーダーシップと組織行動）。心理学者として、また人質解放の交渉人としての経験を持ち、得られた教訓を生かして、世界の 100 か国以上のリーダーやグローバル企業を対象に仕事を行ってきた。研究・教育・コンサルティング活動のテーマは、リーダーシップ、チームワーク、変革管理、対話・交渉、コーチング、ワークライフバランス、個人そして職業人としての成長、など。オハイオ州立大学にて博士号取得。彼が 2002 年に創設し、現在もディレクターを務める IMD の 6 日間の High Performance Leadership（HPL）プログラムは、2018 年 9 月までに 80 回を重ね、世界数十カ国の 5000 人を超えるリーダーが学んできた。本書のほかに Hostage at the Table: How Leaders Can Overcome Conflict, Influence Others, and Raise Performance を著している。

スーザン・ゴールズワージー Susan Goldsworthy

IMD 客員教授（リーダーシップと組織変革）。オリンピック決勝出場経験を持つ元水泳選手。人々とともに、知識を行動に転換させるプロセスに取り組むことに情熱を持つ。経営幹部の自己変革を支援する、IMD の CLEAR (Cultivating Leadership Energy through Awareness and Reflection) プログラムの共同ディレクター。本書の他の共著書に、Choosing Change: How Leaders & Organizations Drive Results One Person at a Time がある。現在、組織行動論で博士号取得の過程にある。エグゼクティブコーチとしても経験が豊富。

ダンカン・クーム Duncan Coombe

IMD 非常勤教授（組織行動とリーダーシップ）。企業幹部を対象に、リーダーシップ、組織開発、文化と変化のマネジメントなどのテーマについて講義、アドバイスを行う。仕事の中心となるテーマは人間の幸福で、個人、チーム、組織、社会など、あらゆるレベルでこのテーマを追求している。ケース・ウェスタン・リザーブ大学のウェザーヘッド経営大学院で、組織行動論を研究し、博士課程を修了。IMD では MBA（経営修士号）を取得。プロクター・アンド・ギャンブルとインベステック・アセット・マネジメントでさまざまな事業開発のポジションを経験した。

セキュアベース・リーダーシップ

2018年10月1日　第１刷発行

著　者　ジョージ・コーリーザー
スーザン・ゴールズワージー
ダンカン・クーム
訳　者　東方雅美
発行者　長坂嘉昭
発行所　株式会社プレジデント社
〒102-8641　東京都千代田区平河町2-16-1
電話 編集（03）3237-3732
販売（03）3237-3731
装丁　新井大輔
本文・DTP　アーティザンカンパニー株式会社
編集　中嶋 愛
制作　関 結香
販売　桂木栄一　高橋徹　川井田美景　森田巌　末吉秀樹
印刷・製本　図書印刷株式会社

ISBN978-4-8334-2296-3
Printed in Japan